高等院校"十二五"旅游管理类课程系列规划教材

餐饮管理
——原理与实践

Food & Beverage Management
-Theories and Applications

肖晓 编著

Food & Beverage Management

经济管理出版社
ECONOMY & MANAGEMENT PUBLISHING HOUSE

图书在版编目（CIP）数据

餐饮管理：原理与实践/肖晓编著．—北京：经济管理出版社，2011.6

ISBN 978 - 7 - 5096 - 1527 - 0

Ⅰ．①餐…　Ⅱ．①肖…　Ⅲ．①饮食业—经济管理　Ⅳ．①F719.3

中国版本图书馆 CIP 数据核字（2011）第 131296 号

出版发行：**经济管理出版社**

北京市海淀区北蜂窝 8 号中雅大厦 11 层

电话：（010）51915602　邮编：100038

印刷：三河市延风印装有限公司　　　　经销：新华书店

组稿编辑：王光艳　　　　责任编辑：王光艳　邱永辉

责任印制：杨国强　　　　责任校对：李玉敏

720mm×1000mm/16　　　　　　18 印张　343 千字

2011 年 8 月第 1 版　　　　2011 年 8 月第 1 次印刷

定价：38.00 元

书号：ISBN 978 - 7 - 5096 - 1527 - 0

目　　录

Food and Beverage Management—
From Theories to Applications
Contents

第一章 餐饮企业的筹划与设立

☞ **本章内容简介**

好的开始是成功的一半，周密的计划和准备工作是成功的基本条件。一家餐饮企业的成功运营，需认真做好开店前的准备工作，这些准备工作包括：餐饮企业的市场定位与选址、组织机构及人员编制、投资预算和资金的筹措及餐饮企业开业申办的各项事宜等。本章将餐饮企业的筹划与设立过程中的这几个方面进行详细阐述。

☞ **本章学习目标**

通过本章的学习，学生将了解餐饮企业开业前需做哪些前期工作和准备，如市场定位、选址、投资预算、人员编制、融资渠道、证照办理等，为餐饮企业的顺利开办打好基础。

一家餐饮企业要成功运营，需认真做好开店的准备工作，这些准备工作包括：餐饮企业的市场定位与选址、组织机构及人员编制、投资预算和资金的筹措及餐饮企业开业申办的各项事宜等。本章将对餐饮企业的筹划与设立过程中的这几个方面进行详细阐述。

第一节　餐饮企业的市场定位

定位（Positioning），是由著名的美国营销专家艾尔·列斯（Al Ries）与杰克·特罗（Jack Trout）于 20 世纪 70 年代早期提出的营销概念，其核心观点是：确定产品在其潜在顾客心智中的位置，也就是把产品定位在未来潜在顾客的心目中。定位的目的是在顾客心目中占据有利地位。

从市场学的角度通俗理解，定位就是在较多的消费者当中，以及消费者的多层次消费需求中，锁定要为之服务的人群，以及确定如何满足其需求层次的决策。

准确的市场定位直接关系到餐饮企业经营的成败，同时，餐厅的类型对于准确进行餐厅的定位提供了参考。

一、餐饮企业市场定位

准确的市场定位对于餐饮企业经营的成败至关重要。在定位的过程中，既要考虑市场定位的步骤，又要对定位的策略认真研究。

1. 市场定位的作用

餐饮市场定位是指为了让餐饮产品在目标市场顾客的心目中树立明确及深受欢迎的形象而进行的各种决策及活动。餐饮企业的经营者通过市场定位明确企业所处的位置、面对顾客的类型及层次，从而根据顾客的需求设计餐饮产品，针对性地开展促销活动。准确的市场定位直接关系到餐饮企业经营的成败，具体来说，餐饮市场定位的作用主要表现在以下几个方面：

（1）可以造就消费者对本企业产品的持久形象；

（2）可以在市场上为本企业创造出某种竞争优势；

（3）可以使本企业利用自己在某些方面的优势或长处，去吸引对其感兴趣的市场。

2. 市场定位的步骤

餐饮企业的市场定位分五步进行：选择目标市场、产品定位、价格定位、环境氛围定位和竞争对手定位。

（1）选择目标市场。一家餐饮企业无论如何是无法同时满足不同消费者的消费需求的，因此，就必须进行市场细分。所谓市场细分，是指按照消费者欲望与需求把一个总体市场划分成若干具有共同特征的市场。分属于同一细分市场的消费者，他们的需求和欲望极其相似。通过细分市场，有利于餐饮企业合理地选择目标市场，集中力量提供有特色的产品和服务，更好地为目标客户服务。

在经营实践中，餐饮企业的客户市场细分要从本企业所处的地理位置、经营环境等状况出发，在进行广泛市场调查分析的基础上，做出符合本企业的目标市场定位。如肯德基在进入中国市场时，将其目标市场选择了青少年消费阶层，并根据其目标市场定位进行运作，取得了巨大的成功。当企业所处环境的客户群特征相对集中时，企业定位应力争细致准确；当企业所处环境的客户群特征相对分散时，企业定位也应有相应层次，既要有主导性的定位，也要有非主导性的定位。企业在选择主要目标市场的同时，还要从实际出发，选择若干细分市场作为企业的可争夺市场，尽可能满足几个消费群体的需求。

案例

必胜客的差异化市场定位

必胜客欢乐餐厅连锁门店在中国达到了300多家，遍布80多个城市。可以说，必胜客获得了很大的成功。它成功的奥秘是什么？

1. 目标消费群的定位差异化

必胜客初进中国市场时，其目标消费人群与肯德基、麦当劳两大快餐巨头类似，它们都属于快餐类市场，而比萨在国外也只属于中低消费的食品，究竟选择什么样的人群作为必胜客的主力消费人群？

必胜客规避了肯德基、麦当劳的主力消费人群——儿童及年轻消费人群，而把目标瞄准了中青年白领这一具有很强购买力的消费人群。这样的定位，让必胜客避开了与肯德基、麦当劳的正面竞争，也将自己的品牌提升到一个"开心聚会，分享快乐"的高级版本，直接和其他快餐品牌作出区隔，使必胜客成为享受小资生活的聚会场所，开创了属于自己的一片蓝海。

试想，如果必胜客的定位雷同于肯德基、麦当劳，还能有今天这样大的成功吗？

2. 充分满足目标消费群的需求

在确定以中青年白领为目标消费群后，必胜客从就餐环境、菜品等方面很好地满足了这一群体的消费需求。

就餐氛围：与肯德基、麦当劳显得有些喧闹的环境相比，必胜客的环境更加安静、舒适，悦目的装潢、舒适的设计、柔和温馨的灯光、舒缓的音乐、训练有素的服务人员等，让顾客体验到了不一样的就餐体验。

菜品：比萨、意大利面、新鲜的自助沙拉等，通过精致的容器包装，不但满足了顾客的味觉，更是为就餐增添了很多情趣，这也很好地满足了白领人群的"小资"情调。

正是通过对品牌的差异化定位以及围绕目标消费群而提供的针对性服务，让必胜客从竞争激烈的餐饮市场脱颖而出，最终成为全球最大的比萨连锁餐饮企业。

资料来源：http://blog.sina.com.cn/yemaozhong.

(2) 产品定位。产品定位包括两个层次的内容，一是对产品品种的定位；二是对产品层次的定位。

产品品种的定位主要是根据目标市场的需求，为目标客户提供相适宜的产品品种。餐饮产品能否被顾客接受并使客人满意是检验餐厅经营质量优劣的标准，也是进行市场定位的最终目的。同时，通过产品的魅力又可加深餐厅在顾客心目中的地位，巩固餐厅所树立起的信誉。例如，旅游主题餐厅如果能反映出浓郁的民族风情和地方特色，就能引起客人的好奇与喜欢。素食餐厅对菜品的要求非常严格，首先原材料必须新鲜；其次菜品要有特色：在制作工艺上下工夫，可以给菜肴加入一些文化内涵；最后要建立良好的购货渠道。

产品层次定位主要是根据产品品种的定位，选择不同的产品层次。例如，就川菜来说，高端川菜、中端川菜、低端川菜分别满足的是目标顾客的不同餐饮需求。如果列一张定位坐标，横向坐标应显示特定区域餐饮品种状况，纵向坐标应显示同区域餐饮档次状况（见图1-1）。确定品种、档次后才能最终完成餐饮企业的产品定位。

(3) 价格定位。餐饮企业是以自己的产品来开拓市场的。餐饮企业经营者在制定菜品价格时，要考虑目标市场的需要及产品定位的层次，如针对普通大众的餐厅，菜品价格就不能太贵。

(4) 环境氛围定位。餐厅的环境氛围是指包括由光线、照明、色彩、音乐、装饰、设施设备的种类和形状，以及内部各功能区域的布局和设计等因素烘托出的餐厅整体环境氛围。这些相关因素营造的环境氛围要与餐厅的类型相协调，要与餐厅目标市场的需求一致，并能够增强顾客在餐厅的就餐体验。如餐厅的目标市场是"二人世界"，就需要用柔和的光线、浪漫的背景音乐等因素营造出一个浪漫的就餐环境。

餐饮档次

产品定位

餐饮品种

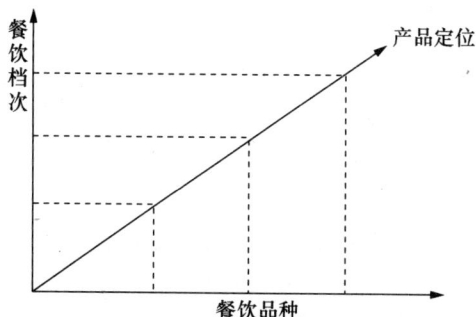

图1-1　餐饮产品定位

（5）竞争对手定位。餐饮市场的激烈竞争是有目共睹的，餐饮企业的竞争对手实际上就是餐饮产品的替代者，位于同一个区域市场的餐饮企业都在争夺区域内的所有客源。因此，餐饮企业在市场定位时，只有同时定位所有竞争对手，才能保证定位目标的持续实现。

确定竞争对手后，必须通过各种渠道获得关于竞争对手产品的有关信息，如关于竞争对手产品的特色、经营的种类、数量、质量及价格等。必须明确与竞争对手相比本餐饮企业的竞争优势和不足。从餐饮实务角度看，供应链（成本、特许权）、地点（商圈价值）、环境（光线、照明、色彩、音乐）、餐具（质地、色彩、形状、风格要求）、菜式与饮品（专门化、综合化）、服务员（上菜速度、着装、礼仪等）、销售渠道（会员制、预订制等）、餐厅形象（主题、规格、品位）等元素都可成为分析的重点。得出分析结论后，企业应在总体定位的指导下，完成各要素的建设或运行定位，以便在竞争中占得先机，取得竞争优势。

3. 市场定位的策略

市场定位是一种竞争性定位，它反映市场竞争各方的关系，是为企业有效参与市场竞争服务的。餐饮企业市场定位的策略有以下几种：

（1）避强定位。这是一种避开强有力的竞争对手进行市场定位的模式。企业不与竞争对手直接对抗，将自己置于某个市场"空隙"，发展目前市场上没有的特色产品，开拓新的市场领域，从而与竞争对手形成竞争。这种定位的优点是餐饮企业能够迅速地在市场上站稳脚跟，并在消费者心目中尽快树立起一定形象。由于这种定位方式市场风险较小，成功率较高，常为多数餐饮企业所采用。例如，90度炭烧咖啡小站采用迷你型咖啡小站（10~20平方米）、智能型咖啡小站（30~100平方米）和休闲型咖啡馆（100~200平方米）三种开店模式，在目前国内竞争激烈的咖啡厅市场上迅速占领了低端的大众市场，树立了大众消费的良好口碑。

（2）迎头定位。这是一种与在市场上居支配地位的竞争对手进行竞争的定位方式，即餐饮企业选择与竞争对手重合的市场位置，争取同样的目标顾客，彼此在产品、价格、分销、供给等方面和环节很少有差异。这种市场定位策略主要被资源雄厚、实力强大的餐饮企业采用。在饮食一条街、旅游风景区、商业集中区等地方的餐厅也经常使用这种方法。但企业必须做到知己知彼，了解市场上是否可以容纳两个或两个以上的竞争者，自己是否拥有比竞争者更多的资源和能力，是不是可以比竞争对手做得更好。否则，这种市场定位方式可能会成为一种非常危险的战术，将企业引入歧途，导致惨淡经营。

（3）重新定位。餐厅市场定位不是一成不变的，初次定位后，随着时间的推移，新的竞争者进入市场，选择与本企业相近的市场位置，致使本企业原来的市场占有率下降；或者，由于顾客需求偏好发生转移，原来喜欢本企业产品的人转而喜欢其他企业的产品，因而市场对本企业产品的需求减少。在这些情况下，企业就需要对其产品进行重新定位，寻求新的发展和增长点。

在实际经营过程中，由于之前对市场了解得不充分，市场定位可能会出现偏差，餐厅在开业后才发现与预期的效果相差很大。这就需要重新定位，以免餐厅的经营受到影响。

不过，重新定位也可作为一种战术策略，并不一定是因为陷入了困境，相反，可能是由于发现新的产品市场范围引起的。例如，某些专门为青年人设计的产品在中老年人中也开始流行后，这种产品就需要重新定位。

二、餐饮企业的分类

餐饮企业的种类繁多，风格迥异，各国、各地区有关餐饮企业的分类是不尽相同的。下面从档次、菜系、顾客群、经营方式、经营项目等方面作一简要介绍。

1. 按照产品的档次划分

按照餐厅的档次可将餐厅划分为高档餐厅、中档餐厅及低档餐厅。高、中、低档餐厅各有优劣势。选择哪一档次的餐厅，没有一个统一的标准，要根据市场调研的实际情况来决定。

2. 按照菜系划分

按照菜系划分为川菜、粤菜、鲁菜、湘菜、淮扬菜等，从餐厅的地理位置名可以看出它们的市场定位。

3. 按照顾客群划分

按照顾客群划分为以都市白领、男/女性、老年人、知识分子、学生、儿童、观光游客等为目标市场的餐厅。这种划分方法为不同消费群体选择餐厅提供了便利。

4. 按照经营方式划分

按照经营方式划分为精品化经营、大众化经营、休闲式经营、便捷式（快餐）经营及其他经营方式的餐厅。

5. 按照经营项目划分

按照经营项目可划分为中餐厅、西餐厅及外域餐厅（日本料理、法餐、西餐等）。

餐厅的类型对于准确进行餐厅的定位提供了参考。例如，一条街上有比较成功的中档餐厅，那么，不妨考虑在这条街上开一家高档或低档餐厅，即在市场定位上与其他餐厅做市场区分，也就是寻求差异化定位与发展。同时，在选择餐厅的类型时，也要考虑目标顾客的需求。

第二节　餐饮企业的选址

古人云"天时不如地利"，充分强调了地利的重要性。尤其对于餐饮企业，地理位置的优劣更加重要。人们把地理位置好视为餐饮企业成功的第一要素，这是有道理的。那么，如何为企业选址呢？餐饮企业选址首先要考虑企业的定位，然后根据既定的消费人群来确定地理位置。由于餐厅所在的商圈对餐厅的选址影响很大，所以首先要调查商圈。

一、商圈调查

1. 商圈的概念

商圈，是指餐厅以其所在地点为中心，沿着一定的方向和距离扩展，吸引顾客的辐射范围，简单地说，也就是来店顾客所居住的区域范围。无论企业规模大小，它们的销售总是有一定的地理范围。这个地理范围就是以餐厅为中心，向四周辐射至可能来店消费的顾客所居住的地点。商圈由核心商业圈、次级商业圈和边缘商业圈构成（见图1-2）。核心商业圈是离商家最近、顾客密度最高的地方，约占商家顾客的50%~70%。核心商业圈的外围，顾客则较分散，市场占有率相对减少。

商圈必需的要素，包括消费人群、有效经营者、有效的商业管理、合理的发展前景和政府支持，此外还有商圈的形象、功能、建筑形态以及建筑成本等。一般较大的经验商圈是2~3平方千米。

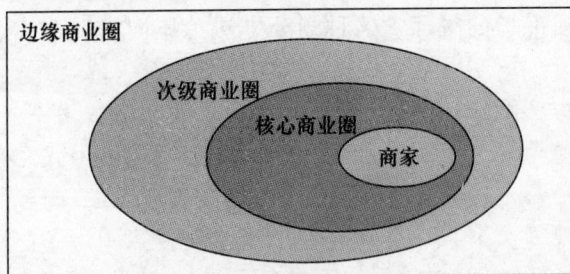

图1-2 商圈构成

2. 商圈的分类

商圈一般分以下几种，即商业区、住宅区、文教区、办公区、工业区和混合区。

（1）商业区。商业区指商业集中的地区。其特色为商圈大、流动人口多、各种商店林立、繁华热闹。其消费习性具有快速、流行、娱乐、冲动购买及消费金额比较高等特色。

（2）住宅区。住宅区住户数量至少1000户以上。其消费习性为消费群稳定、讲究便利性、亲切感，家庭用品购买率高。

（3）文教区。其附近有一所或一所以上的学校，其中以私立和补习班集中区较为理想。该区消费群以学生居多，消费金额普遍不高，但果汁类饮品购买率高。

（4）办公区。办公区指办公大楼林立的地区。其消费习性为便利性、在外就餐人口多、消费水平较高。

（5）工业区。工业区的消费者一般为打工一族，消费水平较低，但消费总量较大。

（6）混合区。混合区分为住商混合、住教混合、工商混合等。混合区具备单一商圈形态的消费特色，一个商圈内往往含有多种商圈类型，消费习性多元化。

3. 商圈分析

商圈分析是经营者对商圈的构成情况、特点、范围以及影响商圈规模变化的因素进行实地调查和分析，为选择店址、制定和调整经营方针和策略提供依据。

（1）商圈分析是新设餐饮企业进行合理选址的前提。新设餐饮企业在选择店址时，力求争取较大的目标市场，以吸引更多的目标顾客，这首先就需要经营者明确商圈范围，了解商圈内人口的分布状况、市场及非市场因素的有关资料，在此基础上，进行经营效益的评估，衡量店址的使用价值，按照设计的基本原则，选定适宜的地点，使商圈、店址、经营条件协调融合，创造经营优势。

（2）商圈分析有助于餐饮企业制定竞争经营策略。餐饮企业为取得竞争优势，广泛采取了非价格竞争手段，如改善形象、完善服务、加强与顾客的沟通等，这些都需要经营者通过商圈分析，掌握客流性质、了解顾客需求、采取针对性的经营策略，赢得顾客信任。

（3）商圈分析有助于餐饮企业制定市场开拓战略。餐饮企业经营方针、经营策略的制定或调整，总要立足于商圈内各种环境因素的现状及其发展规律、趋势。通过商圈分析，可以帮助经营者明确哪些是本店的基本顾客群，哪些是潜在顾客群，力求保持基本顾客群的同时，着力吸引潜在顾客群，制定积极有效的经营战略。

（4）商圈分析有助于餐饮企业加快资金周转。餐饮企业经营的一大特点是资金占用多，要求资金周转速度快。企业的经营规模受到商圈规模的制约，商圈规模又会随着经营环境的变化而变化。商圈规模收缩时，企业规模不变，会导致流动资金积压，影响资金周转。因此，经营者通过商圈分析，了解经营环境及由此引起的商圈变化，就可以适时调整，积极应对。

4. 商圈调查的目的和内容

（1）目的。搜集市场资料，掌握市场环境和市场需求，以便确定餐厅是否适合在这个商圈选址。

（2）调查的内容。

第一，商圈中的基本情况，包括人口规模、经济发展水平、消费水平、商圈内经济发展情况、人们的消费趋势；

第二，商圈内目标市场情况，包括顾客的收入水平、消费标准等，以便确定餐厅的规模和档次，迎合目标市场的需要；

第三，调查商圈内竞争者情况，包括商圈范围内餐饮店的数量、档次、规模、发展情况等，以便适应将来同行的竞争；

第四，商圈商情调查，即在车程 30 ~ 60 分钟的距离范围内有几个商业繁华和人流集中的商圈，每个商圈的规模有多大；

第五，交通情况调查，包括交通干线分布、交通流量、主要街道分布、交通密集和人流量集中的地点分布情况。

二、餐厅选址时考虑的因素

餐厅在选址时需要考虑的因素有宏观上的地区经济及所涉及的相关劳动力成本、房租和地租成本、能源成本、投资和税务政策等，微观上的商圈内同业竞争、竞争对手相对位置、临街的可视性、门前人和车流量、门前停车场、交通工具等。具体包括以下几方面：

1. 地区经济

餐饮消费是在人们有足够的资金满足日常最基本需要之后的可自由支配资金的支付。一个地区人们的收入水平、物价水平都会影响到人们可供消费的金钱数量和他们必须支付的价格。一般来说，当人们的收入增加时，人们愿意支付更高价值的产品和服务，尤其在餐饮消费的质量和档次上会有所提高。

2. 文化环境

文化教育、民族习惯、宗教信仰、社会风尚、社会价值观念和文化氛围等构成了一个地区的社会文化环境。它影响着人们的消费行为和消费方式，决定了人们收入的分配方向。一般而言，文化素质高的人对餐饮消费的环境、档次的要求比文化素质低的人要高。文化环境的不同，影响餐饮企业经营的规格和规模。

3. 竞争状况

一个地区餐饮行业的竞争状况可以分成两个不同的部分来考虑。一是直接竞争，即提供同种经营项目，同样规格、档次的餐饮企业可能会导致的竞争，这对餐饮企业来说，是消极的。二是非直接竞争，包括不同的经营内容和品种，或同样品种、不同规格或档次的餐饮企业，这类竞争有时起互补作用，对餐饮企业是有利的。在选择连锁经营区域时，如果无任何一种形式的竞争，将具有垄断地位。竞争既是一种威胁，又是一种潜在的有利条件，只要把竞争对手作为一面镜子认真分析其优势或劣势，就便于企业在竞争中掌握主动。

4. 交通状况

关于目标地点的街道交通状况信息可以从公路系统和当地政府机构获得。如果交通数据最近还没有被统计出来，那么可以选取一天中最有意义的样本数据作为参考。交通状况的计算往往在中午、周末的晚上和星期天。在一段时间内统计的数据应去除那些带有偏见的结果。交通状况往往意味着客源，获得本地区车辆流动的数据以及行人的分析资料，以保证餐厅建成以后有充足的客源。

5. 城建规划因素

选址前要对选址的商圈进行实地考察，看其是否具有拆迁和重建的可能。如果已在近期城建规划范围内，那么，经营者就不要选择该址，以免城建规划影响餐厅的经营。

餐饮企业在选址时应做到：首先，如果是租赁经营，在选择店面后应考虑房屋的具体归属单位或个人，向有关部门咨询此处有无拆迁事宜。其次，在与对方签订合同时，应尽量详细，并设计和考虑得周全一些、具体一些，以防出现失误。最后，在选择位置时，应尽量调查清楚周边的情况，诸如是否有道路施工、通信光缆修复、天然气工程的引进以及绿化等工程。避免在餐厅经营红火时，遇到改道施工等状况，造成路难走、车难停的窘境，这不但将严重影响餐厅正常营业和经济效益，而且也会使餐厅失去不少人气。

三、餐饮企业的位置选择

店址是餐饮企业确定经营目标和制定经营策略的重要依据，不同的地区有不同的社会环境、人口状况、地理环境、交通条件、市政规划等，它们分别制约着其所在地区的餐饮店顾客来源及特点和餐饮店对经营的商品、价格、促进销售活动的选择。店址选择是否合适，是影响餐饮店经济效益的一个重要因素。企业的店址选择得当，就意味着其享有"地利"优势。在同行业餐饮店之间，如果在规模档次、菜品构成、经营服务水平基本相同的情况下，好店址必然享有较好的经济效益。餐饮业和其他行业不同，无论是从长期战略还是从既得利益角度考虑，选址都是一个必不可少的环节。据有关数据显示，店铺地址的好坏对餐饮企业的成功运营的直接和间接影响在众多相关因素中达到 60%。

由于餐饮业有着自己的行业特色和要求，不同地段的特征对餐饮企业的要求不同。通常，餐饮企业选址可考虑以下七大地段。

1. 车站附近

其主要顾客群便是来往的乘客，包括上班职工、学生等。在此地段最适合开设快餐店，要慎重处理的是定价问题，要分不同对象而有所不同。例如，成都小吃、丽华快餐等。

2. 公司集中区

最主要的顾客为上班职工，其光临的目的不外乎洽谈生意或聊天。因此，开在此处的餐饮企业如何应付午餐高峰时期的顾客以及如何处理假日及周末生意清淡时的局面成为选择该地段要考虑的重点。例如，九州渔港（茶餐厅）、湘鄂情、上岛咖啡等中高档兼备。

3. 学校附近

学生便是此地段的主要顾客。餐厅一天中没有明显的高峰与清淡时段的差异，但季节性的差异却相当大。学生利用餐饮店的动机，除了聊天、消遣之外，还有同学聚会或看书等。所以必须注意桌椅移动的便利，并准备书报杂志。例如，小土豆、麦当劳、肯德基等。

4. 商业闹市区

此地段是约会、聊天、逛街、休息的场所，是开餐厅最理想的场所。该地段无论对什么类型的店都较适合，但要有自己的特色。例如，星巴克、麦当劳及各类西餐厅等。

5. 住宅区

必须明确体现亲切温暖感及提供新鲜美味的餐饮。例如，设置布告栏，主办交友、比赛等趣味性活动。例如，天外天烤鸭店、好利来蛋糕店等。

6. 市郊路段

在该地段餐饮店必须设有停车场，并且要有醒目引人的广告招牌。如果是专供便宜聚餐的大型餐厅，提供有特色的餐饮将是此地段的营业重点。例如，大宅门中式酒店、书吧等各类农家院及主题休闲餐饮场所。

7. 旅游区附近

享用当地美食也是旅游者旅游活动的重要组成部分。在旅游区附近开设餐厅，一定要突出餐饮产品的地方特色和民族特色。

店址选择要坚持"方便顾客"的原则，以节省顾客的就餐时间，并最大限度满足顾客的需要，否则将失去顾客的信赖、支持，从而也就失去了生存的基础。

第三节　餐饮企业组织机构设置及人员编制

组织机构和人员编制是餐饮企业管理的前提和基础。它要解决的中心问题是组织管理体制的建立和人力资源的运用，这一问题直接关系到组织要求的各项计划活动能否获得成功。

一、餐饮企业组织机构的设置

1. 餐饮企业组织机构的设置原则

（1）餐饮企业组织形式。餐饮企业，不论其规模大小，一般都包括食品原料采保、厨房加工烹调及餐饮服务三部分。

饭店的各类餐厅或独立于饭店的各种酒楼和餐厅，其类型、规模及等级各不相同，如大型饭店通常都有十多个餐厅，有主餐厅、宴会厅、风味餐厅、自助餐厅、鸡尾酒廊等。各类餐厅根据其规模和等级，通常设经理、主管、领班三个层次的管理人员。

厨房是餐厅的生产部门，为餐厅服务，并与餐厅配套。饭店的餐厅除了设置中心厨房外，通常还为不同类型的餐厅设置配套厨房。所有厨房业务都归行政总厨负责，下设各类主厨和领班。

食品原料采保主要负责食品原料物资的采购、验收、储存及发放等环节的业务。这几个环节的工作对食品原料的质量和成本有着直接的影响，所以在组织机构上必须科学合理。

（2）设置餐饮组织机构的原则。餐厅的业务活动包括餐厅服务、厨房生产加工、食品原料的采保三大业务，其组织机构设置应根据这些业务活动需要来设计，即将这些业务功能委派给具体的业务部门，使这些业务部门在结构中占有应有的位置。例如，有的餐厅专门设立烹饪部研究烹调技术，发展改进菜谱；有的餐厅设立宴会部，招徕宴会业务等。具体来说，餐厅组织机构设置应遵循以下几个原则：

第一，精简与效率相统一的原则。餐厅设置组织机构时应遵循精简与效率相统一的原则。精简的目的是为了减少内耗，提高效率，所以不设置任何不必要或可有可无的职位，使配备的人员数量与所承担的任务相适应；组织结构应尽量减少，以保证各级管理人员之间及管理人员与员工之间的信息传递更为快捷，使整个组织工作效率高，应变能力强。但对于该设的岗位也不能不设，以免造成组织中的事情无人来做。

第二，合理分配工作的原则。在员工定岗和分工时，应根据其能力、技术水平安排适当工作，也就是说，要在组织上保证员工各得其所，人尽其才，才能使他们充分发挥自己的能力和聪明才智，取得最佳的工作绩效。

第三，权力和责任相适应的原则。餐厅的工作环节十分繁多，需要通过员工的分工合作才能完成。因此，餐饮组织机构应保证各种业务活动权力与责任相适应。坚持责任和权力相适应的标志是：组织机构的等级层次合理，各级管理人员的责任明确，权力大小能够保证所承担的任务顺利完成，责权分配不影响各级管理人员之间的协调与配合。

2. 餐厅组织机构的设置依据

确定餐厅组织机构规模和机构形式的主要依据有以下几方面：

（1）餐厅类型的多少。餐厅类型越多，专业化分工越细，内部人员、部门越多，组织机构的规模越大。

（2）餐厅接待能力的大小。餐厅接待能力是由其座位多少决定的。餐厅座位越多，规模越大，用人越多；与此相适应，厨房的规模也越大。

（3）餐饮企业经营的专业化程度。

（4）餐饮经营市场环境。

3. 餐饮管理组织机构设置的模式

餐饮管理组织机构的设置受餐厅类型、接待能力、等级规格等因素的影响，所以其组织机构也不尽相同。但其管理的职能和范围是相似的。从纵向来看，餐饮管理的组织机构分为管理组织和作业组织两个系统。管理组织系统包括部门最高管理和现场管理层；作业组织系统包括作业组织层及作业层（见图1－3）。

```
                    ┌──────────┐
                    │  餐饮系统  │
                    └────┬─────┘
              ┌──────────┴──────────┐
         ┌────┴────┐          ┌────┴────┐
         │ 管理组织 │          │ 作业组织 │
         └────┬────┘          └────┬────┘
        ┌─────┴─────┐        ┌─────┴─────┐
   ┌────┴───┐ ┌────┴───┐ ┌──┴────┐ ┌────┴───┐
   │部门最高 │ │现场管理 │ │作业组织│ │作业层（服│
   │管理（餐饮部│ │层（餐厅经│ │层（领班）│ │务员）  │
   │经理）  │ │理）    │ │       │ │        │
   └────────┘ └────────┘ └───────┘ └────────┘
```

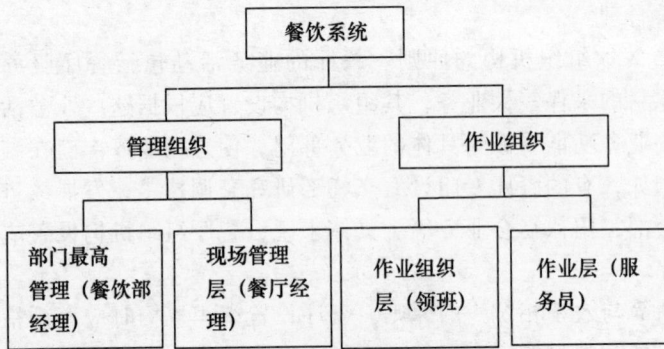

图 1 - 3　餐饮组织系统

资料来源：谢民，何喜刚. 餐厅服务与管理. 北京：北京交通大学出版社，2006.

（1）饭店餐饮部组织机构的一般模式。

第一，大中型饭店餐饮部的组织机构。图 1 - 4 是规模较大、设备豪华完善的大中型饭店餐饮部的组织机构。餐饮部的收款等财务事宜由饭店财务部直接负责，食品原料的采购由饭店采购部负责。第二，小型饭店餐饮部组织机构。图 1 - 5 是小型饭店餐饮部组织机构。餐饮部的收款等财务事宜由饭店财务部直接负责。有些小型饭店餐饮部不另设采购部，而由采购员、厨师长或部门经理直接负责采购事宜。

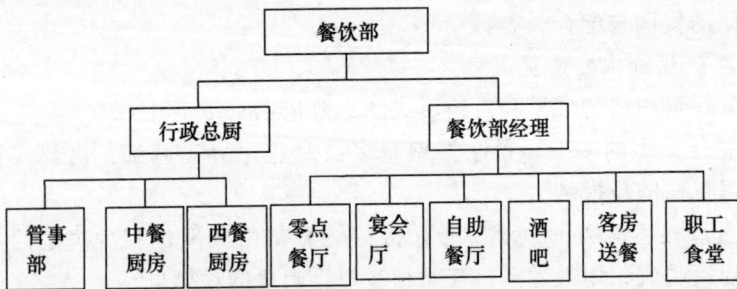

```
                         ┌──────────┐
                         │  餐饮部   │
                         └────┬─────┘
             ┌────────────────┴────────────────┐
        ┌────┴────┐                      ┌─────┴─────┐
        │ 行政总厨 │                      │ 餐饮部经理 │
        └────┬────┘                      └─────┬─────┘
    ┌────┬───┴┬────┐        ┌────┬────┬────┬────┬────┐
  ┌─┴─┐┌─┴─┐┌─┴─┐┌─┴─┐   ┌─┴─┐┌─┴─┐┌─┴─┐┌┴┐┌─┴─┐┌─┴─┐
  │管事││中餐││西餐││零点│   │宴会││自助││酒 ││客房││职工│
  │部 ││厨房││厨房││餐厅│   │厅 ││餐厅││吧 ││送餐││食堂│
  └───┘└───┘└───┘└───┘   └───┘└───┘└───┘└───┘└───┘
```

图 1 - 4　大中型饭店餐饮部组织机构

资料来源：谢民，何喜刚. 餐厅服务与管理. 北京：北京交通大学出版社，2006.

（2）独立的餐饮企业组织机构的一般模式。酒楼、餐厅等餐馆大多是独立的餐饮企业。这些企业的规模等级区别较大。其组织机构模式见图 1 - 6，根据餐饮企业规模大小的不同，其组织机构可在参照此图的基础上，进行相应的调整。

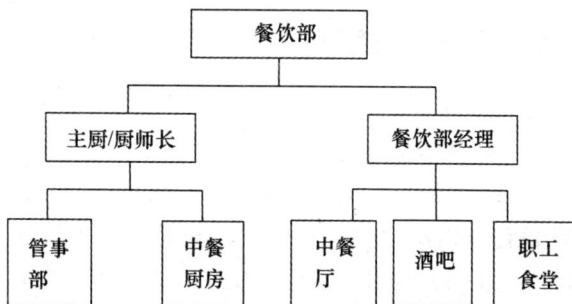

图 1-5　小型饭店餐饮部组织机构

资料来源：谢民，何喜刚．餐厅服务与管理．北京：北京交通大学出版社，2006．

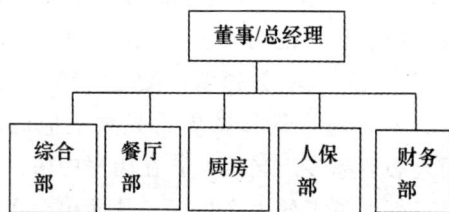

图 1-6　独立性餐饮企业组织机构

4. 餐饮部或餐厅各部门的职能

（1）餐厅。直接向客人销售食品、饮料和提供良好的服务，并取得合理的经济收入。

（2）宴会部。接受宾客的预订，承办各种类型的宴会、酒会，并根据主办单位与客人的要求及宴会规格等制定菜单、布置厅堂、备餐铺台，同时，为宾客提供完整的宴会服务。

（3）厨房。厨房是餐厅的主要生产部门，负责整个饭店或餐厅菜点的准备与烹制，满足不同宾客的需要。同时，还要负责菜点的创新、食品原料采购计划的制订及餐饮成本控制等工作。

（4）采供部。采供部主要负责餐厅的物资供应，它根据餐厅饮食经营的品种和特色，及时了解和掌握市场信息与行情变化，负责采购餐厅所需的原料及其他物品，并对采购回来的原料进行分类入库储存、妥善保管、并及时发放，保证餐厅的正常经营。

（5）后勤部。主要负责厨房、餐厅等处的卫生环境，承担所有餐具、用具、器皿的洗涤、消毒、保管和控制，及时将用过的各种布料送交洗涤部门进行洗涤。

二、餐饮管理的人员编制程序

1. 影响餐饮管理人员编制的因素

餐厅的规模不同、星级档次不同、出品规格要求不同、数量各异，对餐饮人员数量的要求也不同。因此在确定人员数量时，应考虑以下几个方面的因素：

（1）企业规模和餐厅档次。餐饮企业的规模越大、等级越高，内部分工越细，质量要求越高，企业用人相对就越多；反之，则越少。同时，餐厅类型也会影响餐厅人数的数量，如饭店餐厅有主餐厅、宴会厅、风味餐厅、自助餐厅、鸡尾酒廊等，高级零点宴会餐厅比自助餐厅需要更多的人员。因此，餐厅的档次高低和规模大小是影响餐饮管理人员编制的重要因素。

（2）生产能力和加工技术。餐厅的生产能力一方面是指餐厅服务人员的生产能力，另一方面是指厨房的生产能力。餐厅员工素质越高，操作技术越熟练，每个服务人员能接待的客人数量相对就越多；反之则越少。厨房的生产和加工能力是以炉灶为主要标志，它与餐厅的接待能力是相适应的。厨房的生产能力越强，炉灶数量越多，用人必然越多。当然，若在厨房中引入先进的设备，科学合理地布局厨房，也能提高厨房员工的生产效率，从而也会影响厨房的人员编制。

（3）市场状况和季节波动程度。餐饮企业经营一般受市场供求关系的影响，市场环境好，用餐客人多，餐厅座位利用率必然提高，每位服务员能够看管的座位数必然相对减少，用人相对增加；反之，用人就越少。同时，餐饮企业的经营也受到季节波动的影响，其经营管理表现出淡旺季之分，即季节不同，对餐厅设施利用率也不同。一般来说，餐饮人员编制应以平季为基础，在旺季人员不足时，可以利用短期合同工或利用淡季安排员工休假、旺季不休假来调节，这样既可以防止餐厅开业后的人力不足，又可防止人员过剩，有利于提高劳工生产率。

（4）班次安排和开工率的高低。在餐饮经营中，员工上班一般执行两班制，即早、晚班。此外，每周工作天数和员工出勤率也是影响餐厅人员编制的重要因素。

（5）用工方式。餐饮企业人员配备与准备采用的企业用工方式和劳动组织安排有着密切的联系。用工方式和劳动组织安排不同，人员配备的多少也不完全相同。从用工方式上来看，一般有固定工、临时工和季节工。餐厅人员配备和编制一般以固定工为主，临时工和季节工根据餐厅经营的季节波动程度来短期雇佣和解聘。

2. 餐饮管理的人员编制程序

餐饮人员编制根据组织机构中人员分工不同、工作内容不同而变化，可按三类不同人员来确定相应的编制方法。

（1）管理人员编制程序。餐饮部门的管理人员是指主管以上的人员。其人员编制方法主要采用岗位定员法，即根据工作需要来确定岗位设置，然后按岗定人，如餐饮部经理、总厨师长或行政总厨各设 1 人。副职主要根据餐饮企业的规模来确定。主管则要适当考虑倒班和每周五天工作制，在能够照顾业务工作面的前提下，其人员数量宜少不宜多。

（2）厨房人员编制程序。厨房用人包括厨师、加工人员和管事部勤杂工三种。其人员编制程序可以劳动定额为基础，重点考虑上灶厨师，其他加工人员可作为厨师的助手。其编制程序为首先核定劳动定额，其次核定人员编制。

第一，核定劳动定额。即选择厨师人员和加工人员，观察测定在正常生产情况下，平均一个上灶厨师需要配备几名加工人员才能满足生产业务需要。其计算公式为：

$$X = \frac{Q_x}{A + B}$$

式中，X 为劳动定额，Q_x 为测定的厨房炉灶台数，A 为测定的上灶厨师，B 为为厨师服务的其他人员。

第二，核定人员编制。在厨房劳动定额确定的基础上，影响人员编制的因素还有厨房劳动班次、计划出勤率和每周工作天数三个因素。其人员编制计算公式为：

$$n = \frac{Q_n \cdot F}{X \cdot f} \times 7 \div 5$$

式中，Q_n 为厨房炉灶台数，F 为计划劳动班次，f 为计划出勤率，n 为定员人数，X 为劳动定额。

【例 1-1】某餐厅有 180 个座位，厨房经过上岗测试，每 30 个餐位配一台炉灶，上灶厨师和勤杂加工人员的配备标准为 1∶1，餐厅每周工作 5 天，每日平均 2 个班次，计划出勤率为 98%。请确定该餐厅厨房的定员人员。

解析： 炉灶台数 = 180÷30 = 6（台）

厨房定额 = 6÷（6+6） = 0.5（台）

厨房定员 = $\dfrac{6 \times 2}{0.5 \times 98\%} \times 7 \div 5 \approx 34$（人）

（3）餐厅人员编制程序。餐厅以桌面服务人员为主，包括领位员、跑菜员、酒水员等。其人员编制程序为首先核定接待人次，其次编制餐厅定员。

第一，核定接待人次。即选择桌面服务人员，观察测定在正常开餐情况下，每人可接待多少就餐宾客或看管多少个座位。如零点餐厅一个服务员可接待 20人左右。团体、会议餐厅则可接待 30~40 人，宴会则每人只能接待 1 桌宾客。高档次的宴会或西餐扒房每桌宾客就需要配备 2 名以上的服务员。其计算公式为：

$$X = \frac{Q_x}{A + B}$$

式中，Q_x 为测定的餐厅接待人数，X 为定额接待人次，A 为桌面服务人员数，B 为测定的其他人员。

第二，编制餐厅定员。在看管定额确定的基础上，餐厅定员编制方法与厨房基本相同，其区别是影响人员编制的因素增加了一个座位利用率。计算公式为：

$$n = \frac{Q_n \cdot r \cdot F}{X \cdot f} \times 7 \div 5$$

式中，n 为定员人数，r 为上座率，F 为计划班次，X 为定额接待人次，f 为计划出勤率，Q_n 为餐厅座位数。

注意：餐厅人员编制与人员使用是有区别的。在人员编制的基础上，不同季节的用人多少和日常人员安排还要根据业务经营的繁忙程度来确定。

【例 1-2】 某餐厅座位数 150 个。预测餐厅淡季上座率为 55.5%，旺季上座率为 95.4%，平季上座率为 75.6%，餐厅桌面服务员每人管 30 座客人，传菜员每人为 50 位客人传菜，领位、酒水员 3 人/班，日平均班次 1.5 个，计划出勤率 97.5%，每周工作 5 天。请为餐厅编制一份不同季节的人员需求表。

解析： 淡季人员需求数量：

客人数 = 150 × 55.5% ≈ 84（人）

桌面服务员人数 = 84 ÷ 30 = 2.8（人）

传菜员人数 = 84 ÷ 50 = 1.68（人）

领位、酒水员人数为 3 人

每班合计：2.8 + 1.68 + 3 = 7.48（人）

定额接待人次：84 ÷ 7.48 ≈ 11.23

1.5 班在编人数 $= \dfrac{150 \times 55.5\% \times 1.5}{11.23 \times 97.5\%} \times 7 \div 5 \approx 15.97 = 16$（人）

平季人员需求数量：

客人数 = 150 × 75.6% ≈ 114（人）

桌面服务人员人数 = 114 ÷ 30 = 3.8（人）

传菜员人数 = 114 ÷ 50 = 2.28（人）

领位、酒水员为 3 人

每班合计：3.8 + 2.28 + 3 = 9.08（人）

定额接待人次：114 ÷ 9.08 ≈ 12.56

1.5 班在编人数 $= \dfrac{150 \times 75.6\% \times 1.5}{12.56 \times 97.5\%} \times 7 \div 5 \approx 19.45 = 20$（人）

旺季人员需求数量：

客人数 $= 150 \times 95.4\% \approx 144$（人）

桌面服务员数 $= 144 \div 30 = 4.8$（人）

传菜员数 $= 144 \div 50 = 2.88$（人）

领位酒水员为 3 人

每班合计：$4.8 + 2.88 + 3 = 10.68$（人）

定额接待人次：$144 \div 10.68 = 13.48$（人）

1.5 班在编人数 $= \dfrac{150 \times 95.4\% \times 1.5}{13.48 \times 97.5\%} \times 7 \div 5 \approx 22.9 = 23$（人）

餐厅不同季节的人员需求见表 1 - 1。

表 1 - 1　不同季节的餐厅人员需求表

上座率	淡季（55.5%）	平季（75.6%）	旺季（95.4%）
客人数（人/班）	84	114	144
桌面（人/班）	2.8	3.8	4.8
传菜（人/班）	1.68	2.28	2.88
领位、酒水（人/班）	3	3	3
合计	7.48	9.08	10.68
定额接待人次	11.23	12.56	13.48
1.5 班在编人数	15.97	19.45	22.9
进位	16	20	23

三、餐饮企业人员的管理

组织机构的设置和人员编制为餐饮管理的开展提供了前提和基础。餐饮企业的正常运作，必须依赖于合适的员工，由于餐饮业是一个劳动密集型行业，因其"量大质杂"，所以其管理难度加大。餐饮企业人员管理应注意以下几个方面：

1. 减员增效与人才竞争

餐饮竞争与其他竞争一样，说到底都是人才竞争。餐饮业是劳动密集型产业，不是高新技术产业，在数量上必须严格核定劳动定额，满负荷运转。撤并冗岗冗员，节约人力成本。人力资源在素质上必须加强培训，注重培养一专多用的复合型人才。把合适的人放到合适的岗位上，人尽其才。不同格调的餐饮活动需要不同的服务方式。高档商务宴会需要规范矜持的服务素养；大众快餐消费需要热情敏捷的服务素养。招聘员工不是多多益善，也不是清一色的年轻漂亮为好。竞争上岗、动态管理、工效挂钩、末位淘汰的内部竞争机制将成为餐饮人力资源开发利用的有效手段。

2. 弹性安排人力，降低劳动力消耗

餐饮业的经营业务活动具有明显的季节性和时令波动性。所以做好餐饮管理必须弹性安排人力资源，以降低劳动力消耗，节省人力成本开支。具体可使用以下方法进行：一是固定员工和流动员工相结合，弹性使用人员，控制人力使用结构；二是根据每日餐厅客源预测，弹性安排员工上班，节省人力使用，提高工作效率。

3. 正确评估餐饮企业员工的业绩

餐饮企业经营具有明显的季节性和时令波动性，这导致其生产具有不确定性，难以准确地预测和计划，为此量化考核指标难以确定。例如，考核厨师长及餐饮总监的指标为：收入、利润、毛利、人均创利、餐具和炊具的损耗率、食品合格率、投诉率、卫生达标率、职工出勤率、回头客率等；考核粗加工人员的指标为：领料数量质量控制、领料及时率、出料率及粗加工区清洁等；考核餐厅服务人员的指标为：服务态度、服务礼貌礼节、服务速度、服务的标准化、服务的个性化等。

4. 对餐饮企业员工进行培训

对餐饮企业员工实施培训，包括培训员工的作业技能水平、思想水平、职业道德水平。首先，应认识到培训员工时可能遇到的一些障碍因素，如由于餐饮企业工作的时间长、强度大、工作繁琐、工资待遇低及传统观念带来的就业偏见，认为餐饮业是年轻人的行业；其次，应明确培训的内容，对服务人员的特质方面（包括服务人员的性格、个人卫生保健、团队精神、独立完成工作并有责任心、吃苦耐劳等）和操作技能方面等（包括服务礼仪、食品卫生与安全、设备器皿的使用与保养、服务程序与技巧、采保能力、沟通能力及投诉和意外事件的处理能力等方面）都要进行培训。

第四节 餐饮企业投资预算及融资渠道

投资主要以货币的形式投入企业，通过生产经营活动取得一定利润，它可分为实物投资、资本投资和证券投资。而融资则是企业为取得资产而运用各种方式向金融机构或金融中介机构筹集资金的一种业务活动。

融资是餐饮企业主要的财务活动之一，企业筹集资金是指企业根据自身的生产经营，对外投资和调整资本结构的需要，通过筹资渠道，运用筹资方式，经济有效地筹集资金的过程。为的是在未来一定时间段内获得某种比较持续稳定的现金流收益，这即是人们所说的投资。

餐饮企业的投融资目的是为企业的顺利开业和未来的经营提供必要的资金支持。

一、餐饮企业投资预算

认真做好餐饮企业的投资预算是餐饮企业管理的重要工作，这将为餐饮企业的成功经营打下良好的开端。餐饮企业的投资预算必须做好科学的预测和评估。

1. 餐饮企业投资预算的内容

餐饮企业投资费用的预算主要包括筹建费用项目和其他各项费用项目。筹建费用项目是指餐饮企业正式开业前，在筹建过程中的一定时期，由若干项目费用形成的资金使用方向，通过这些项目费用的运作，把经营餐厅的计划变成客观现实。这些筹建过程中的费用项目主要包括以下几个方面：

（1）考察项目费用估算。对预投资项目前期的了解、考察和考证，包括用于会计核算、法律事务以及前期市场开发的费用，还有一些电话费、交通费之类的管理费用。贷款利息可根据银行的贷款利率进行估算。如果经营者都是用自有资金投资，也可按贷款计算其利息，以此反映筹建费用的全貌。

（2）建筑费用估算。餐厅建筑费用占投资费用相当大一部分。场地的大小及地理位置会直接影响到这笔投资费用的大小。

第一，对租赁场地费用进行预算。首先聘请专业咨询师对房屋进行全面准确的租赁估算，对租赁场地费要考虑周全，包括公共设施、车位、垃圾台等都要预算清楚；租赁场地费估算最好按每平方米每日多少元计算，不要按月或按年笼统计算；租赁场地费用估算要参照周围出租费用行情，要考虑房租的付费方式和押金。

第二，对购买现成店面费用进行预算。若餐厅用一次性投资或分期付款形式购买已建成或正在建造中的店面，则存在投资费用较高的问题，所以购买前一定要考虑清楚。

第三，对新建店面费用进行预算。餐厅根据自己的经营计划，自行设计，自己投资建造店面。采用这种方式一般投资时间较长，投资筹建费用较高。不仅要缴纳土地租赁费，还要缴纳其他的多种费用。

不管采用何种方式，餐厅经营者要根据所选店面的方式，来合理估算各种费用。

（3）对装修费用、设备设施费用进行估算。一旦项目定位后，就涉及餐厅的装修，包括门面、厅面、厨房三个大的方面，不仅要从美学角度去设计，还应根据实际需要去设计。在装修好餐厅后，在估算设备、设施费用时，还应包括运输费和安装调试费。设施和设备包括厨房中的烹饪设备、储存设备以及冷藏设备、运输设备、加工设备、洗涤设备、空调通风设备、安全和防火设备及购货用车等。

（4）对家具和器皿费用的估算。家具费用主要指办公家具、员工区域家具、客人区域家具等。器皿主要是指餐厅、厨房经营用的瓷器、玻璃器皿、银器、工作服等物料用品。应先根据确定的餐厅的服务方式和桌位数计算出各种家具和器皿需要的数量，再根据市场价格即可进行估算。

（5）劳动力成本的估算。餐厅劳动力成本由管理人员、服务人员及厨师的工资组成。可按不同人员的工资标准乘以人数来估算。估算各类人员的工资水平时，可参考各劳动力市场的平均工资标准。

（6）对运营费用进行预算。运营费用包括办证、开业之前的营销费用、广告费用、培训员工的费用及调试期间的费用等。还应该考虑不可预见的准备金，一般为前几项总和的5%～30%。

一般来讲，需要准备比上述资金预算更为宽裕的资金，才能在发生意外成本时从容不迫。从资金筹备来说，如果资金有限，那么就必须在资金的限度之内对餐馆的规模、档次及从筹建到正常运作的时间进行严格的控制，尽量避免浪费资金和时间。

2. 投资预算的基本方法

投资费用预测是一项技术性特强、非常专业而又需要全方位思考的工作，假如在某个环节操作失误，将会造成不必要的资金损失，直接影响筹建开业的预期目标。所以，很多无从事餐饮业经验的投资者都会聘请专业公司策划筹备，以减少繁琐事务缠身的压力和少走弯路，规避因失误造成的经济损失（其实请专业公司所需的费用远远低于损失的金额）。

预算方法一般有两种：一种是费用逐项估算法，另一种是简易估算法。

采用费用逐项估算法，应在估算之前根据拟经营餐厅的规模、标准、档次等，对市场上相同或类似的已营业餐厅作全面的了解和调查，结合市场行情整理出具有参考价值的数据，以此为依据对筹建费用进行估算。

（1）考察项目费用估算。要考虑餐厅的考察、交通等其他的费用。这部分费用在筹建餐厅前已经产生或将会继续产生，对这一部分的费用应做出合理的估算。

（2）对建筑物费用的估算。要考虑店址是否处在"黄金地段"，地段不同，租金、房产的售价或造价相差很大。所以要全面权衡，按照确定的选择以市场行情为依据，进行估算。

（3）装修及设备、设施费用的估算。餐厅的类型及装修的档次不同，其成本预算也会有很大的不同，可以从市场报价中获取同类型或类似餐厅的装修费用，也可以将装修的每个项目进行分项预算；对于餐厅需要的设备的规格和价格，估算时还要包括运输费和安装费。

（4）对家具和器皿费用的估算。餐厅所使用的家具及器皿费用的估算可以从市场报价中获取对每个项目的报价，进行逐项估算。

（5）劳动力成本的估算。餐厅劳动力成本由管理人员、服务人员及厨师的工资组成。可按不同岗位人员的工资标准乘以人数来估算。估算各类人员的工资水平，可参考劳动力市场以及同档次餐厅从业人员的工资标准。

以上是对餐厅所需各项费用的预算方法，但要做到预算尽量准确，有必要请相关专业人士进行预算。

二、餐厅的融资渠道

开餐厅需要不少的资金投入。具体需要的资金数量要以餐厅规模、档次、建筑装修风格等为基础进行逐项预算，在正确估算的前提下，必须事先准备足够的投资资金，这是餐厅开业的基础和前提。就资金来源而言，筹措资金的渠道主要有以下几种：

1. 自有资金

自有资金即个人或企业所拥有的可变现资产，这笔资金越充分越好，以免在开办初期因各种不可预测的原因造成资金周转不灵。通常，在使用自有资金时，最好不要把自有的全部资金投入进去，以免餐厅在经营不善时蒙受巨大的损失。

2. 银行贷款

银行规定，凡城镇个体经营户、合作经营户自筹资金困难时，可向银行申请贷款，银行将根据具体情况予以支持。餐饮企业向银行借款，一般都是在企业工商注册登记已经完成，以企业的名义向银行借款，主要用于支付餐厅装修改造、设备用品购置等费用。

企业向银行贷款时，需要首先提出贷款申请，凡申请贷款者必须具备以下条件：

（1）具有企业法人资格，符合批准的经营范围；

（2）有一定比例的自有资金；

（3）有相应的物资和财产担保，有偿还贷款的能力。

银行收到企业的申请后，要对其资格进行审查，批准合格后，即可同餐饮企业签订贷款合同，明确双方的权利和义务。

餐饮企业在向银行贷款前，一定要充分考虑自己偿还债务的能力，否则开业之后，很可能因为支付利息而背上沉重的债务，从而使经营无利可图或导致亏损。

3. 合资经营

合资经营即联合其他人员共同投资，风险共担和利益共享。这种融资方式是一种常见的形式，但在选择合伙人时要慎重。选择合伙人时要注意以下两点：

（1）考虑合伙人之间在经营方面能否达成一致；

（2）合伙人是否愿意同甘共苦、承担风险。

4. 综合融资

综合融资即在投入自有资金的前提下，向银行贷款的同时，也同他人合资经营。

5. 商业信用融资

商业信用融资是指企业之间凭借商业信用，利用商品交易、劳务供应等发生的债权、债务关系进行的一种融资方式。商业信用融资主要有以下两种方式：

（1）赊购商品融资。这是一种最典型、最常见的商业信用形式，在此种形式下，餐饮企业向供应商购买设备物资，不立即支付货款，而是延期到一定时期以后付款。

（2）预收货款。也就是餐饮企业先收货款后交货，这是另外一种典型的商业信用形式。如果餐厅的某些商品畅销，不妨在订单中要求对方预付一部分货款，这部分预收货款就是短期筹资来源，用于缓解餐厅资金短缺的情况。

餐厅筹集资金的方法很多，在考虑采用哪种融资方式时，最好进行多方面的了解，然后把每一种方法所需的成本和收益进行比较，以便选择成本较低、收益大的融资方式。

三、合理安排现有资金

餐饮企业投入资金的多少与餐厅的面积和装修水平等因素相关。不管投资多少，一般来说，开设一家餐厅的初期投入费用主要包括：考察项目费用、店面租金、店面的装修费用、设施设备费用、家具和器皿费用、员工工资、水电费用、流动资金以及不可预计的其他费用等。所以需要将现有的资金进行合理的安排，以期获得更大的投资回报。

投资餐饮企业，必须在自己拥有一定资金的情况下再投资，以降低资金周转风险，资金的使用要做到总量控制，维持可持续发展。

如果自有资金不足，就要考虑借贷。根据经验，自有资金最好占60%，否则经营有可能出现困难。其他所需资金可以通过向亲友借贷，尽量避免向银行贷款，因为餐厅开业之后不一定立即就能盈利，如果自有资金不足，可能会因为无法偿还银行债务而倒闭。

也可以考虑和朋友进行合伙经营，但应该就有关合伙事项签订合同，以免合伙人在今后的经营过程中发生矛盾，对餐厅的经营不利；还可以考虑通过赊购商品的形式进行融资。

这些方法，都可以有效地节省资金，降低经营风险，维持餐厅的可持续发展。

第五节　餐饮企业的申办

一、餐饮企业申办的证照办理

只有获得政府相关部门的认可，企业的经营才具有合法性，同时，也才会受到法律的保护。因此，餐饮企业要合法经营，必须获得有关主管部门的批准。根据我国 2009 年颁布实施的《食品安全法》的相关规定，餐饮企业应取得以下证件和履行相关手续：

1. 到辖区内工商部门登记

先拿身份证原件及复印件到当地工商部门登记名称，这只是登记一个名称，还不能申领工商营业执照。

2. 排污许可证的申领

到辖区环保局相关部门申请，部门受理后，一般会有工作人员上门检查指导，检验合格后，主管环保局在申请开业登记书中签署"同意开业"，加盖公章后生效。

3. 办理餐饮服务许可证

餐厅经营者在工商部门领取申请开业登记注册证书后，要到当地食品药品监督管理部门申请办理餐饮服务许可证。餐饮服务许可证代替原来的卫生服务许可证。

根据国家《食品安全法》的规定，餐厅必须要办理餐饮服务许可证。需提交的材料包括：餐饮服务经营者书面申请、餐饮服务许可申请书、预先核准名称的证明、餐饮经营场所和设备布局、餐饮服务场所使用证明、食品安全管理人员的学历证书等。

4. 办理工商营业执照

拿到以上这两个证后，到当地工商行政管理部门注册登记，领取营业执照。

按照工商行政管理部门规定，餐厅登记注册的主要内容包括餐厅名称、经营场地、法人代表、经济性质、经营方式、经营范围、从业人数、经营场地面积、营业期限等。

5. 办理税务登记

依法纳税是每个公民的义务。餐厅经营者在领取餐厅营业执照之日起 30 日内，应向当地税务机关申报办理税务登记，并填写税务登记表。

餐饮企业注册开业的手续和所需的文件，在各地略有不同。应认真学习《公司法》、《中华人民共和国个人独资企业法》、《外商独资商业企业试点办法》及《食品安全法》等有关法律、法规和文件，并到当地工商部门咨询当地办理餐厅营业开张的手续、程序及收费标准。

二、餐饮企业 Logo 注册登记

餐饮企业的 Logo 设计好后，为避免侵权，应进行商标注册登记。

1. Logo 注册登记的途径

商标注册的途径有以下两种：一是直接到商标局商标注册大厅办理；二是委托国家工商行政管理局认可的商标代理机构代理。

2. 商标注册的步骤

（1）准备申请文件，提交申请。加盖申请人公章（法人或其他组织机构）或签名（自然人）的《商标注册申请书》一份，并按规定的商品分类表填写使用商标的商品类别和商品名称，此表要求打印或印刷，非手写形式。

（2）商标图样黑白 5 张，要求图样清晰，规格为长和宽分别不少于 5 厘米和 10 厘米，若指定颜色，则为彩色图样 5 张，并附黑白墨稿一份。

（3）直接到商标大厅办理的，法人或其他组织机构提交营业执照复印件并出示原件；自然人提交本人的身份证复印件，并出示原件；委托商标代理机构办理的，提交商标代理委托书和证明申请人资格的有效复印件。如注册商标是人物肖像，应附送经过公证的肖像权人同意作为商标注册的声明文件。申请商标所申报的事项和所提供的材料应真实、准确、完全。

（4）缴纳商标注册费用：在一类 10 个商品名称或服务项目之内，每件商标注册申请规费为 1000 元，10 个以上（不含 10 个），每超过一项，另加收 100元。委托商标代理机构的，申请人应向商标代理机构缴纳商标注册费和代理费。

3. 审查和核准

（1）商标局在收到申请书 15 日内向申请人发《受理通知书》，对于符合规定的商标，商标局予以初步审定（审查期约为 12 个月）并予以公告；如认为申请书内容要修正，则发给《审查意见书》或《驳回意见书》。

（2）对初步审定的商标，自公告之日起 3 个月内，任何人可在 3 个月内提出异议。若公告期内无异议的，予以核准注册，发商标注册证，并予以公告。

（3）注册商标的有效期为 10 年，自核准之日起计算，注册商标期满需继续使用，应在期满前 6 个月申请延展注册；在此期间未提出申请，可给 6 个月宽展期，如仍未提出申请，注销其注册商标。每次继展注册的有效期为 10 年，继展注册经核准后，予以公告。

三、餐饮企业上缴的税种、税率及缴纳申报期限

1. 基本税种及税率

（1）营业税按营业收入 5% 缴纳。

（2）城建税按缴纳的营业税 7% 缴纳。

（3）教育费附加按缴纳的营业税 3% 缴纳。

（4）地方教育费附加按缴纳的营业税 2% 缴纳。

（5）印花税。购销合同按购销金额的万分之三贴花；账本按 5 元/本缴纳（每年启用时）；年度按“实收资本”与“资本公积”之和的万分之五缴纳（第一年按全额缴纳，以后按年度增加部分缴纳）。

（6）城镇土地使用税按实际占用的土地面积缴纳（各地规定不一）。

（7）房产税按自有房产原值的 70% ×1.2% 缴纳。

（8）车船税按车辆缴纳（各地规定不一，不同车型税额不同）。

（9）企业所得税。餐饮企业符合小型微利企业的按 20% 的税率纳税，一般的按 25% 的税率。

（10）发放工资代扣代缴个人所得税。

上述税种中除企业所得税（2002 年 1 月 1 日新设立的企业）向国税局申报缴纳外，其他均向地税局申报缴纳。

2. 纳税申报期限

（1）营业税、城建税、教育费附加、个人所得税等，次月 10 日内为缴纳期限。

（2）企业所得税，季后 15 日内（当地税务机关确认按月缴纳的，次月 10 日）为缴纳期限，汇算清缴期限为 4 个月。

（3）房产税、城镇土地使用税、车船税等，按当地税务机关的规定期限缴纳（各地一般一年两次等规定不一）。

（4）限期缴纳最后一日，遇到休息日，顺延一日；遇到长假（春节、五一、十一节），按休息日顺延。

（5）滞纳金按天加收万分之五。

（6）经税务机关责令限期缴纳后仍未缴纳的，税务机关可处以罚款。

案例

肯德基的选址要诀

一般来说肯德基计划进入某个城市，就先通过有关部门或专业调查公司搜集这个地区的资料。有些资料是自己搜集的，有些资料聘用专门的公司去搜集。把资料搜集齐了，就开始估量商圈。商圈估量采取的是记分的方法。例如，这个地区有一个大型商场，商场营业额在1000万元记一分，5000万元记5分；有一条公交线路加分，有一条地铁线路加分。这些分值标准是多年平均下来的一个较准确的经验值。通过打分把商圈分成好几大类，以上海为例，有市级商圈南京路、徐家汇等，次级商圈打浦桥、中山公园等，定点目标消费型、还有社区型、旅游型等。

另外，商圈的成熟度和稳定度也非常重要。例如，城市要规划建设某条路，那么此道路附近就有可能成为商圈，但肯德基一定要等到商圈成熟稳定后才进入。肯德基投入一家店要花费几百万元，所以不会冒这种险，以稳健为原则，保证开一家成功一家。

在确定了商圈之后，还要选择主要的聚客点在哪里。例如，上海的淮海路是很成熟的商圈，但不可能淮海路上任何位置都是聚客点，肯定有最主要的聚集客人的位置。肯德基开店的原则是：努力争取在最聚客的地方和其附近开店。古语说"一步差三市"。开店地址差一步就有可能差三成的盈利，这跟人流活动的线路有关，可能有人走到这，该拐弯，则这个地方就是客人到不了的地方，差不了几步路，但生意差很多，这些在选址时都要考虑进去。人流活动的线路是怎么样的，在这个区域里，人从地铁出来后是往哪个方向走等，肯德基都派人对其进行测量，有一套完整的数据之后才确定地址。

在确定了店铺的位置之后，就要开始考量店铺的硬件水准了。例如，肯德基对店铺面积的要求是至少350平方米，面宽至少12米，楼板到梁底高度不得低于3米；此外，对楼板承重也有基本的要求：厨房区楼板负荷为450公斤/平方米，餐厅区活荷载为250公斤/平方米；冷库、排油烟机、汽水机、制冰机的室外机全部放置楼顶，设备总重3吨，下设槽钢，可将设备均匀摆放，使楼顶均匀受力；店铺还必须提供空调及200千瓦的用电量，以及提供一条185铜芯电缆并把电缆引至配电室的指定位置，自设配电盘，并独立安装电表；冷暖空调应保证使用时间自早8：00至晚11：00，其制冷量厨房应不小于450卡/平方米/小时，用餐区应不小于350卡/平方米/小时，餐厅温度冬天应不低于15度，夏天不高于25度，春秋季应在20~25度，自设甲方提供室外机位置；提供25吨水/天，供水管径为2.5/3.0英寸，水压不小于2.5公斤/平方厘米，并具有相应的用水指标；提供相应的排水管线位置，排水管径不小于6英寸；在餐厅附近区域应提供适宜位置，供餐厅制作隔油池，该位置将不导致争议或影响相邻关系；提供与化粪池相连的管道至租赁区域；提供室外相应的排放油烟管道位置，该位置将不导致争议或影响相邻关系，排烟管道的截面积为500~700毫米；在门脸上方提供招牌安装位置；提供临时卸货车位；提供两条电话线路。

肯德基的选址要诀，其实对个人投资者来说也有不小的借鉴意义。虽然我们不可能像它一样做那么多繁杂的测算，但其许多有益的思路还是值得我们学习的，能够让我们自己经营商铺选址时把握得更加准确。

资料来源： 西式餐饮的选址要诀：http://www.easteat.com/Manager/1991.html.

案例思考题：

根据以上案例，谈谈如何进行餐厅选址的调研工作。

商标、商号与企业名称冲突

特许经营的显著特点之一是商标权的许可使用，但在服务行业的特许经营中，"商号"或"字号"的许可使用同样十分重要。

"商号"是企业名称的组成部分，我国《企业名称登记管理规定》明确了企业名称的内涵，即企业名称是由商号或字号、行业或者经营特点、组织形式三部分组成。在特许经营的实践中，被特许者最迫切要取得的除商标外，就是特许者持有的商号。尤其是在餐饮行业，很多情况下，服务商标就是特许者的商号，如"全聚德"、"烧鹅仔"、"东来顺"等企业，其"商标"和"商号"就是重叠的。一般情况下，被特许者将取得授权许可的商标或商号作为企业名称的组成部分，再加上地域名称即可获准注册使用。《企业名称登记管理规定》同时规定企业只准使用一个名称，在登记主管机关辖区内不得与已登记注册的同行业企业名称相同或者近似。按照此规定，如果某个知名商标中的文字，被他人抢先登记在当地自己的企业名称中作为商号，那么，就会发生使用在先的商标与注册在后的企业名称，或使用在后的商标与注册在先的企业名称发生冲突的情况。下面就是一起特许经营中经常遇见的商标、商号与企业名称发生冲突的典型案例。

国内一餐饮企业（下称A公司），已在全国发展了40多家加盟连锁店，其商标和商号是相同的，在业内享有较高的商誉和知名度。西南某省会一企业（下称 B 公司），早在 1997 年就看好了 A 公司的牌子，并与 A 公司商谈过合作事宜，希望在该省会城市开设 A 公司的加盟店，为此，双方还签订了特许经营合同，合同签订后，因 B 公司没有交纳加盟金及其他原因，合同没有生效。两年以后，B 公司在当地注册了一家餐饮企业，把 A 公司的商标文字用在了自己的企业名称中，作为商号使用，店堂内外的装饰、装潢等各方面也都是仿效 A 公司的风格而做。A 公司知道 B 公司的情况后，通过实地调查，发现 B 公司虽然也打出了与 A 公司一样的商号，貌似 A 公司的加盟店，但在菜品及服务质量上却与 A 公司的加盟店相去甚远。另外，B 公司为扩大影响，公开在当地报纸和店堂内的宣传材料上，以 A 公司加盟店的名义对外宣传，使当地消费者误认为 A 公司确实进入了当地市场，B 公司的行为严重影响了 A 公司的商誉，对 A 公司进入该地区造成了很大的阻碍。A 公司遂以侵犯商标专用权和不正当竞争为由，将 B 公司告上了当地法院。本案现已审结，一审法院认定 B 公司的行为是不正当竞争和对 A 公司构成了商标侵权，判令 B 公司停止侵权及不争当竞争行为，公开向 A 公司赔礼道歉，并赔偿 A 公司的相关经济损失。B 公司不服一审判决，提起上诉，二审法院维持原判，驳回了 B 公司的上诉。此种情况的出现，不仅使特许经营企业总部无法顺利进入该地区，加盟者也会因为侵权行为的存在，无法有效地利用从特许者手中得到的商标或商号使用权开展特许经营业务，这对特许经营的发展造成很大的阻碍。

目前法律上处理这类纠纷的基本原则是：保护在先权利，即商标与企业名称哪个权利在先即予以保护。解决这一冲突的法律规范，除《中华人民共和国商标法》和《中华人民共和国不正当竞争法》等专门法律外，还有国家工商行政管理局 1999 年 4 月 5 日发布的《关于解决商标与企业名称中若干问题的意见》。该意见第四条规定：商标中的文字和企业名称中的字号相同或者近似，使他人对市场主体及其商品或者服务的来源产生混淆包括混淆的可能性，从而构成不正当竞争的，应当依法予以制止。而上面所指的混淆主要包括：①将与他人企业名称中的字号相同或者近似的文字注册为商标，引起相关公众对企业名称所有人与商标注册人的误认或者误解的；②将与他人注册商标相同或者近似的文字登记为企业名称中的字号，引起相关公众对商标注册人与企业名称所有人的误认或者误解的。《意见》第六条规定了处理这类纠纷的原则，即处理商标与企业名称的混淆，应当维护公平竞争和保护在先合法权利人利益的原则。但是，由于商标专用权和企业名称权，分别受《中华人民共和国商标法》及《企业名称登记管理规定》的规范和调整，但这两部法规之间又没有明确具体的衔接性规定，因此，在实践中如何解决商标使用权与企业名称权的冲突，操作起来还有一定的困难，在此情况下，极易使不正当竞争者有机可乘。

随着我国法制建设的不断完善以及市场经济的发展，特许经营也将越来越规范化，利用法律法规来规范特许经营运作，维护特许企业的合法权益，是特许经营企业良性发展的前提，任何希望通过钻法律空子达到赚取非法利益的行为，必将受到法律的严厉制裁。

资料来源：太原美食网，http://www.tyeat.com/news.asp? id = 457.

案例思考题：

请通过此案例分析餐饮企业如何利用法律手段保护自己的企业名称及商标？

本章复习思考题

1. 简述餐饮企业市场定位的步骤。

2. 餐饮企业市场定位的策略有哪些？

3. 影响餐饮企业组织机构编制的因素有哪些？

4. 简述餐饮企业投资预算的内容与方法。

5. 某餐厅座位 120 个，餐厅服务员劳动定额为每人管 20 位客人，传菜员每人为 40 位客人传菜，酒水员、领位员 3 人/班，日平均班次 1.2，计划出勤率 96%，每周工作 5 天。

（1）预测餐厅旺季上座率为 92%，平季为 72%，淡季上座率为 50%。请为餐厅编制一份不同季节的人员需求表。

（2）餐厅上月实际上座率为 76%，在编服务人员用了 10 人，传菜员用了 6 人，请问：他们每人每班实际接待了多少客人，是否完成了劳动定额，按劳动标准，餐厅多用了多少服务员（不含领位员、酒水员）？

第二章　菜单策划与管理

☞ 本章内容简介

在餐饮经营与管理中，菜单的策划与管理是一个至关重要的环节。菜单是餐饮产品的生产、服务和销售的总纲，菜单的策划设计是餐饮管理与服务中重要和基础的工作。本章从菜单的策划原理入手，对菜单策划的内容、步骤及分类进行了阐释，并介绍了与菜单的定价相关的知识。

☞ 本章学习目标

学生通过本章的学习，能够掌握菜单策划的基本原理，能够根据餐饮企业的规模、档次、特色及文化特征等具体情况对菜单的内容、程式、装帧设计等进行策划，并且能够运用相关原理进行菜肴定价和菜单价格管理。

　　菜单作为餐饮企业日常经营活动的起点，在餐饮经营管理活动的诸多业务中起到决定性作用。因此，菜单的科学性和合理性往往会影响企业的市场、设备、人员、成本、服务等多个方面。目前，我国部分餐饮企业忽视了菜单策划的重要性，把菜单仅仅看做是介绍企业菜肴酒水的工具。因此，菜单制作粗糙、设计不合理，缺乏吸引力，更谈不上艺术性。这与现今消费者追求精神享受、讲究高品质的餐饮需求有所脱节。

　　餐饮企业在菜单的策划与设计上应不断推陈出新，增强菜单的识别性、可读性及美观性，在激烈的市场竞争中形成差异，从而吸引消费者，满足其审美需求。设计科学合理的菜单，不仅能强化菜单在餐饮经营活动中的功能，同时，对提升餐饮企业的形象，提供优质服务方面，也将起到积极的意义。

第一节　菜单策划原理

　　菜单是餐饮企业为顾客提供的菜肴种类、菜肴解释和菜肴价格的一览表和说明书，是沟通顾客与餐饮企业的桥梁，是餐饮企业无声的推销员。菜单作为餐饮企业日常经营活动的起点，在餐饮经营管理活动的诸多业务内容中起着决定性作用。因此，菜单设计的科学性和合理性往往会影响企业的市场、设备、人员、成本、服务等多个方面。

　　随着餐饮市场的发展，主题化餐饮已成为重要方向之一。菜单已不仅仅是单纯意义上的产品价目表和说明书，而是餐饮企业重要的营销工具，是企业形象的载体。一份设计精美的菜单，不仅能激发顾客的消费欲望，而且能向顾客传递企业的精神和隽永的文化，让顾客在赏心悦目中，享受到艺术与美。但是据统计，目前我国近80%的餐饮企业使用固定菜单，且更换频率较慢。菜单设计与制作跟不上顾客对餐饮企业品位、文化的需求。

　　菜单设计的艺术性、文化性是当前乃至今后餐饮企业需要重点考虑的问题。

　　因此，根据餐饮企业的规模、类型与特色，策划一份与企业文化相符合、满足顾客精神需求的赏心悦目的菜单，是餐饮企业经营的首要内容。

一、菜单策划原理

　　策划一词由来已久。日本策划专家和田创认为：策划是通过实践活动获取更佳成果的智慧，它是一种智慧创造行为。著名的市场营销专家菲利普·科特勒则认为："策划是一种程序，在本质上是一种运用脑力的理性活动。基本上所有的策划都是关于未来事物的。"一般来说，策划是指个人、企业、组织机构为了达成某种特定的目标，在充分调查市场环境以及相关环境的基础之上，运用各种创意手段，通过运筹和整合各项资源，遵循一定的方法或者原则，对事情的发生、发展进行系统、周密、科学的预测并制定科学的、可操作的方案。策划已运用于政治、军事、文学、艺术、生活等各个领域，几乎无处不在。

策划的含义包括如下几层意思：

1. 策划是在现实条件的基础上进行谋划

策划者要尽可能多地掌握各种现实情况，全面地了解形成客观实际的各种因素及其信息，包括有利的与不利的因素并分析研究搜集到的材料，寻找出问题的实质和主要矛盾，再进行策划。这样的策划针对性强，并合理可行。

2. 策划具有明确的目的性

策划一定要围绕既定的目标或方针，努力把各种工作从无序转化为有序。策划可以使人们正确地把握事物发展变化的趋势及可能带来的结果，从而确定能够实现的工作目标和需要依次解决的问题。

3. 策划可以提供多个方案

针对某一个目标，可以拟出多个策划方案。人们对多个策划方案可以权衡比较，扬长避短，选择最合适、最科学的一种。同时，策划也不是一成不变的，应在保持一定稳定性的同时，根据环境的变化，不断对策划进行调整和变动，以保持策划对现实的最佳适应状态。

4. 策划是按特定程序运作的系统工程

现代策划为了保证策划方案的合理性和高成功率，趋向程序化。一般的策划活动都要经历以下几个步骤：策划前的调查和环境分析；确立或调整策划目标；创意构思，拟定初步方案；方案评价与筛选；方案的调整与修正。策划的程序性保证把各方面的活动有机地组合起来，把各个子系统相互协调，形成一个合理的整体。这种整体的系统性可以使人们确定理想的工作秩序和节奏，掌握轻重缓急，做到井然有序，提高工作效率，创造最佳效益。

二、菜单策划人员的素质要求

菜单的策划与设计工作是一项艺术性和技术性都很强的复杂工作。菜单策划在很大程度上受到策划人员知识和能力的限制，策划人员不仅要有创意思维和设计能力，而且要具有美学及相关主题文化知识，要对餐饮业有充分的了解和认识。

具体来说，菜单策划人员应具有的素质如下：

（1）具备广泛的食品原料知识。熟悉原料的品种、规格、品质、出产地、上市季节及其价格等。

（2）拥有深厚的烹调知识，熟悉各种菜肴的制作方法、时间和需用的设备，掌握菜肴的色、香、味、形、质地、质量、规格、装饰、包装（使用的餐具）和营养成分。

（3）了解餐饮企业的生产与服务设施，工作人员的业务水平。

（4）了解顾客需求及饮食发展的趋势，善于结合传统菜肴的优点和现代餐饮习惯，有创新意识和构思技巧。

（5）有一定的美学和艺术修养，善于调配菜肴的营养和色彩搭配，善于制作菜肴的造型。

（6）善于沟通，虚心听取有关人员的建议，具备策划带有竞争力菜单的能力。

三、菜单策划的内容与步骤

1. 菜单策划的内容

菜单策划可以从以下四个方面来考虑（见图 2 – 1）。

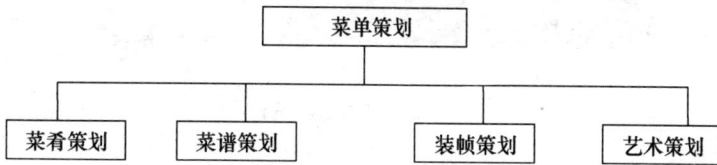

图 2 – 1　菜单策划的内容

（1）菜肴策划。根据餐饮企业规模、档次与特色确定菜肴，并考虑到菜肴的原材料、色彩、烹调方法、价格等。通过这些菜肴能够传递餐饮企业的特色和文化。

（2）菜谱策划。主要考虑如何有序地传递餐饮企业信息，如餐饮企业的历史、风格、档次、菜肴特色、重点推销的品类、菜肴及其他产品的排列顺序等。

（3）装帧策划。装帧策划包括菜单的封面设计、版面编排、印刷装订等。前者是围绕封面，对书脊、扉页、插图及题花、尾花等方面进行艺术形式的创作；后者是指版面的排印格式、用料及装饰方式等，两者形成一个和谐的整体。

（4）艺术策划。艺术策划是指根据餐饮企业的文化内涵，给菜单赋予企业的文化，并通过艺术的手法表现出来。艺术手法是指艺术创作过程中为塑造形象、表现审美情感时所运用的各种具体的表现手段。就菜单而言，主要通过色彩、形状、图案、符号等的心理暗示来体现。

图 2-2　菜单封面设计

2. 菜单策划的步骤

（1）准备所需参考资料。这些资料包括：①同类型、同档次餐饮企业的各种菜单；②各种美食杂志、烹饪书籍、普通词典、菜单词典；③标准菜谱档案；④各种菜肴信息；⑤流行的时令菜单、畅销菜单等；⑥目标顾客调研及结果分析。

（2）建立标准菜谱。标准菜谱是指关于菜点烹饪制作方法及原理的说明卡，它列明某一菜点在生产过程中所需要的各种主料、辅料及调料的名称、数量、操作方法，分量和装盘工具及其他必要的信息。利用标准菜谱不仅有利于测算菜肴成本，而且有利于管理人员充分了解菜点的生产和服务要求，也有利于产品质量标准化。

（3）初步设计构思。它指对菜单的装帧、艺术等的构思，包括对菜单形式、材质、尺寸大小，菜品等的构思。开始构思时，可选用一张空白表格，将可能提供给顾客的菜点、饮料、酒水等先填入表格，再综合考虑各项因素后确定菜单的内容。

（4）方案选择。构思完成后，制作出菜单毛样数份。由企业相关负责人召集有关广告宣传、美工、行政总厨（厨师长）及相关管理人员，对菜单的内容、封面设计、式样选择、图案文字说明等工作进行讨论。

（5）菜单定稿。在几份毛样中选出最优方案。

但是无论在哪个步骤，设计者必须把顾客的需求放在第一位，优先考虑他们的消费动机和心理因素，然后以此为依据，做好各步骤工作。

第二节　菜单内容与分类策划

精美的菜单不仅反映了餐饮企业的形象，同时，也向顾客默默传递着餐饮企业的各种信息。因此，菜单的内容要进行精心地策划，程式要进行科学合理的安排。根据餐饮企业的特点和市场定位，为满足不同目标顾客的用餐需求，餐饮企业应向顾客提供不同种类的菜单，以方便顾客的选择。

一、菜单策划的依据

菜单对餐饮企业的经营管理具有重要的作用，所以企业应精心设计，制作出一份科学合理、精美时尚的菜单，不能马虎了事。

1. 顾客需求

由于个人的喜好不同，所以对菜肴的要求也是不相同的。满足顾客需求是餐饮企业经营成功的根本，所以菜单设计业必须体现顾客的需求。顾客的需求不同，菜单的设计也是完全不同的。因此，筹划菜单前，一定要有明确的目标市场，根据目标顾客的口味、喜好，设计相应的菜单。

此外，影响顾客需求的另一个因素就是消费需求。消费者的经济能力、心态等方面决定了消费者的消费需求，如有便利型消费者、求廉型消费者、享受型消费者、求新型消费者等不同类型的消费者。在编制菜单时，要注意菜单对应的消费能力和消费需求。要赢得市场，就必须仔细研究和揣摩消费者的消费欲望、消费心理和消费情绪。作为餐饮企业经营者，还应深入市场，摸透消费者的需求，对自己提供的菜肴和服务进行细分，从而满足不同层次消费者的需求。只有这样，餐饮企业才会真正得到广大顾客的青睐。

2. 企业的生产能力

以企业的生产能力为依据设计菜单，才能确保其发挥最佳的效用。所以，菜单设计者应对餐饮企业的生产能力做到心中有数，充分考虑到原料的供应、厨房设备和生产人员的技术水平。

食品原料是烹制菜肴的前提，如果原料能保证供应，价格合理，那么用该原料烹制的菜就列入菜单，否则就不要列入菜单。食品原料供应受到市场供求关系、季节、餐饮企业地理位置等因素的影响。在编制菜单时，要充分估计到各种局限性，尽量使用当地出产物和供应充足的食品原料。同时，菜单设计者还应重视餐饮企业的现有库存原料，特别是那些易损易坏的原料。管理人员每天都应巡视库房，决定哪些原料应立即予以消耗，根据具体情况考虑是否增设当日菜式进行推销，或作其他适当处理。

技术能力是制定菜单的关键，没有技术力量保证，菜单只能是泛泛而谈。技术力量包括烹调技术和服务员的服务技术，其中厨师的烹调技术是主要的。

3. 反映成本与价格

菜肴是作为商品生产的，产销都要考虑其成本与价格。成本太高，价格也就高，顾客不能接受，该菜肴就缺乏市场。在制定菜单时，必须考虑成本与价格这两个因素。从经营来看，每家餐饮企业都有相对确定的标准成本率，对于那些高成本的菜肴，不能一味地提高其价格来获取毛利，可以通过适当提高某些低成本菜肴的价格来作为补偿。因此，在制定菜单时，既要注意每位菜肴高中低价位原料的搭配，也要注意菜单上不同成本菜肴的搭配，以便制定有利于竞争和市场推销的价格，保证在总体上达到预期的毛利率。菜单设计是餐饮企业获取利润的首要环节，必须加以重视。在设计菜式时，应综合考虑以下三点：

（1）分析菜式的获利能力；

（2）分析菜式可能的销售量；

（3）分析菜式之间的相互关系。

餐饮企业经营的最终目的是赢利，所以设计菜单时，应该合理搭配以达到最大盈利。

4. 食物的营养成分

随着人们生活水平的不断提高和保健意识的增强，餐厅已成为大众品尝名菜美点、珍馐佳肴的场所和休闲会客的重要场所。外出就餐也不再是偶尔为之，而是经常性的活动。向顾客提供丰富多彩的饮食无疑是餐饮企业义不容辞的职责。因此，对菜单设计人员来说，不仅要掌握各种食物所含的营养成分，了解顾客所需的营养成分和热量，还应当懂得原料和搭配等方面的知识，这样才能设计制作出符合顾客需求的科学的菜单。

二、菜单的内容及程式

一家餐厅的布置和装饰，带给顾客的是视觉体验，顾客从中得到的是整体的信息，这些信息更多的是一种感觉。而菜单提供给顾客的则是餐饮企业的具体信息，能够刺激顾客的味觉神经，使顾客能从中快速选择出想要品尝的美食。这就要求菜单在内容安排和程式上有精心的策划。

1. 菜单内容

一份完整的菜单，从专业角度评价，应该包含以下几个方面的内容。

（1）菜品的品名和价格。菜品的名字会直接影响顾客的选择。顾客未曾品尝过某道菜，往往会凭菜品的名称去挑选。好的菜品名称，会在顾客的头脑中产生一种比较形象合理的联想。顾客对一次就餐经历是否满意，在某种程度上主要取决于顾客对菜品名称的理解及由此产生的期望是否在进餐过程中得到实现，其中最重要的是，餐饮企业提供的菜品能否满足顾客的期望心理。

（2）菜品的介绍。菜单上要对一些产品进行介绍。以这种介绍代替服务口述，可以降低服务员的劳动强度，减少顾客选菜时间。菜品介绍的内容主要有以下几方面：

第一，主要配料及一些独特的浇汁和调料。有些配料要注明规格，如肉类要注明是里脊还是腿肉等，有些配料需要特别注明。

第二，菜品的烹调和服务方法。某些菜品具有独特的烹调方法和服务方法，最好在菜单上作介绍，普通的方法则不需要介绍。

第三，菜品的份额。有些菜品要注上每份量的大小。如果标注重量，则指烹调后菜品的重量。有的菜品则需要注明数量，如美式早餐套餐一般都要注明有两个煎蛋。

在菜单上对菜品进行介绍便于推销菜品。菜单上的介绍要注意指引顾客去点那些餐饮企业希望销售的菜肴，因此要着重介绍高价菜、名牌菜。菜肴品种往往有许多，顾客仅凭名字难以确定是什么样的菜，较难作出选择。在菜名的旁边作更详细的说明，不仅便于顾客更深入地了解菜品，而且有可能使顾客对此产生兴趣，并愿意去尝试。

菜品的介绍不宜过多，非信息性介绍使顾客感到厌烦。但是如果菜单就像一页目录那样单调地列出菜名和价格，就会显得过于枯燥。

（3）告示性信息。每份菜单都应提供一些告示性信息。告示性信息必须十分简洁，一般有以下内容：

第一，企业名称。通常安排在封面。

第二，风味特色。如果餐饮企业是经营特色风味类菜肴的，而顾客从餐饮企业的名字却无法感知到，就要在菜单封面的餐饮企业名下列出其风味。例如，金珠餐馆（澳大利亚风味）。

第三，地址、电话和商标记号。该信息一般列在菜单的封底下方。有的菜单还用地图标明餐饮企业在城市中的具体位置。

第四，营业时间。列在封底或封面。

第五，加收的费用。如果餐饮企业加收服务费，要在菜单的内页上注明；如果餐饮企业只收外汇，则必须注明。例如，在菜单上加上这样一句话："所有价目均加10%服务费，请用欧元结账。"

（4）信任性信息。如在菜单上注明菜品份额、餐盘尺寸、计价标准，能给人以直接明了和货真价实之感。在菜单上公布的企业信息和服务标准也是一种信任性信息，可以让顾客对餐饮企业产生信任感。全球快餐连锁店麦当劳就在其菜单上表明了"质量可靠、服务快捷、清洁卫生、价格合理"四项承诺，这就是一种信任信息。这类信息往往被一些经营者忽略。

（5）机构性信息。有的餐饮企业还会在菜单上介绍餐饮企业的档次、历史背景和餐饮企业特点。许多餐饮企业需要推销自己的特色，而菜单是推销的最佳途径。例如，有些百年老店或连锁企业及知名特色餐厅，可在菜单的合适位置对企业的背景、荣誉、烹调特色等加以介绍。这样不仅增加了企业的可信度，也会在顾客心目中树立起良好的形象。

首先一份完整的菜单，应该尽可能包含以上五个方面的信息。然而多数餐饮企业、饭店的菜单，标明的信息都不完整，特别是有的菜单上不标明餐饮企业的电话号码，错失了一个绝好的推销机会。其次是荣誉性和其他信息，如餐饮企业历史背景、特色、知名人士对餐饮企业的赞语、宣传媒介对餐饮企业的正面评价等。这类信息一般简明扼要地列在菜单首页，有利于树立餐饮企业、饭店的良好形象。

2. 菜单程式

菜单程式是指菜单上内容的排列方式。菜单的内容一般按顾客就餐顺序排列。中餐菜单的排列顺序一般是冷盘、热炒、汤、主食、饮料。西餐菜单的顺序一般是开胃品、汤、沙拉、主菜、三明治、甜点、饮品。

三、菜单的分类

根据供应餐别、服务形式、使用周期等可将菜单划分为以下三类。

1. 根据餐别划分

根据餐别来划分，菜单可分为早餐菜单、正餐菜单（包括午餐、晚餐菜单等）、宵夜菜单。图2-3为西式早餐菜单。

（1）早餐菜单。早餐菜单有零点、桌餐和自助餐三大类。由于顾客就餐形式不一样，零点早餐由顾客根据菜单内容和个人喜好选择品种。桌餐一般由菜单的设计者根据用餐标准，按照10人共同进餐来设计主食和菜点。自助餐的种类很丰富，餐厅通常设计不同的主食和菜点，由顾客自由组合。需要注意的是，早餐的就餐时间比较短，因此菜单所列菜品都是制作简单、上菜速度快、清淡少油的菜品，并且这些菜品都要保持一定温度。

（2）正餐菜单。正餐包括午餐和晚餐，其内容相似。各个餐饮企业规模和定位不同，菜肴也有很大的差别，但是菜单的组成结构类似。有的按照烹饪原料划分，比如海鲜类、禽蛋类、畜肉类、蔬菜类等；有的按照菜肴的类别划分，如

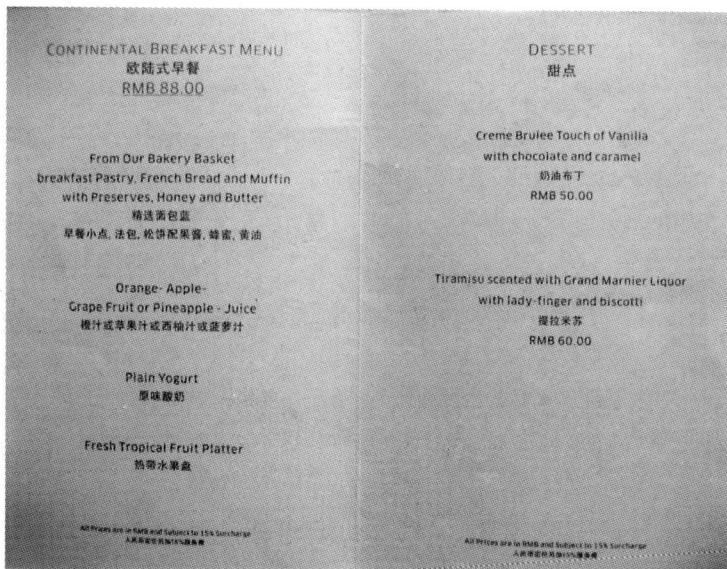

图 2-3　西式早餐菜单

冷菜、热炒菜、大菜类、素菜类、汤类、点心类等。午餐和晚餐是餐饮企业经营的重点，所以设计菜单时，要根据餐饮企业风格、规模、档次以及顾客的喜好，制作出不同层次、风格、价位的菜品供应顾客挑选。图 2-4、图 2-5 分别为西餐和中餐的正餐菜单。

图 2-4　西餐正餐菜单

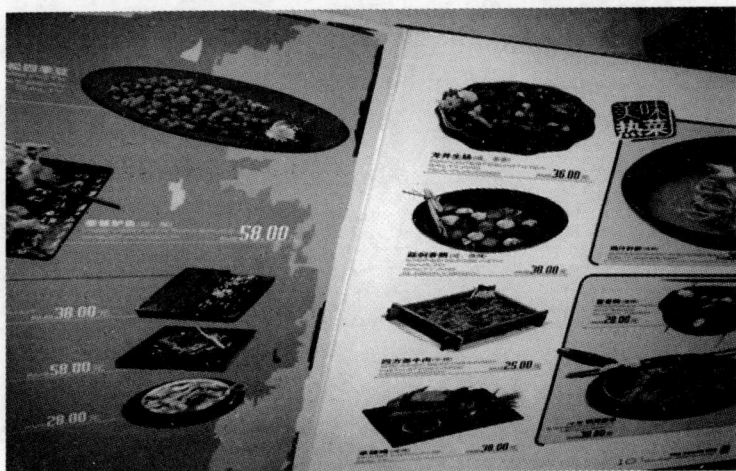

图2-5　中餐正餐菜单

（3）宵夜菜单。针对晚上大约22：00到次日凌晨2：00之间需要用餐的顾客设计的菜单为宵夜菜单。宵夜菜单的菜品数量不宜过多，菜品易于消化，另外价位要低。菜单的内容可以划分为冷菜、风味小吃、面食等，一些地区还可以提供带有本地色彩的乡土菜品。

2. 根据餐饮企业经营形式划分

根据餐饮企业经营形式，菜单可以划分为零点菜单、套餐菜单和宴席菜单三大类。

（1）零点菜单。零点菜单又称为点菜菜单。零点菜单使用广泛，其特点是菜品口味多样，每道菜的价格和数量都是按照大、中、小分别标明，一般附有彩色照片，能够适应大多数顾客的就餐要求。这就要求零点菜单的品种要搭配平衡，并注意对菜品的原料、烹调法和价格搭配合理，并选择上一些能反映本餐饮企业特点的"拿手菜"，将它们作为特色菜加以重点推销。

中式零点菜单通常分为冷菜、热菜、大菜、汤、点心等几大类，有的根据原料分为山珍、水产、禽蛋、畜肉、蔬菜以及其他类等。另外，零点菜单常备有时令菜单、招牌菜单、特选菜单，服务员在顾客点菜时可以灵活推荐。图2-6是零点菜单（饮料类）。

（2）套餐菜单。套餐菜单有许多种类，常见的有双人套餐、三人套餐、四人套餐、多人套餐、团体套餐、会议套餐等。许多城市专门有为都市上班族提供的白领套餐。

（3）宴席菜单。宴席菜单是为顾客社交活动而设计的能满足多人聚餐，具有

玲翠剔透（295毫升）	20.00元/杯	巧克力物语（295毫升）	22.00元/杯
Papaya Whiteout		Chocolate Story	
红果双莓（295毫升）	20.00元/杯	香芒冰情（295毫升）	22.00元/杯
Twin Berry Romance		Mango Kiss	
水果缤纷（295毫升）	20.00元/杯	抹茶浮霉（295毫升）	22.00元/杯
Twin Berry Romance		Green Tea Delight	
金粉佳人（295毫升）	20.00元/杯		
Yellow Peach Waltz			
青柠蜜柚（295毫升）	18.00元/杯		
Grapefruit Shake with Lime Jerry			
玫瑰诱惑（295毫升）	18.00元/杯		
Rose Lichee Seduction			

图 2 - 6 零点菜单（饮料类）

一定质量规格，由一套菜品组成的菜单。宴席菜单上的菜肴制作美观精细、搭配合理、重点突出。菜品通常有水果、食品雕刻点缀，使菜肴看起来更美观。

宴席类型多种多样，根据菜肴的组成，有中式宴席、中西结合宴席等；根据宴席规模不同，可以分为大型宴席、中型宴席、小型宴席等；根据价位不同，可以分为高档宴席、中档宴席、普通宴席等；根据顾客身份不同，可以分为国宴、便宴、家宴、冷餐酒会、鸡尾酒会、招待会等；根据举办目的的不同，可以分为婚宴、寿宴、迎送宴、纪念宴等；根据宴席主要用料或烹制原料的不同，可以分为全素宴、全羊宴、全鱼宴、全鸭宴、山珍席、水产席等；根据菜原料的不同，可以分为燕窝席、海参席、鱼翅席等；根据菜肴风味的不同，可以分为川菜席、粤菜席、苏菜席、鲁菜席等。此外，还有一些具有一定历史渊源和文化意味的宴席，常见的如仿唐宴、孔府宴、红楼宴、满汉全席、随园宴等。图 2 - 7 和图 2 - 8 分别为婚宴套菜菜单和套菜（下午茶）菜单。

3. 根据菜单使用周期划分

根据菜单使用时间的长短，可以将菜单划分为固定菜单、变动菜单、循环菜单三类。

（1）固定菜单。固定菜单常用于顾客流动性很大的餐饮企业。固定性菜单菜肴品种相对固定，在采购、制作等方面容易按照标准进行控制。但是这类菜肴的变化不大，不容易吸引老顾客光临，而且菜品的价格不能随原料价格的变化而变化。为了弥补这一不足，餐饮企业通常会定期研发一些特色菜、时令菜，以吸引回头客。

水果拼盘　什锦列巴筐

凉菜

盐焗鸡　　麻辣牛肉条

振筋拌苦苣

热菜

吉祥共富贵（烤羊排）

富贵庆有余（红烧鲤鱼）

白头过到老（鲜奶虾球）

团圆又美满（酱汁肘子）

财源滚滚来（四喜丸子）

双星报喜来（西兰花木耳）

金碧庆辉煌（蛋黄焗地瓜）

家合万事兴（牛肉炖土豆柿子）

主　食

香麻大饼、

馒头、一品鲜炒饭

花好月圆

666元

图 2-7　婚宴套菜菜单

图 2-8　套菜（下午茶）菜单

（2）变动菜单。变动菜单根据烹饪原料的供应情况和价格变化、厨师的技术水平以及客源的多少等因素来设计菜单内容，具有时间短、变化快等特点，如时令菜单、厨师特选菜单都属于变动性菜单。变动性菜单有时候几乎每天、每一餐都有变化。

（3）循环菜单。循环菜单是依照一定的周期循环使用的菜单。这类菜单适宜回头客较多的餐饮企业、饭店以及企事业单位的餐厅使用。使用循环菜单，餐厅必须按照预定的周期制定出一套菜单，如餐厅在春、夏、秋、冬四个季节分别使用不同的四份菜单，这就叫季节循环菜单。

循环菜单周期的长短应按照市场特点而定。如果用餐顾客更换不频繁或固定不变，如某些度假疗养型、长住型饭店的顾客以及学校、机关、工厂的餐饮企业用餐者，那么循环菜单的周期可适当放长，一般认为以 30～40 天为一周期比较合适，以免相同的菜式过于频繁地出现。旅游度假区餐饮企业如使用循环菜单，其周期就可减短，一般以一星期左右为宜，因为大多数旅游者很少逗留一周以上。假如菜单的循环周期为 7 天，那么当相同的菜式再次出现时，那批旅游者已经离开，从而不至于给他们留下餐饮单调的印象。

第三节　菜单定价

菜单定价是菜单设计的重要环节。价格是否适当影响整个餐饮企业的竞争地位和能力，对餐饮企业经营利润影响也极大。

一、菜肴价格构成

菜单定价要反映产品的价值，还应反映供求关系。菜单定价与餐饮企业档次、品牌、声誉、特色等都有关系，档次高、知名品牌、声誉好、有特色的餐厅菜单的定价可高些。合理科学地定价不仅反映了餐饮企业的经营水平，同时，也满足了顾客"物有所值"或"物超所值"的精神需求。

在确定菜品价格之前，要对菜肴的价格构成有所了解。价格一般包含原材料成本、各种税费、经营利润和经营生产费用等几个方面。

1. 原材料成本

原材料成本包括制作菜品所用的主料、辅料以及调料的成本。原材料成本在菜品总成本中所占比例很大，基本上是 40% 左右。通常情况下，零点菜品的成本率比套餐、自助餐和火锅的成本高，而低于特色菜、宴会套餐。

2. 各种税费

餐饮定价除了要考虑原材料成本和生产费用以外，还要考虑餐饮企业承担的各项税费。主要的税费项目有营业税、所得税、房产税、城市维护建设税、教育费附加、印花税等。餐饮企业投资者为了获取一定的投资回报，在对菜单进行定价时，通常会将各种税费考虑在内。

3. 经营利润

任何一家经营性餐饮企业，都是为了获得一定的经营利润。预期的经营利润，也要计入价格中去。利润的简单公式为：

利润＝售价－（原材料成本＋税费＋营业费用）

可见，定价越高，原材料成本越低，餐饮企业的利润空间越大。但并不是菜品定价高就一定能获得高额利润，还要充分考虑顾客的消费心理，以及其他各种因素。只有使这些因素平衡，科学合理地确定价格，才有可能获得较高的利润。

4. 经营生产费用

经营生产费用是指一家餐饮企业所有涉及生产产生的费用。一般包括如下费用：

（1）员工工资、员工福利、员工制服费用、工作餐费用等；

（2）所有设备的折旧费；

（3）保养和维修设备需要的材料和费用；

（4）水、电、气或者其他燃料费用；

（5）为推广餐饮企业支出的营销费用，包括所有的广告费；

（6）购买日常办公用品的支出；

（7）购买各式餐具器皿等的损耗费；

（8）银行费用和贷款利息；

（9）通讯费、交通费、书报费和其他不可预见的费用等。

二、影响菜单定价的因素

除了价格构成影响菜单定价，还有一些因素影响菜单定价，餐饮企业经营者应综合几个方面加以考虑。

1. 定价目标

餐饮企业定价目标主要有以下三类：生存目标、利润最大化目标、占有市场份额目标。

（1）生存目标。这种目标一般是在经济不景气或市场竞争过于激烈时，餐饮企业在迫不得已的情况下才会选择的目标。在这种情况下，生存是首要目的，这时价格就定在能够弥补可变成本和一部分固定成本的水平上。

（2）利润最大化目标。餐饮企业选择较多的就是利润最大化目标。为了实现长期利润最大化目标，餐饮企业必须充分估计产品的成本以及不同价格水平下的需求，从而确定最合理的价格。选择这一目标，其价格往往是需要经常调整的，以实现企业能在长期取得最大赢利。

（3）占有市场份额目标。对于规模较大的餐饮企业来讲，保持市场份额就意味着保持了地位和声望，而是否实现了最大利润则是次要的，在此情况下，企业往往比较注重销售的数量，有时候甚至为此而降价销售产品。

2. 市场需求

需求和价格之间是紧密联系的。价格的微小变动都可能带来需求的变动，从而改变企业的销售水平并对销售目标产生影响；反过来，需求的变动同样会对价格产生影响。通常情况下，需求和价格呈反向关系，换句话说就是价格越低需求越多，价格越高则需求越少。

大部分商品都是属于这类的普通商品，但有些商品的情况却不同，它们在一定范围内遵循上述规律，一旦超出某种范围，情况就会发生变化，吉芬商品①和威望商品就是突出的例子。吉芬商品是指价格下降导致需求减少的商品。对餐饮企业来讲，最好是取消这类产品和服务，如果不能取消，那么也不必降低价格，因为降价也不会促进销售。对于优质产品或象征威望的高档产品来说，价格的上升使需求保持不变甚至上升。因为能够消费这类商品，对某些顾客而言，彰显身份和地位，使他与一般人区分开来，价格越高这种象征性就越强。相反，如果降低价格，反而会削弱这种象征意义，从而使需求减少。当然价格的上升必须控制在一定范围内，否则，价格太高也会使需求量下降。因此，对于确实很有吸引力的产品，餐饮企业可以制定较高的价格，并且在价格制定以后进一步调整。

3. 成本

餐饮企业的价格在很大程度上是由需求限定的，即市场需求规定了价格的最高限度，超过这一限度，餐饮企业就会由于销售的减少而导致销售收入和总利润的下降。如果其他条件相同，那么餐饮企业的价格越低，就越能够吸引顾客，销售收入就越高。但是成本又给价格规定了一个最低限度。低于成本的价格不仅不能给企业带来利润，相反销售越多，亏本越大。因此，从企业经营角度来看，餐饮产品定价应该能够补偿所有的成本并为企业带来一定的经营报酬。

4. 竞争对手

市场需求给价格规定了一个最高限额，而成本又为价格规定了一个最低限额，了解竞争对手所提供的产品质量与价格，会有助于餐饮企业最终制定出自己的价格。如果本企业所提供的菜品、环境与服务和竞争对手的相似，那么就可参照竞争对手的价格来定价，可以稍低些或与竞争对手一样。如果本企业的产品质

① 吉芬商品，是一种在价格上升时需求量本应下降，却反而增加的商品。即在其他因素不改变的情况下，当商品价格上升时，需求量增加，价格下降时，需求量减少，这是 19 世纪英国经济学家罗伯特·吉芬对爱尔兰的土豆销售情况进行研究时定义的。

量明显不如竞争对手，则价格只能定得低些；如果本企业提供的菜品、环境和服务都比竞争对手强，则可定超过竞争对手的价格。

5. 市场定位

市场定位是餐饮企业根据餐饮市场竞争态势，在顾客的心目中为自己的产品寻求和确定一个最为恰当的活动的位置。不同的餐饮企业，可以根据目标市场顾客的特点，结合企业自身的资源实力、产品特色等条件，选择不同的市场定位。

以上为餐饮企业定价时必须考虑的主要因素，此外，餐饮企业还必须考虑国家的政策法规，以遵守法律法规为前提，综合考虑地理环境和风俗习惯、计价传统等因素。

三、菜单的定价策略

1. 平价策略

平价策略是指按普遍的指标加价率确定价格的策略。在发达国家，许多食品都有固定加价率。例如，一个汉堡包的成本是 1 美元，如果固定加价率是 40%，这个汉堡的价格即为 1.4 美元。

一般一个企业的商品固定加价率都是参照市场普遍的加价率予以确定的。按照普遍的加价率确定的价格是中等价格，正常情况下，企业可以获得适当的利润。平价策略既便于企业进行标准化管理，又能增加可信度，容易受到大多数顾客的欢迎，是一种较为平稳的价格策略，一般不会使经营产生大起大落的现象。

平价策略最适用于快餐企业，因为快餐企业最容易实行标准化、工业化管理。除了快餐企业外，绝大多数餐饮企业的酒水和标准化、工业化生产程度较高的食品也应该实行普遍加价率确定价格。

2. 以需求为基础的定价策略

这种定价策略是根据顾客对餐饮产品价值的需求程度和认知水准确定售价的，一般有主观印象定价法和需求差异定价法。

主观印象定价法是根据就餐顾客对餐饮企业产品和服务的整体印象，制定出符合消费者预期的定价方法。以主观印象定价的餐饮企业，顾客通常只注意菜肴的质量、服务态度以及广告推广这些非价格因素，对价格构成因素并不关心。需求差异定价法是餐饮企业依据不同类型顾客的消费水平、消费时间和不同的就餐方式来定价。

3. 餐饮新产品定价策略

许多新开张的餐饮企业或者创新菜品在制定价格时，往往采取市场暴利价格、市场渗透价格或者短期优惠价格等。

有些餐饮企业推出新的菜肴，定价奇高以牟取暴利。当同行业其他餐饮企业推出同样的产品，加入竞争的行列时，该餐饮企业则会降低价格。有的企业采取市场渗透价格策略，新的菜品一出现就定很低的价格。这种定价策略可以使其很快被市场接受，迅速打开销路，扩大市场，保持长期优势。

四、定价方法

在确定定价目标的前提下，餐饮企业可依据产品的成本、特色、需求、竞争者等因素中最重要的一个或几个来选择定价方法。一般来讲，餐饮企业定价方法主要有以下几种。

1. 成本加成定价法

成本加成定价法是一种最基本、最简单的定价方法，即以成本为基础，再加上一定的加成来确定产品定价。成本加成定价法在餐饮企业中使用十分普遍，其主要原因如下：①餐饮企业对成本比对需求更容易做出判断，并且这种判断是准确的，把价格与成本相联系，定价就比较简单、方便，变动性小，不需要频繁地调整；②如果餐饮企业都采取这种方法定价，那么它们的价格就会趋于一致，竞争主要就转到非价格方面，而如果考虑需求的话，竞争必然要依据价格方面的优势，而价格竞争对餐饮企业短期收入是不利的；③这种定价方法对买卖双方都比较公平，买者不会因为需求迫切而支付高价，而卖者仍能较稳定地得到投资报酬。具体做法主要有外加毛利率法和价格系数法（成本系数法）两种。

（1）外加毛利率法。外加毛利率法就是首先确定生产和销售成本，然后加上毛利定价。其计算公式为：售价 = 成本 × （1 + 毛利率）

假如生产和销售成本为 2 元的饮料，按照过去的经验和通常的做法，就有 60% 的毛利率，则加成就是 1.2 元（60% × 2 元），价格应为 3.2 元。

（2）价格系数法。以食品原材料成本乘以价格系数，即为食品销售价格。这里的价格系数是预期食品成本率的倒数。其计算公式为：

售价 = 成本 × 价格系数

价格系数 = 1 ÷ 食品成本率

如果经营者预期自己的食品成本率为 40%，那么价格系数即为 1 ÷ 40%，即 2.5。

假如已知一盘小炒鸡蛋的成本为 4 元，计划食品成本率为 40%。则售价 = 4 × 2.5 = 10（元）

需要注意的是，成本加成方法只考虑了成本因素，而没有考虑市场需求情况，忽视了旺季和淡季的差别，所以即使采取成本加成法，也应注意经常根据实际情况进行适当的调整。

2. 目标利润定价法

这是以成本为中心定价的另一种方法。这种方法是根据企业的成本和要达到的目标利润或目标收益率来确定价格，即：

价格（单价）＝（每份菜肴的原料成本＋每份菜肴的人工成本＋每份菜肴其他经营费用）／（1－目标利润率－营业率）

【例2－1】某菜肴每份菜的原料成本为8元，人工费为5元，其他经营费为2元，营业税率为5.5%，餐饮企业目标利润率为35%，则该菜肴定价应为多少？

解析：（8元＋5元＋2元）／（1－5.5%－35%）＝25.21元≈25元

3. 理解价值定价法

理解价值定价法或称认知价值定价法，即把价格建立在产品的理解（认知）价值的基础上。越来越多的餐饮企业认为，定价的关键不是卖方的成本，而是买主对价值的理解，是顾客主观上认知的价值。餐饮企业应该充分利用营销组合中的非价格因素确立起顾客对餐饮企业产品的认知价值，餐饮企业的价格建立在这一认知价值的基础上。

认知价值定价法是以现代产品定位理论为依据的，餐饮企业应以计划好的质量和价格针对特定的目标市场来开发。管理者应准确估计顾客会怎样评价本企业的产品，并确定按计划的价格能够出售多少量，算出计划的价格和成本，预测能否产生令人满意的利润，如果能，就按这种价格出售，如果不能，就要放弃。

使用理解价值定价法制定价格，必须设法在顾客心里树立餐饮企业品牌的价值，餐饮企业的经营管理人员要通过营销调研对市场的理解做出判断。同时，管理人员必须善于识别本企业所能给予顾客的特殊利益，为此餐饮企业要通过广告宣传途径，使本企业与其他餐饮企业区别开来。

总之，采用认知价值定价，重要的是使企业有自己的特色，能满足顾客在其他企业不能满足的需要，这样才会有理想的理解价值，才能制定较高的价格而不至于失去顾客，从而使企业获得长期最大利润。

4. 通行价格定价法

通行价格定价法也叫随行就市定价法，在这一定价法中，产品的价格主要取决于竞争者的价格，而很少注意本企业的成本和需求，产品的价格可以与主要竞争者或行业的平均价格相同，也可以稍高于或低于竞争者的价格或平均价格。

通行价格定价法具体又可分为两种，一种是率先定价，即不是跟在别人后面，而是充当其他企业的领袖和榜样，如果这一价格能够为市场所接受，率先定价的企业往往能获得较高的收益；另一种是追随定价，即追随行业内起主导作用的企业，制定大体相同的价格，并且随着其他价格变化而调价，一般小型企业都是这样定价。

通行价格定价法是相当常见的定价方法，当企业测算成本有困难或者需求及竞争对手不确定时，通行价格定价法就成为有效的解决方法，用这一方法制定的价格能产生公平的报酬，并且维持行业间的协调。不过，通行价格定价法忽视了产品的差别性，忽视了顾客的价值观念，也不考虑成本，它带有一定的盲目性，这样，优质的产品可能没有得到相应的回报，而交叉的产品又可能失去市场，这对任何企业都是不利的。

上述四种定价方法的目的是缩小确定最终价格的范围，在选定最终价格时，还要考虑一些相关的事项，如顾客对价格的反应，价格对销售人员、竞争者会产生什么影响，政府是否会干涉等。

案例

商务菜单的设计分析

图2-9为某餐厅商务宴会菜单。

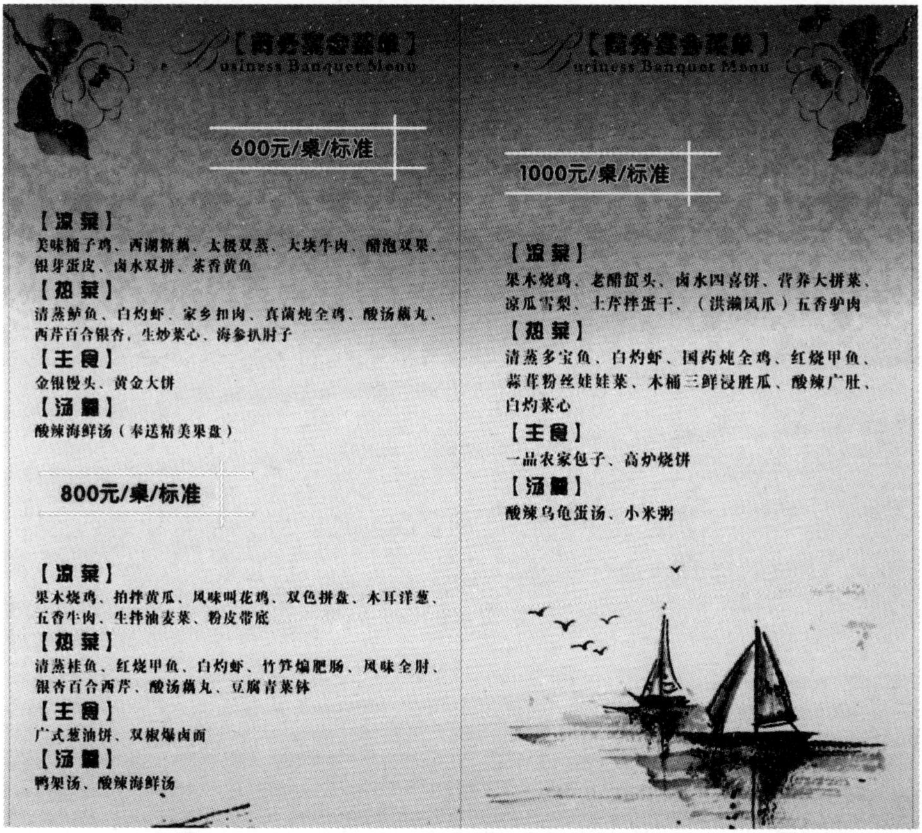

图2-9 商务宴会菜单

案例思考题：

1. 请仔细观察研究上面的这份菜单，谈谈该菜单菜肴搭配是否合理，菜点程式是否可行，价位是否合理。

2. 根据这份菜单，请推测这家餐厅的类型、档次及风味。

3. 请点评菜单的艺术设计。

本章复习思考题

1. 菜单策划的内容和步骤有哪些？

2. 菜单有哪些分类？

3. 一份完整的菜单应包括哪些方面的内容？

4. 策划和设计菜单时，应考虑哪些因素？

5. 影响菜单定价的因素有哪些？

6. 菜单定价策略有哪几种？

7. 菜单定价方法有哪些？

第三章 餐饮企业格局规划与设计

☞ **本章内容简介**

餐饮企业的格局规划与设计是餐饮企业开业筹划的内容之一，也是企业开展经营活动的基础工作，通常要围绕企业的类型、规模、主题文化等来进行系统的考虑。本章分别从餐厅、厨房和仓库三大区域进行阐释。

☞ **本章学习目标**

通过本章的学习，学生基本掌握餐厅、厨房和仓库规划原理和布局设计要求，尤其能够根据餐饮企业的主题文化对餐饮企业前厅的环境及餐饮区域的规划、设计与装饰艺术有一定的研究并能实际运用。

餐饮企业成功的因素很多，其格局设计就是其中关键的因素之一。餐饮格局设计主要包括餐厅、厨房和仓库的布局设计。

由于每一家餐饮企业经营的性质、顾客的类别与菜肴的种类均不相同，因此所需要的设备与装潢也不相同，其内部的格局与设计规划就不同。所以，餐厅兴建时，应聘请专家研究如何设计才能适合餐厅的营运，尤其是在餐饮企业的营业场所、厨房、仓库及酒窖方面要重点考虑。

对于餐厅的内部规划与设计方面，需有崭新而合乎顾客要求倾向的新理念，不能墨守成规。

第一节 餐厅格局规划与设计

餐厅是客人就餐的场所，其装饰、布局设计既反映了餐厅的等级，又反映了餐厅的特色。

一、餐厅的布局

餐厅布局是指对餐厅内部的规划和安排，包括平面布局、空间布局等。不同类型的餐厅应有不同的布局，以适应不同的营业需要。

1. 布局的原则

餐厅布局的原则是："合理、方便、舒适"。

（1）合理。合理是指合理利用餐厅面积。一个餐厅能够同时容纳的进餐人数与餐厅面积之间应有合理的比例。餐厅用的座椅，一般占用的面积为0.2平方米（0.45米×0.45米）。每人占用餐桌面积不能少于0.18平方米（以1.5米直径中餐圆桌，10人进餐计）加上就餐时的活动面积0.2平方米，共为0.58平方米。除此之外，每人平均的专道、备餐柜、酒柜等公用面积不应少于0.4平方米。因此，餐厅面积与就餐人数的比例不应小于平均每人1平方米，即1∶1。现代酒店和某些新建的高级餐厅，客人在餐厅就餐时的使用面积可达到平均每人1.5平方米。我们把同一时间就餐人数与餐厅面积的比例称为就餐者密度。餐厅拥有餐桌数与可容纳就餐人数成正比。不同企业应根据具体情况，合理确定餐厅就餐者密度。密度过大造成拥挤，密度过小则餐厅营业面积得不到充分利用，影响经济效益。

（2）方便。方便指方便服务员操作，方便顾客活动。餐厅营业时，餐厅中的人流一是服务员；二是顾客。服务员的流动，是进行服务操作的行走。这种行走具有规律性和方向性。顾客的流动一般是入席、退席和席间应酬的行走，也具有方向性。服务员在餐厅中的主要行走线与顾客的主要行走线应科学安排，适当穿插。既保证服务员托盘行走顺畅，又保证顾客活动方便。

（3）舒适。舒适指给顾客以舒适感。餐厅是顾客就餐的场所，餐厅的布局应给顾客以舒适感，使顾客进餐时有愉快的心情，产生享受和满足的感觉，留下美好的印象，吸引顾客再度光临。

2. 餐厅的平面布局

餐厅的平面布局是对餐厅平面进行规划、安排，使之适应营业需要。

（1）大厅式布局。采用这种布局的餐厅是一个大营业厅，特别适合于大型宴会，也适合经营散客点菜和零星筵席。我国多数酒店的餐厅，都是采用大厅式的布局。多功能式餐厅的日常布局，仍属大厅式布局。大厅式布局可以充分利用餐厅面积，众多宾客济济一堂，使进餐者置身于一种热烈的气氛之中。缺点是顾客谈笑造成席桌之间互相干扰，过于嘈杂，不适宜于接待某些需要幽雅环境的饮宴。

（2）单元式布局。采用这种布局的餐厅，都有个独立的用餐单元。单元有大有小，大的可容纳几桌宴席，小的仅供一桌宴席之用。这种单元式的布局可以在一个大厅内用屏风相隔而成，也可以是高雅的包厢。单元式的布局需要一定的营业面积，要装包厢或屏风，增设酒柜等用具，走道也要增加。但单元式餐厅能够满足顾客会客、商务宴请等特殊需要，增加企业的收入。

（3）混合式布局。采用这种布局的餐厅，是在一个营业场所和一个楼面内同时安排大厅式布局的餐区和单元式布局的餐区（厅中厅）。

3. 餐厅空间布局

餐厅的空间布局是对餐厅空间进行规划、安排，使空间给人美感效果。无论什么类型的餐厅，其空间布局都应当讲究美感效果。一般说来，餐厅空间的美感效果，主要是视觉空间的美感。因此，成功的空间布局应避免给人以空旷、冷清，或者压抑、零乱的感觉，而应使人获得满意的心理感觉，下面介绍三种常见的处理方法：

（1）围与透。墙面、天花板、窗帘等，遮挡人们的视线，给人产生围于其中的感觉。敞亮的窗户、大面积的玻璃镜、大型布景箱、视野开阔的大幅风景照片等都能拓展人们的视线给人以透的感觉。如果顾客需要一个不受外人干扰的独立场所，以便无拘无束地畅饮酬叙，可以采用屏风相隔或安排包厢，使这类宾客获得被"围"的心理感觉。大、中型宴会，需要热烈的气氛和盛大的场面，则应制造"透"的感觉。

（2）扬与抑。这一手法的运用目的在于分清主次、突出主题。餐厅布局是为进餐者服务，使人有轻松愉快的心情进餐。有助于此的则"扬"，无助于此的则"抑"。

（3）虚与实。虚实结合的手法可使人避免空旷、孤寂或者拥塞、压抑的感觉。餐厅就餐人数过少，显得空旷冷清时，可多用花木盆景等摆设充实空间。宾客满座时，宜减少观赏品以扩大空间。

二、餐厅的空间规划

餐厅空间规划的目的，既能使空间达到充分的利用，又能给服务员的工作带来方便，给顾客带来舒适。餐厅空间规划应考虑如下方面：

1. 各工作区的空间比例

我们做餐厅设计规划时，一定要注意餐厅面积使用的分配，通常厨房要占餐厅营业区的1/2，也就是说餐厅营业区的面积要两倍于厨房。我们在规划餐厅面积时常常都会有一个错误，那就是希望外场越大越好，因为营业区越大，座位越多，可以容纳的客人越多，所以一般的餐厅都把厨房缩小了，厨房变小后，所有厨房必需的设备往往无法全部放在厨房内，勉强放进之后，厨房的活动空间就变小了，因此影响了厨房工作人员的动线，当生意好的时候厨房的工作人员就忙不过来了，反而影响了工作效率和服务质量。

做餐厅设计规划时，厨房、仓库及其他区域事先也必须做合理的规划设计，这样当餐厅营业后，才不会发生营运不良的问题，使空间发挥最大的效益。

餐饮区面积的大小和分配与企业经营的性质、规模、菜单的特点等有很大关系。各种不同类型的餐厅和餐饮设施的面积分配虽各不相同，但面积分配都有一定的范围。以下介绍一家有200个座位的餐厅的各区域面积的分配，以供参考。该餐厅每小时服务最多就餐人数为450位客人（见表3-1）。

表3-1　餐饮企业各区域面积的分配

区域名称	面积（平方米）	比例（%）
就餐区	223	50
食品生产区	127	28.5
候餐区	33	7.5
储存区	36	8
职工区	18	4
办公室	9	2
餐厅总面积	446	100

2. 座位的确定

（1）每餐座的面积需要量。不同风格的餐厅，其桌椅与座位空间安排也不同。在一般的点菜餐厅中，每一位顾客需要的活动空间，平均是 103 平方厘米。这是一人最低的需求量，且不包括餐厅营运活动空间在内。至于咖啡馆、小吃店或快餐厅，每位顾客活动空间的平均需求量仅有 64 平方厘米。另外设计者还必须考虑餐桌与餐桌之间的空间，虽然这并没有严格的标准，但其大小仍有一定的原则。根据研究分析，餐桌之间平均空间，需求量约为 64 平方厘米。如果餐厅使用运送饭菜的手推车，则应增加空间，特别要注意店中营业高峰时间，顾客与服务人员往来活动的流量。总而言之，空间的运用与规划是决定餐厅风格是否受顾客欢迎的重要因素。各类餐厅每餐座需要的面积见表 3 - 2。

表 3 - 2　各类餐厅每餐座需要的面积

餐厅类别	每餐座需要的面积（平方米）
豪华餐厅	1.5 ~ 2
咖啡（西餐）厅	1.5 ~ 1.8
风味餐厅	1.4 ~ 1.8
宴会厅（最小）	1.1 ~ 1.3
桌边服务式的普通餐厅	1 ~ 1.4
快餐厅	0.9 ~ 1.4
酒吧	0.2 ~ 1.4

（2）座位需要数的确定。在餐厅空间规划时，应在服务人员能够运转自如、服务方便的前提下，认真考虑餐厅空间的利用，使座位的排列达到最多。但是，如果座位安排过多，又会影响客人活动与服务人员的服务动线，妨碍服务人员的服务速度，使顾客心理产生压迫感。餐座需要数是根据某段时间内需要接待的就餐人数与该段时间内最大座位周转率来确定的。餐座需要数一般要能满足高峰时间接待顾客的需要，因而就餐人数的预计和座位周转率的计算要根据这段时间的数据。

座位周转率的大小取决于以下因素：①客人食用的食品和饮料的数量。②服务的复杂程度以及开餐时间的长短。早餐的座位周转率一般高于午、晚餐。快餐比服务讲究的豪华餐厅的座位周转率要快。讲究服务节奏和优雅氛围的餐厅中客人可能要花 20% ~ 50% 的时间等菜，而快餐厅的客人不用等待马上可以就餐。③供餐服务的速度。④客人选菜的速度。这个速度取决于菜单项目的数量和菜品介绍的清楚程度。⑤餐厅布局的方便度。⑥客人的类别。通常，青年人较年长的人就餐快，公务客人较度假客人就餐快。⑦供餐的类别。宴会比零点餐、零点餐比自助餐的座位周转率慢。在一般餐厅中，早餐的平均就餐时间为 15 ~ 25 分钟，午餐为 20 ~ 35 分钟，晚餐为 30 ~ 60 分钟。在高档餐厅中，客人平均就餐时间需要更长，特别是晚餐和宴会，因为这时就餐的餐厅是聚会、商谈公务的场合。

在餐厅规划设计中，除餐座外还需要其他的空间，如通道、洗手间、接待室（候座）、服务台、办公室与员工休息室等。餐厅所用的装饰物件也会占用餐厅的空间。

三、餐厅餐桌布局与设计

1. 桌边服务式餐厅

（1）餐桌的大小及规格。关于桌椅的大小和形状，是餐厅餐桌中首先要考虑的问题。美国的餐旅（餐厅和旅馆）事业顾问委员会曾经特别指出："餐饮环境影响顾客的情绪极为深切，其中尤以桌椅的大小与形状为然。"他们所作的具体建议是，购置桌椅需有一定的原则依据，最重要的标准则如下：①餐桌的高度从地板算起应为 90 厘米。②座椅的高度从地板算起应为 52 ~ 56 厘米。③座椅的宽度应为 64 厘米。④座椅的深度应为 52 ~ 64 厘米。⑤桌椅之间的距离应为 25 ~ 30 厘米（这是指桌椅连在一起而言的）。

当然，选择桌椅时还应考虑家具对于营运形态的适用性、成本费用、易于清洁与保养、耐用与美观等。本着"环境影响顾客"的原则，选用桌椅时应做事先的规划与设计。

餐桌的种类可分为 2 人用、4 人用、8 人用、10 人用，甚至更多人使用几种。餐桌的大小及规格有其一定的标准。例如，2 人用的餐桌是正方形或长方形，宽度则以两位面对面而坐的顾客不会相互碰到膝盖为准；4 人用的餐桌是圆形、正方形或长方形，其大小尺寸则以相邻而坐的顾客不会相互碰到肘部为准；至于 8 人用的餐桌可为长方形，也可为圆形。通过不同形状、大小餐桌的摆放和空间的灵活运用和布局，使进餐环境富于变化而充满和谐。

（2）布置应具有弹性。点菜餐厅或合菜餐厅的布置应具有弹性，不能一成不变。2 人用的长方桌可以单独放置，但最好是一端靠墙，以求室内空间的充分利用；也可两张拼在一起，但要注意的是仅可纵拼，不能横拼，否则便会使两张长桌拼成一张方桌了。4 人用的圆桌和 8 人用的方桌都是各自独立地放置，只是整体布置上需能构成图案，使其具有景观性。例如，一张圆桌放在中央，其周围可放 4 张、6 张或 8 张方桌；反之，以一张方桌为中心，四周放置圆桌。这样看起来便会有一种图案感。如果想令人产生整齐划一的感觉，可将餐厅划分成三个区，将方桌、长方桌及圆桌各放一区。

2. 自助餐厅

在自助餐式的小吃店或快餐店中，每位顾客所需要的空间会比普通餐厅要少得多。但是座位容量必须能够符合顾客流动量的需求，而且要不妨碍迅速服务的标准。如何充分利用店中现有的座位，设计时应考虑三种可能影响座位利用率的因素：一是服务的速度；二是供餐的时间（如午餐营业时间或晚餐营业时间等等）；三是顾客用餐可能需要的时间。如果店中每分钟可以服务 6 位顾客，则每分钟平均需有 6 个座位可供利用；如果顾客用餐平均要花 20 分钟的话，则应有 120 个座位，以供顾客利用。这种计算方式虽然仅根据简单的算术，但其应用性却很精确而可靠。在生意兴隆、顾客众多的情况下，唯有加快服务速度，提高顾客流动率才可解决餐位不足的问题。有些自助餐厅特别附设咖啡座或冷热饮室，其目的就是鼓励顾客就餐完毕便能立刻离座，而空出其席位，以提高席位的利用率。

3. 宴会

一般较具规模的餐厅，都有专门的宴会厅或多功能厅，满足不同规模大小的宴会。视顾客的需要和宴会的目的其布置可分正式与非正式两种。正式布置通常见于桌边服务式的餐厅，根据宴会的目的，有商务宴请、婚宴、寿宴等较隆重的场合。非正式布置通常用于各种派对、酒会，有些只提供少量座位，甚至也有不设座位的。

四、餐台设计

餐台设计与布置不是纯粹的美学设计和美术图案，也不是一味强调装饰性和片面的追求情调，而是在实用性的基础上进行适当的设计，将文化内涵、文明进步、精神愉悦寓于餐饮活动之中，使人们在满足基本生理需求，保持并增强身体健康与安全的前提下，受到感染，提高素质以达到精神上的享受与愉悦。因此，餐台设计与布置已成为人类提高审美观念、学习文明礼仪、建设精神文明的开拓与示范，从而使餐台设计与布置从经济意义上的业务活动上升到具有社会意义的精神文明示范作用。

1. 餐台设计的原则

（1）实用性原则。由于餐台设计与布置是将供顾客使用的餐器具进行艺术性的陈列与设计，因此，实用性原则是餐台设计与布置中首要的原则。

在餐台设计与布置中实用性原则有三层含义：

第一，餐台设计与布置的基本器具是以满足顾客进餐的需要为前提的，在这一前提下考虑各餐器具的摆放的位置、质量的高低。

第二，餐台设计与布置中的基本器具应适应不同风格的餐饮进食习惯和进餐的需要。例如，整蟹的制作加工，为体现菜品的色、香、味，尤其是体现造型的特色，通常为原材料整体加工，它一方面突出了菜品的档次和特色，但另一方面却可能会使进餐者在进食时感到难以下手，所以在餐台设计中根据菜品特点可以增加蟹钳、蟹针等独特餐具，这样既丰富了餐台的设计布置，又满足了顾客进餐的礼仪与实际需要。另外，诸如那些带骨食品的切割、味道较重的海鲜等菜品，在餐台设计与布置中应考虑补充洗手盅等。

第三，方便顾客。在餐台设计与布置中，餐桌之间的距离、餐位的大小，餐椅、餐台的高度与相互之间的距离，都能够体现出该设计思路是否能方便顾客。儿童顾客的餐椅是否应加高，是否有护栏，残疾人顾客是否能方便出入并使用餐台，以及餐具距离餐台边距，餐台的大小与服务方式是否方便顾客等这些问题都是在餐台设计与布置中所应考虑的主要因素。

（2）美观性原则。美观性原则对餐台设计与布置的基本要求是餐台的设计与布置应在实用性原则的基础上，根据是否符合顾客的基本进餐需要、是否适合不同餐饮风格、是否方便顾客等，并结合文化传统、美学结构，将各种器具加以艺术的陈列与布置，以达到使顾客精神愉悦的目的。

以下是餐台设计与布置中美观性原则的具体体现：①餐具的摆放位置应恰当。②餐具间的距离应均匀。③长短、高低餐具搭配应合理。④每套餐具应有明显的归属区别。⑤宴会餐台是否呈直线或某种熟悉的图案。⑥餐椅的摆放应整齐划一，无凌乱感。⑦每个餐台是否能得到服务人员的关照。⑧餐椅、餐台的色彩协调、平衡。⑨菜单的陈列是否恰到好处。⑩桌号牌是否清楚便于看到。⑪餐台大小与进餐者人数相适应。⑫照明适度。⑬装饰与餐饮风格一致。⑭服务员的着装体现出经营特色。⑮方便并提供周到服务。⑯各种辅助性服务标志明显。⑰客人动线与服务动线少交叉而合理。

（3）观赏性原则。餐台设计与布置的合理协调，能够满足顾客的审美需求并能满足其学习的欲望。因此，在餐台设计与布置中，要有文明、进步、开拓精神，影响顾客，提升顾客审美情趣。

在餐台设计与布置中，观赏性原则的作用和目的如下：

第一，提高审美情趣。在餐台设计与布置中精心设计的插花造型、印刷精美、风格独特的菜单、酒单，强化式局部照明、烛光照明，以及那些依据餐饮场地、风格而布置的墙饰陈列，彬彬有礼的文明服务等，都会伴随着顾客的进餐活动并在潜移默化中提高顾客的审美情趣。

第二，强化服务质量。餐饮业的服务质量通常由三部分构成，即产品质量、环境质量与服务质量，其中产品质量是保证，环境质量是基础，服务质量是强化和提高。

餐台设计与布置应综合考虑餐饮业服务质量的各方面：按照产品风格、质量考虑餐具的品种、质量与数量；在餐台设计时还要依据环境质量的要求，遵循色彩协调、照明合理、环境舒适、清洁卫生的基本要求。

良好的餐台设计与布置往往会使顾客对餐饮企业的服务质量留下深刻的印象，并因此增加回头客。

第三，引导文明消费。随着社会的发展，社会分工也越来越细，专业化程度不断提高，大多数顾客对餐饮产品的营养保健、科学加工技术以及饮食搭配对身体的作用的了解还不是太详尽。因此，在餐台设计布置中就可以增加一些菜品的介绍性文字，甚至是营养成分说明，并建议不同体质、年龄的客人使用不同的菜单，向顾客提倡科学饮食；同时，也可开放厨房向顾客展示餐饮品的加工制作方法，给顾客提供学习的机会。

（4）界域性原则。餐台设计与布置中应充分考虑到每位顾客、每个团体的实际需要，适当分隔，归属明确，做到使所有的顾客都感到满意，因此，餐台设计与布置必须遵循界域性原则。

在餐台设计与布置中界域性原则主要表现如下：

①餐具按人配套且较为明显，不致使相邻顾客感到为难或混乱。②自助餐厅中，取食和进食区域有明显区别。③根据礼仪规格，主人或主宾应有明显标志。④根据服务要求，预留服务位置。⑤利用灯光进行餐区分隔。⑥利用花草进行餐区分隔。⑦利用低墙或隔断进行餐区分隔。⑧利用餐台形式加以餐区分隔。⑨利用台布颜色，区别不同团体的餐区。⑩利用屏风进行餐区分隔。⑪菜单应呈于主人、主宾或女宾餐位。⑫台号标识要明确、清晰、且容易看到。⑬餐台间距要适当。⑭餐位大小要适宜。⑮考虑加餐位的可能性。⑯服务位置的设计应能全面关照顾客。

图 3-1、图 3-2、图 3-3 分别为中餐餐位摆台、西餐餐位摆台、自助餐台设计。

（5）礼仪性原则。餐台设计与布置的一项非常重要的任务之一就是要充分考虑到就餐者的声望、地位、举办宴会的目的，参加宴会的主客等各种情况，要能体现出符合礼仪规范的文明风尚。

其具体要求如下：主人、主宾应面向入口。主人、主宾应能环视宴饮场面。主人、主宾应处于突出或中心的位置。根据宴会的目的要求，设计讲台。准备祝贺用酒及酒水服务。准备条幅、横幅等宴会标志性标题。正确使用文字。依照宴会的主客身份和宴请目标来决定使用的文字及书写打印方法。正确使用国旗。按照国际交往礼仪安排翻译的位置。插花、餐巾折花应能适合客人的习俗。供应酒类时应观察是否有与宗教信仰相违者。餐椅与台布的颜色应适合客人习俗。对因民族对食品有忌讳的客人应单独安排或事先说明。主辅餐台不论从台面大小、餐器具品质等方面突出主餐台，切忌喧宾夺主。服务的先后次序要遵循礼仪规范。

图 3 - 1　中餐餐位摆台

图 3 - 2　西餐餐位摆台

图 3 - 3　自助餐台设计

（6）卫生安全性原则。餐饮场所提供的是人类食品，关系着人类健康，它应当是引导文明消费、科学营养进食补给的示范窗口，所以卫生安全是餐饮行业提供饮食服务的前提与基础，也是餐台设计应予考虑的重要因素之一。

其具体要求如下：保证餐具符合卫生标准。正确握拿餐具的使用部位。忌讳捏拿餐具接触食物的部位。保证身体健康，定期检查。勤洗手，防止传播疾病。餐巾的折叠应简单、清洁，防止污染。餐具应充分洗涤、消毒。餐台应定期彻底清洁。设置公用餐具。倡导分餐制。设置洗手间且设备齐全。

2. 台型与台面设计

（1）台型设计的原则。餐台的台型设计，应服从餐饮经营的需要，具体应遵循以下原则：

第一，经济性。餐台台型的设计要结合实际的需要，根据其本身档次和目标客人的需要，注意台型的间隔与疏密，既要注意给客人足够的活动空间，又要在一定的空间面积中最大限度地加以利用，使座位数增至最大，这样可以获得较为理想的经济效益。当然，对于高档、豪华的餐厅而言，其餐位密度相对较小。

第二，美观性。餐台设计造型，要给人以美的感受，也就是说餐台台型的设计，要考虑到环境、餐厅的形状和大小，合理使用各种不同规格、不同形状的餐台，创造出良好的餐饮氛围，使客人感觉舒服，便于识别不同餐台。

第三，服务性。餐厅的服务方式不同，其要求也不同，对服务要求高的餐厅，其餐台台型设计中的距离要较大，以方便服务客人为依据，相反，快餐厅由于服务较少，故空间距离的要求也就较小一些。

第四，安全性。安全性在这里是指客人在消费进餐过程中的心理安全。人们的生理需求在现代社会中较容易满足，而心理安全感就因人而异且有较大差异。餐台台型设计中的心理安全感的满足主要表现在私密性的需要，即不被人过分关注，其谈话内容不愿让他人听到甚至传播。

（2）台面的选择。餐台台面通常有两种：一种为圆形台面，一种为方形或长方形台面。

台面选择的原则是针对餐饮风格而加以设计的。一般情况下，中餐用圆形台面（见图3-4），零点餐厅也配置方形的台面。除中餐外的其他餐饮风格一般使用方形台面（见图3-5）。

图3-4 中餐台面设计

台面的选择还应针对餐厅环境和内部结构，从经济性的角度看，选择台面不是一成不变的，而是根据餐厅的内部结构，合理布局，充分利用有限面积，最大可能地接待客人。

台面的高低可根据民族或传统特色加以选择，如日餐、韩餐的餐台相对较低。

图 3 – 5　西餐厅便餐台面设计

（3）台布的选择。台布的选择，主要表现为颜色与尺寸的搭配。

在餐饮设计中，台布的颜色应根据餐厅布置的色彩、灯光、环境、场地大小以及餐饮的风格、民族传统及其他习俗加以选择。其方法主要有以下几种：

第一，同类色搭配。同类色是指色相相同，而透明度、彩度不同的色彩组合在一起，同类色是典型的调和色。

同类色搭配朴素单纯，用以衬托核心产品功效显著。例如，餐台设计中经常采用的白色台布、白色餐巾、白色香巾、白色的瓷器餐具、玻璃杯等，显得异常干净。

第二，类似色搭配。类似色搭配是指类似色组合在一起，如黄、黄橙、橙和红、红橙、橙色等。类似色搭配中有一个明显的特点，即一组色彩中每一色都含有相同的原色成分。如以上例子中，第一组都含黄，第二组都含红。

类似色搭配也是一种调和色，但与同类色相比，它更富有层次和变化，更具现代味。如餐台设计与布置中橘黄色的台布、红烛、鲜艳的花朵等构成一种暖融融的气氛。

第三，对比色搭配。对比色搭配是指色相性质相反或明暗相距悬殊的色彩组合。对比色也称补色，对比色搭配也称补色搭配。对比色搭配具有鲜明、强烈、跳跃的特点，在欢庆场面的餐台设计中常采用此类色搭配。如橘红色的餐台配以绿色花木，白色的餐具中使用深色的瓷器咖啡杯相配等。

餐台色彩的搭配来自对色彩原理的理解与充分运用，更来自实践经验，来自不同民族、不同环境和不同习俗的传统影响。

（4）餐巾的选择。餐巾是餐台设计中的主要装饰品，其颜色和花型的设计必须起到点缀、烘托餐台气氛和突出餐饮风格的作用。

（5）公用器具的选择。在餐台设计中，经常需摆放诸如调味品、牙签筒、公用餐具等公用器具。

公用器具的摆放要点是：①对称摆放，美观大方。②方便使用，数量恰当。③把柄、标签朝外，展示服务价值。④先少量放置，不足时再行补充。

五、餐厅动线的安排

餐厅内部的家具配置占绝大部分的面积，这是我们在前面已经讲过的，其最大的目的就是接待顾客在此用餐，其余的空间只有走道与进口的接待区，而这些地方就是顾客与服务人员必经的路线。我们要如何在餐厅中使顾客能够方便进出，以及服务人员把菜肴端放在客人的桌上，不发生任何的麻烦与碰撞，而以最简捷的路线与最安全的方法来达成快捷与安全的服务，这就是餐厅动线的安排。

1. 顾客动线的安排

大中型的餐厅，其面积往往有二三百平方米，餐厅布局较为复杂，因此餐厅在营业前的设计规划方面，一定要考虑到餐厅内部动线的安排，尽量要避免曲折迂回的通路，以便顾客在餐厅内的活动能够达到畅通无阻。为了让客人在通道走路不会相互碰撞，主要的通路一定要宽些，至少要有 36 寸以上，如餐厅是以手推车服务顾客用餐，主要通路就应该更宽些。这样才能达到大型餐厅一流服务的水准。

2. 服务员动线的安排

餐厅的领班在指导服务人员服务顾客时，都会告诉服务员以最短的动线服务客人，因为缩短服务的动线，可以节省服务的时间，并发挥最高的作业效率。因此服务员在以托盘或推车服务客人时，要注意以直线服务为最好的动线，既方便又快速。同时，也应考虑设置"区域餐具橱"，因为服务员从厨房端出来的菜肴可以暂时放在此橱柜上，然后再分别端至他服务区域的餐桌上，这样就达到缩短服务动线的要求。

至于厨房内的作业动线也非常重要，从食物材料的处理至烹调完成送至备菜间，一定要按照作业的顺序来完成工作的动线，服务员只到达备菜间，将菜肴放在托盘上或手推车上就可以送至餐厅服务，所以服务员与厨师之间的作业绝不会交叉接触，尤其是从备菜间出来的通路，因为出入非常频繁，所以不能让客人也经过这个区域。

六、餐厅主题设计

一般而言，理想的餐厅设计具有以下四个基本特征：一是能引起客人的兴趣；二是能体现餐厅的产品特色；三是能留给客人深刻的印象；四是能刺激客人消费欲望。由此可见，成功的餐厅设计，特色个性是至关重要的，即必须有明确的主题。

1. 餐厅主题设计的思路

（1）以丰富的文化内涵为主题。当今世界丰富多彩，各个地方都有其特殊的、独具个性的文化遗产。全球各个国家、各个地区各种层次的文化都可以作为餐厅的取材内容，只要根据当地的实际情况巧妙地对文化宝库进行开发，就能得到意想不到的收获。

（2）以特色的环境为主题。以特色的环境为主题，可以将餐厅设计成一个特定的环境，让客人在用餐过程中感受到特别的风景与情调，如"蒙古包餐厅"、"空中餐厅"、"罗马餐厅"等。此外还可通过营造特别的环境突出某种情调和氛围的餐厅，如"红色年代餐厅"、"梁山寨酒家"、"大上海餐厅"等复古、怀旧餐厅。

（3）以某种特殊的人情关系为主题。以某种特殊的人情关系为主题，即通过某种心情关系为主线，来渲染出特殊的氛围。例如，以友情为纽带的"知青"餐馆，为当年的知青提供一个叙旧的场所；"老行伍"酒家，目标顾客是复员军人；"红玫瑰餐厅"为热恋中的人们提供浪漫的一餐；甚至还出现了"离婚餐馆"，为即将分手的夫妻提供共进的最后一餐，餐馆的布置沉静安宁，时时回旋着一些扣人心弦的老情歌，令人回忆起美好的过去。

（4）以高科技手段为主题。以高科技手段为主题，即通过高科技手段使餐厅变得新奇而刺激，以满足消费者猎奇和追求刺激的需要。如"科幻餐厅"、"太空餐厅"、"海底餐厅"等。

（5）以某项兴趣爱好为主题。以某项兴趣爱好为主题，即抓住某些人的兴趣爱好，来设计餐厅的主题。例如，"足球（篮球等）餐厅"、"摇滚（音乐）餐厅"等。

2. 餐厅的音乐设计

音乐是活化石，优美恰当的背景音乐不仅能给顾客带来美的享受和舒适的就餐环境，同时也可烘托和强化餐厅的主题。

音乐是调节餐厅气氛、刺激购买行为的重要手段。经研究发现，一个顾客在生产服务场所所听到的背景音乐对顾客的行为有直接的影响，当音乐合乎自己口味时，更能延长逗留的时间和增加消费量，尤其是音量和节奏对餐厅逗留的时间颇有影响。轻声慢速的音乐引导顾客延长购物行为。在餐厅内部播放音乐的目的是减弱噪声，提高顾客的消费情绪和服务人员的工作情绪，因此，餐厅必须精心选择和安排音乐的内容、播放音乐的时间等。

（1）根据餐厅格调选择。音乐要与主题餐厅的装修风格相吻合。古典式餐厅，壁上挂有古代名画，加上古色古香的雕栏玉柱，使人沉浸于悠远的气氛之中。此时，若配上古典名曲，如《阳关三叠》、《春江花月夜》之类的乐曲，则会给人以诗一般的意境美。民族餐厅，如云南傣族风味餐厅，布置芭蕉、竹楼、孔雀，在这样的环境里宴饮，配上云南民间乐曲，使人感到像回到了神秘的西双版纳。对于西餐厅、中西结合式餐厅的音乐设计，也要依特定的意境加以选择。

（2）根据主题文化选择。一些特殊主题文化的餐厅，应以特殊主题风格的音乐与之相配。例如，"红楼宴"主题餐厅，少不了要播放《红楼梦》主题音乐；"西游记宫"的主题音乐自然是《敢问路在何方》；"毛家菜馆"中不仅看到的是一幅幅毛泽东画像，吃到的是一盘盘湖南风味菜点，而且所听到的都是《东方红》、《浏阳河》等一首首革命歌曲。帕瓦罗蒂的名曲《今夜无人入眠》和其他意大利歌剧则适合于意大利高档餐厅。餐厅风格与音乐的巧妙结合，使餐饮环境、气氛更加融洽，主题更加突出。

（3）根据目标客源选择。对音乐的爱好往往因人的年龄、收入、文化水平和民族等而不同，餐厅要准确了解目标客源的音乐偏好，了解其最喜欢的音乐、最喜欢的音乐家、最喜欢的曲调，根据这些信息为目标顾客安排适当的背景音乐。

（4）考虑背景音乐对服务人员的作用。音乐对餐厅的服务人员也会产生积极或消极的影响。在考虑顾客偏好的同时，也考虑这样的背景音乐是否能增加员工工作的积极性。

第二节　厨房格局规划与设计

厨房的规划设计应当使其具有持续不断的供应菜肴及食品的功能。供菜的程序是先由冷菜间及烹调处所送到备餐处，再送到餐厅。用过的脏的碗盘器皿及刀叉等，也以同样的程序从餐厅送到备菜间，再送到清洗处所，再送回原来储放处所，以备下次的供菜使用。如果厨房内部的设计规划不周，将会导致作业上的杂乱无章。正确的设计规划是将厨房的各个工作处所视为独立单位而分别设计，但相互之间应关联，使整个厨房成为一个整体的作业处所。

一、厨房的面积与设施安排

1. 厨房面积

厨房是烹饪操作人员的工作场所。厨房的工作场所一般包括粗加工间、切配间、冷菜间、仓库、洗碟间和消毒间等。其面积的大小与餐厅面积的大小，餐饮企业的类型、规格、等级有关。厨房面积与餐厅面积的比例要综合各方面的因素考虑，厨房面积过大，影响销售活动的进行；过小，将对操作人员的正常生产、身体健康及卫生产生不良影响。

对一般餐饮企业来说，厨房的面积应占整个餐饮店面总面积的1/4。酒店则不同：大中型酒店的厨房和餐厅面积的比例应为1:1.2~1:1.5，小型酒店的厨房与餐厅面积的比例以1:2为宜，不应小于1:3。

2. 厨房设施

厨房里的设施不管在什么地方，都要立基于基座或柱脚上，而这种基座或柱脚的边缘应当倾斜，免得残碎的食物、脏东西或水积聚在下面。工作台、烤盘及其他设备，有的需要紧靠墙壁放置，并用树脂黏合，有的却需离开墙壁，并有足够的间隙，以便清洗其背后部分。工作台的边缘应当钉一条14厘米高的护栏，防止工作台上的东西掉落到背后。

烹调设备通常是瓷釉的炉子以及其他器具，有的是不锈钢制的，有的是不渗水而易于清洗的材料制作的。烹调器具的表面容易聚集尘污油垢。器皿的表面若是白色或黑色则较其他颜色更容易看出脏污，因此更有助于清洁工作。

如果通风适宜，厨房里不至于发生水蒸气凝结的麻烦，但基本上应当注意的是在冷水管子上面加盖一层毛毡之类的覆盖物，可以有效地移除水蒸气，不让它们和瓷砖之类的冷硬而不透水的表面接触，也就不会发生凝结的问题。

图3-6为厨房部分设备用品。

二、厨房的合理布局

厨房是生产饮食品的车间，也是厨师发挥烹饪技艺的场所。厨房布局得当，可以使厨师获得理想的工作环境，提高工作效率，提高菜点质量。

1. 厨房布局应考虑的原则

（1）方便操作，以提高工作效率。有条件的企业，应做到布局系列化，尽量按制作程序布局，使前后工序紧密衔接，形成流水作业线，如收货处→磅位→水台→砧板台→配菜台→灶台→送菜升降机或出菜专道。碗碟柜最好布置在便于

图 3-6 厨房部分设备用品

各工序取用的位置，碗碟的洗涤池或洗碗机则与消毒柜或其他消毒设备邻近，面点案板则应与蒸笼架、烤盘架、蒸锅、煎炸炉邻近。烤箱恰当布局。合理布局能减少操作过程中厨房工作人员来回走动的距离，使取菜、送料、出菜快捷顺畅，缩短操作时间，提高工作效率。

（2）要合理利用空间，提高厨房面积使用率。在设备的选择中，尽量选用多层、多功能设备，如选用工作台储柜、多功能搅肉机等。这样可以减小设备的占地面积。

另外，要合理确定厨房内各个工作台之间的距离、工作台与灶台之间的距离以及走道宽度。

（3）有利于厨房卫生。厨房布局要便于清扫和避免造成交叉污染，后工序的产品不应返回前工序，以防止前工序的原料、半成品污染后工序的成品因运进原材料和燃料而污染厨房内部环境。因此，水台一般都设在靠近厨房门的位置，而灶台是应沿墙摆布。

2. 厨房布局应考虑的因素

（1）通风。厨房一定要有经常性的通风设施，最好是在烹调处所及洗涤处所的上方装设抽风罩，用以阻止水蒸气及酒味弥漫整个厨房。

（2）厨房照明。照明设备在厨房里是一个基本的设施。除了一般性的灯光照明以外，还要有个别使用的灯光，如通风罩上的灯光，可以直接照射到下面的设备。另外，还得引进室外的自然光线或日光，尽可能地利用天窗。

（3）厨房天花板。要注意的是天花板应当加刷一层不会凝结水汽的油漆。但是解决这个问题的适当方法并不是把凝结情形隐蔽起来，而是利用良好的通风避免水汽的凝结。

（4）厨房排水。厨房排水沟的设置应以直水沟为原则，尽量避免弯曲，排水沟表面应以易洗、不渗水、光滑的材质为好，排水口应有防止食物残渣流出及老鼠、昆虫等入侵的装置，如为开放式水沟应在上面加盖。

（5）厨房地板。厨房里的各种设备，在设计上首先要考虑到它们应便于清洗。内壁镶贴瓷砖和门一样高，地面上也应铺上一层不透水的防滑地板。职员端送滚水或热油时，难免会不小心滑倒，因而造成意外，所以地板上有时是用有棱线的或沟槽的瓷砖铺地，但要注意地板上不可沾有油脂。尤其要注意的是地板下面的管子，最好的处理方法是使管子通过一个套管，在其周围形成一个直立的壁脚板。地板完成时的最后加工，不能把管子也粘在一起，因为气温的变化会使管子膨胀或收缩，从而导致地板发生裂缝。

3. 厨房的主要空间

（1）调配处所的设置。各种食物的调配，如鱼、肉、蔬菜、面包、点心等，需要在另外一个地方处理，最好是用低屏风将它们相互隔成各自独立的小单位。各种食物的储放处所要尽可能地靠近各个调配处所，取用的时候就会方便得多。蔬菜、干货、乳酪、陶瓷器皿、切割用具、玻璃杯以及冷藏的肉类、鱼类及冷冻食品，都要各有各的储放处所。冷冻处所的设置，常见的方法是用一间隔热的冷室，里面放几张调配台，一个门通往毗邻的一间温度较低的小房间。

（2）备菜间。菜肴端给顾客之前，通常先要通过备菜间，在这里检查是否妥善，或者做一次最后的"化妆"。厨房办公室和备菜间之间必须能够直接或间接传达讯息，用电话或者口传的方式都可以。在各层楼上的备菜间，以及直接送菜到客房，就得使用食物升降梯而将备菜间和厨房联系起来。

备菜间除了轻便食品台用以送菜到餐室，另外还得备置电炉，至于陶瓷器皿及切割器等储放空间也是必需的。电炉的作用就好像备菜的柜台，一边是厨房人员，一边则是服务员，互相配合作业。服务员从餐厅进入备菜间用一个门，出去的时候用另外一个门，这两者都是单动式的回旋门，这样就可避免两个人迎面碰撞，而且上菜或送碗碟也方便得多。自动门用"魔眼"控制，这也是可以考虑的。

4. 厨房作业区和工作岗位的布局

厨房的作业区由若干个工作岗位的作业点组成，作业点是厨房布局的最基本单位，它是一位员工的操作岗位。各部门所需作业点的多少取决于部门的工作量。作业区和工作岗位的布局应结合设备的安排，既要考虑作业区场地的形状、大小、设备的情况，又要考虑人体伸展的限度和节省作业动作，同时，要注意作业时食物的流向。下面是作业区和工作岗位布局的几种类型：

（1）L型布局。L型布局通常沿墙壁设置成一个犄角形。图3-7展示的是面包制作场地的布局，作业区的工作流程由图解表示。这个流程考虑到制作面包的工作特点和操作的方便，水池紧邻搅拌机。当搅拌后就要分份，所以工作台紧靠搅拌机。分份后用搓圆机成形，并取出放入铁盘。这个操作要有工作台，故又布置了一张工作台，接着是醒发和烘烤。

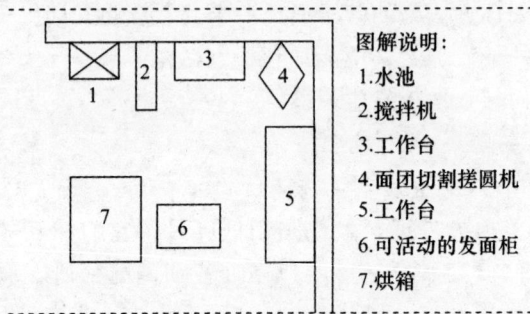

图解说明：
1. 水池
2. 搅拌机
3. 工作台
4. 面团切割搓圆机
5. 工作台
6. 可活动的发面柜
7. 烘箱

图3-7　面包房L型布局

（2）直线型布局。直线型布局是将设备按一字排列，工作流程从起端直线流向另一端终点。图3-8展示的是蔬菜加工作业区的布局，工作流程由图解说明表示。

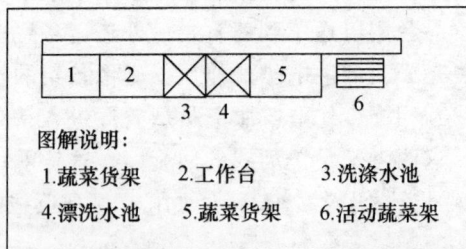

图解说明：
1. 蔬菜货架　　2. 工作台　　3. 洗涤水池
4. 漂洗水池　　5. 蔬菜货架　　6. 活动蔬菜架

图3-8　蔬菜加工间直线型布局

（3）U 字型布局。U 字型布局是将设备的摆放和工作流程设计成 U 字型。图 3 - 9 展示的是切配作业区的布局，工作流程由图解说明表示。

（4）平行状布局。平行状的布局是将设备分成两排，面对面平行排列或背对背平行排列。

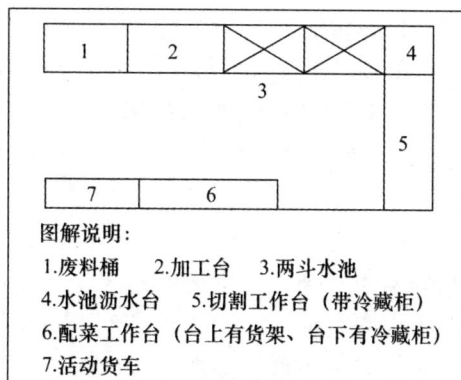

图解说明：
1.废料桶　2.加工台　3.两斗水池
4.水池沥水台　5.切割工作台（带冷藏柜）
6.配菜工作台（台上有货架、台下有冷藏柜）
7.活动货车

图 3 - 9　切配作业区 U 字型布局

第三节　仓库格局规划与设计

大型酒店各类餐厅众多，因此相应的厨房与仓库也门类众多。大型厨房的内部就有仓库用以储存各种食品与原料，如蔬菜多半适于冷藏，乳类、鱼、肉及海鲜类适于冷冻，罐头类食品则适于干燥储存仓库。

厨房的仓库除冷冻与冷藏仓库外，在厨房内还有很多冰箱储存一些临时需要用的原料，以备厨师随时取用。通常冷藏库的温度在 0 ~ 4℃，而冷冻库的温度就应该在 - 20℃ ~ - 18℃，才能保存易腐败的食物，如肉类等。

为了确保原料的品质与免于遭受偷窃的损失，仓库必须要有完善的规划与设计。

一、仓库格局设计

1. 仓库格局设计的原则

（1）根据物料的用途而设计规划。大型酒店附设餐厅的仓库所储存的物料以食品原料为最多，其次是餐厅使用的日用品、消耗品与设备用具，因此我们在决定设立仓库时，就必须针对储存以上物料的用途而设计规划，然后预估将来的效果。

（2）仓库地点和面积的设计规划。在选择仓库的地点时，必须要将所有不利因素均除去，再考虑未来的发展情况，并针对仓库的布置与排列给予适当的格局设计，同时，还要注意储存物料的数量与种类，给予适当的面积并安排堆积物料的场所，让有限的空间得以发挥最大的功效。

（3）物料进出的动向设计规划。在物料进出的动向方面应设计出最容易搬运的路线，这样才不会在搬出搬进时，物料之间发生碰撞而有所损失。例如，仓库内有大件的物品储存，是否要使用机械搬运，搬运的通路是否宽大通畅。大件物品存放的位置，都必须经过详细的规划，才能使整个仓库的格局设计圆满。

2. 干货储藏仓库设计的原则

（1）干货储藏时很容易引起老鼠、蟑螂的侵害，有关这方面的防范设置必须做好，才能确保食品材料的品质。

（2）仓库的地面下应绝对禁止餐厅或厨房的热水管或蒸气管通过，这样才能防止漏水与散热影响存货的品质。

（3）为了确保干货的品质，仓库内所设置的各式存放食品的存物架的底层至少要离地面30厘米高。

（4）仓库的标准高度应为4~7米，但我国一般的建筑物内部的高度为2.8~3米高，所以仓库高度目前并无一定的标准。

（5）仓库的面积并无一定的规定，必须视餐厅的规模大小、多少而定，餐厅越多越大，仓库的需要储存面积自然越大。

（6）干货的储藏数量，通常以一周至两周为标准库存量，有些货品也有一个月才进货一次的，无论如何干货存量不能过多，否则会造成浪费，积压资金并增加货品管理的困难。

3. 日用补给品储藏仓库设计的原则

大型酒店餐厅的日用补给品储藏仓库的需要量很大，尤其是大型酒店内因各类型餐厅众多，所以对于这一类的日用品与消耗品的使用量非常大。餐厅每日必须使用的器具、清洁用品、餐具、装饰物品等的数量非常庞大，餐厅与酒店为了安全、卫生及管理的方便起见，特别另外设置一个仓库分类储存这些日用品，因为日用补给品中有一些清洁剂、盐酸、漂白水、杀虫剂等的化学药品，如与食品干货共放于一个仓库，有时候会由于化学药品的蒸发而污染到食品使之变质，影响顾客的健康。所以化学药品与食品干货必须分开储藏。

日用补给品储藏的面积大小需要视餐厅与酒店的大小而定，通常最小不得少于4.4平方米，餐厅与酒店的销售量越多，此类日用补给品仓库的面积就越大，餐厅如有外卖则面积可能更大些，这是因为外卖餐食需要包装纸盒的缘故。

二、酒库与啤酒窖的格局设计规划

我国目前的各大酒店与酒馆都有酒库的设施，但并不是一般的酒店或酒馆都有啤酒窖设施，只有专门供应啤酒或生啤酒的大型啤酒屋或酒吧及供应商才有这种存酒的酒窖。欧洲各国的人们喜爱喝啤酒，所以在欧洲啤酒窖非常普遍，德国人尤其爱喝啤酒，几乎每一家大型旅馆都有啤酒窖的设施。

我国大部分的大型酒店或酒馆的酒库面积并不大，15～20平方米就可以储存很多酒了，但是在酒库的管理方面必须特别注意，因为酒是所有餐饮出售的产品中成本最贵的一种，一不小心就会被偷窃或打破，所以必须请专人管理酒库，同时，要有安全的门锁设施，并注意随时锁门，钥匙妥善保管，这样才能将损失降至最低限度。酒与啤酒的性质不同，通常这两项酒是分别储存，但小型的酒吧、酒店也有把酒与啤酒混合储存在酒库中的。

1. 酒库的格局设计

市场上出售的酒可分为烈性酒（蒸馏酒）、葡萄酒与啤酒，酒库通常储存的酒有烈性酒与葡萄酒两大类。

（1）烈性酒。烈性酒在储存的过程中应注意照料才能存放时间较长，如要保持良好的品质，酒库必须要保持干燥，太阳不可直接照射到酒库，温度也不能太高，尤其是瓶装的酒不能储存过久，否则会变味，开瓶的酒最好不要保存太久，一方面会蒸发，另一方面酒中的糖会与空气发生变化产生难闻的气味，所以应把瓶装的酒倒过来插在酒架上，防止软木塞变干而蒸发酒的存量。

（2）葡萄酒。葡萄酒储存比较困难，它必须在规定的温度与湿度之下才能确保酒的品质，一般情况之下，红葡萄酒必须储藏于凉爽的酒库中，而白葡萄酒与香槟必须储存于冷藏库中，这样才能在服务顾客时有良好的品质。尤其是这一类的瓶装酒必须倒过来插在储酒架上，否则会因为软木塞变干而使瓶中的酒蒸发变少或变味。

2. 啤酒窖的格局设计

（1）在设计啤酒窖格局时应掌握啤酒的特性。

第一，啤酒的冷藏温度为2℃～4℃。因为桶装啤酒没有经过高温杀菌，所以必须保存在冷藏温度为2℃～4℃，否则会因为酵母菌的活动旺盛而制造出大量的酒精与二氧化碳，使得啤酒变酸，甚至导致啤酒桶爆炸。一般桶装啤酒储存不能超过两星期，否则啤酒的风味与新鲜的口感会消失。

第二，尽量靠近酒吧或销售处。啤酒窖储存桶装啤酒的冷藏库必须要大得人可以在里面行走才行，而且必须要离酒吧很近，否则冷冻的啤酒在运送的过程中会因温度升高导致啤酒酒液变成雪片状，就无法再回复酒液状了，这时只有抛弃。

第三，注意保存的时间。罐装与瓶装的啤酒已经高温杀菌，所以罐装啤酒可储藏于冷藏库 4 个月左右。瓶装啤酒可以冷藏 6 个月左右，而未冷藏的啤酒只能保存 3 个月。

由于以上的特性，酒窖的设计必须注意能在短时间内接收来自酿造厂或供应厂商的大量供货，这样运货卡车才不会滞留太久，啤酒的储存一定要使其保持最佳状况，例如，酒窖在地上，卡车卸货可用活动平台，然后利用推车直接把货推进酒窖去；酒窖在地下，就必须备有一个酒桶滴流器，垫木的宽度要和酒桶的大小相应，还要有一块硬木板，以便酒桶的滚动。

（2）储放酒桶的方法。储放酒桶的传统方法是以木材或金属制成琵琶桶架，或砖砌桶架，或用混凝土制成桶架，然后把一桶一桶的啤酒放在酒架上，其高度要恰好便于工作，琵琶桶架的设计必须是倾斜地支撑着酒桶，这样才方便让桶内的啤酒流放出来。但是砖砌的或混凝土制的桶架通常是平台型的，因此桶底必须垫一块木楔使其倾斜。活动平台大都是金属的，配上轮子。酒窖一定要有足够的空间，以便处理琵琶桶的相互调动，另外还要有空地储放罐装与瓶装的啤酒。如啤酒与其他的酒类或烈性酒共同存放于酒窖中，那就必须另外有一个可以关锁起来的栈房，这样才可以储放烈性酒与葡萄酒。

（3）酒窖设计注意事项。

第一，酒窖设在地面上，必须用绝缘材料处理墙壁及天花板，以降低调节气温所需的费用，如设在地下只要天花板是绝缘隔热的材料就可以了。

第二，酒窖内不仅要有洗涤器皿及用具的设备，且要有一个集水坑，用以聚集地面上的液体。这些液体可由水沟导流出去，如酒窖在地下就只能用抽水机抽取集水坑的污水出去了。

第三，为了确保绝缘隔热的处理，酒窖的所有孔口（酒窖门、酒桶投入口、各种管道等）必须要做好绝缘隔热，这样才不会导致冷藏作用或效果的严重损失。酒窖内不能容许任何未经控制的热进入，热水管即使已经加上防热套板，也不可任其通过酒窖的内部。

第四，啤酒的供应。为了酒窖里的啤酒便于吸引到酒吧间，酒桶架的安排必须能使啤酒吸引管的长度尽量缩短。酒窖里的酒桶和啤酒桶之间利用塑胶管可有较大的活动弹性，也可在相当大的程度上避免酒桶的搬动，但是大量的供应则是例外。

第五，酒窖要尽可能靠近酒吧间，一方面是由于啤酒的输送需要价值昂贵的不锈钢管道；另一方面啤酒桶的抽吸作用在距离上受到限制，大约是 8 米。

第六，啤酒管子要尽可能地深入柜台底下的一个可移动的容器架子上，以求地面管道减少到最低限度。这些管子要易于移动，也要便于接近，才好进行彻底的清洁工作。更重要的是不可让啤酒管子靠近加热管、热水管或者污水排出管。

第七，设于地下的酒窖，需设置一部电梯，以便把大箱大箱的瓶装与罐装啤酒送入酒吧间，如果有足够的配置空间，而且如果在正式开放营业的时候没有办法再补充储存供应的啤酒，那就得有一具吊升的手台，将啤酒直接吊升到供酒的地方，这可能是最好的解决办法。

第八，酒窖设于地面上时，装啤酒的板条箱则用手推车运送，运送的道路不可由酒窖直接通往酒吧间。手推车通过的门口要开得相当宽阔，手推车通过时，其两侧与门框之间需有适当的间隙，以免摩擦。门框及门的本身均应以铁皮包住保护。

第九，酒窖内部的装修加工，需能经久耐用，而且能经得起长期的潮湿，因此里面要经常冲洗，墙壁的表面要平滑，最好加以油漆粉刷，增加它们的反光作用，地板用花岗岩混凝土敷设就很好了。

案例

餐厅设计也疯狂

"疯狂的球迷"——足球主题餐厅是一家足球文化体验性餐厅。在经营环境方面，餐厅的建筑物造型、环境装修、背景音乐、设备设施和物品的造型与色彩图案等都要烘托出主题氛围；在主题产品与服务方面，餐厅还在原有产品的基础上围绕主题加以改造、提升，设计开发一系列的餐饮产品与服务。总之，多元化的表现载体始终围绕着足球文化主题这个中心给消费者以鲜明、深刻的主题体验。

通过调查以及对餐厅自身经营能力的评估，该餐厅将目标顾客定位为中低端消费者。这些消费者主要包括广大足球爱好者，以及大厅用餐人群。

在主题定位和客源市场已明确的前提下，策划者赋予了餐厅独特的外形，以及合理的内部格局，让顾客以中低档的消费换来高档的享受。

餐厅主体结构为一个半径为 10 米的球体，以一种直观的概念映入顾客的头脑，更能以独特的外形吸引到更多的顾客。餐厅共分成三个楼层。一楼设置有储藏室（库房）、厨房（带洗碗间）、办公室，仅限于餐厅员工等内部人员出入。二楼为顾客主要的消费场所，顾客从餐厅正门电梯直接到达二楼大厅。二楼共设三类不同就餐区域：零饮区、正餐区、剧院式大厅。零饮区主要提供西式糕点、零食、饮料等食物，供前来休闲的顾客使用。正餐区主要提供正餐，因为来餐厅消费的顾客不只是来观看比赛的，他们也需要享用美食。剧院式大厅主要针对团队顾客开设。三者相辅相成，形成一个完整舒适的人性化餐厅。三楼设有七个可拼拆的包间，大小均分，当一个包间容量不够时，可将两个包间合二为一，这样就能满足不同人数的团体顾客。

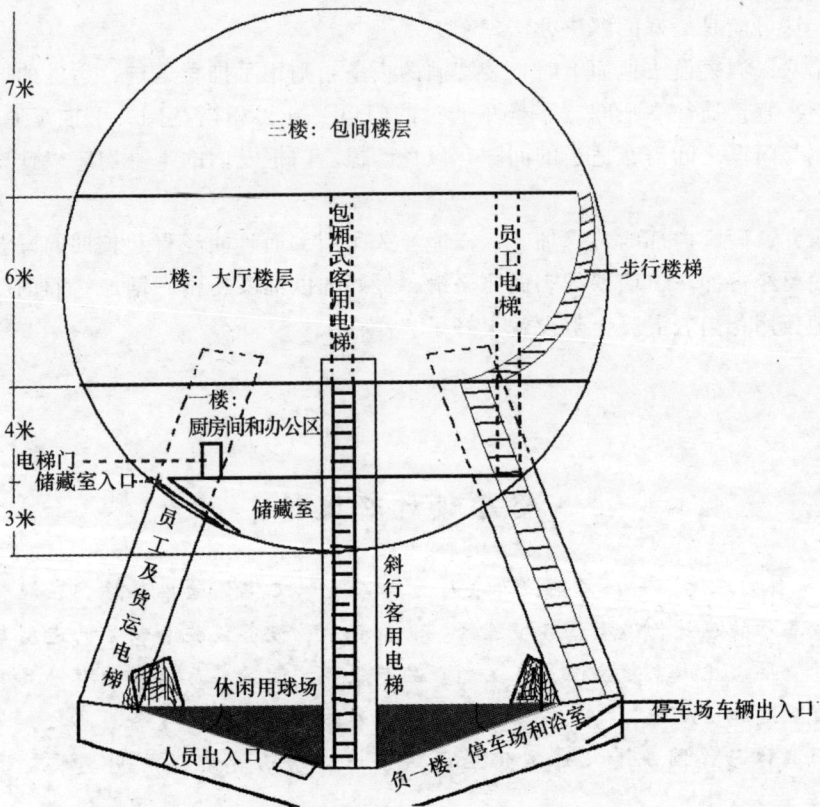

图 3－10 "疯狂的球迷"餐厅外观平面图

注：球体半径 R = 10 米。

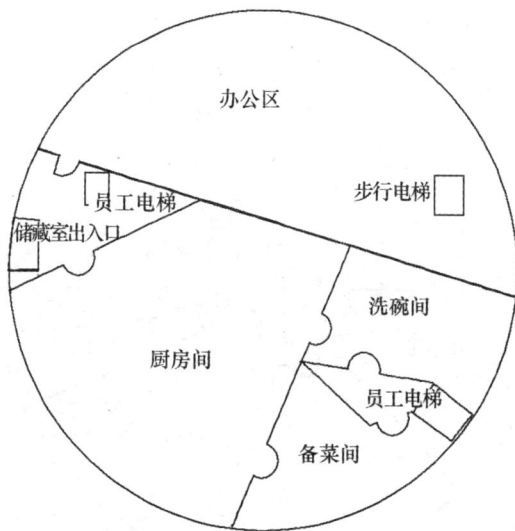

图 3 - 11　"疯狂的球迷"餐厅一楼平面图

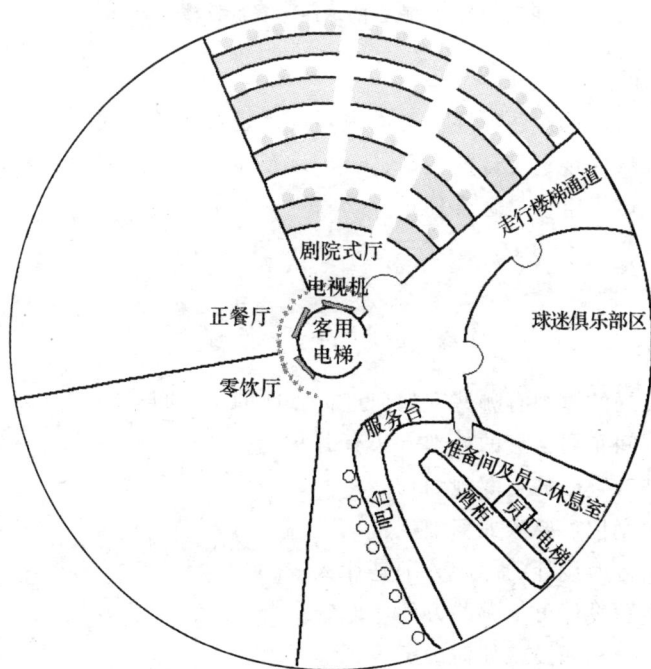

图 3 - 12　"疯狂的球迷"餐厅二楼平面图

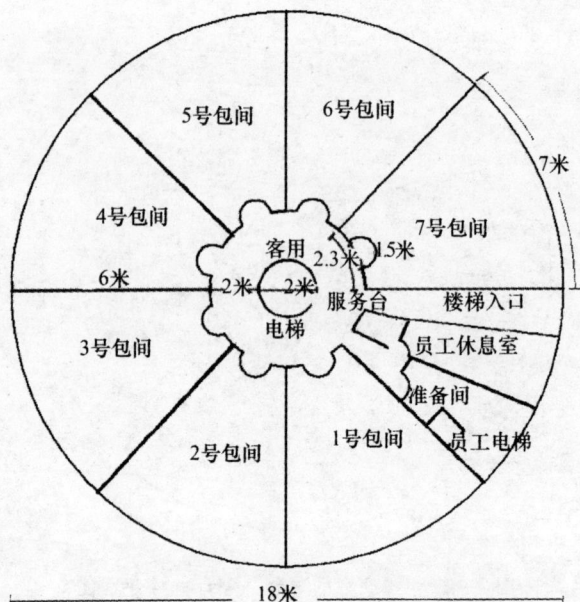

图 3 - 13　"疯狂的球迷"餐厅三楼平面图

案例思考题：

1. 请分析该足球主题餐厅的平面规划设计是否科学合理。

2. 根据该餐厅规划设计的数据，分析该餐厅平均日接待量是多大。

3. 该餐厅市场定位是否合理？

本章复习思考题

1. 餐厅布局的原则有哪些？如何进行餐厅的平面布局？

2. 餐厅空间布局常见的处理方法有哪些？

3. 如何进行餐厅的空间规划？

4. 餐厅的座位需要数如何确定？

5. 餐台和台型设计的原则分别是什么？

6. 餐厅主题设计可从哪些方面考虑？

7. 厨房的面积和设施如何确定？

8. 厨房布局考虑的因素和原则有哪些？

9. 厨房作业区和工作岗位有哪几种布局方式？

第四章　餐饮企业采保管理

☞ **本章内容简介**

餐饮采保系统，包括原料的采购、验收、储存及发放四个环节。在每一个环节中，如果管理不当，都可能产生不必要的成本或质量问题，因此，加强餐饮企业采保系统的管理，是降低企业成本的必要手段。本章重点介绍了采购的程序、价格管理、采购渠道的选择，储存管理的重要性及库存条件的要求，对验收程序及原料的发放也做了简要的阐释。

☞ **本章学习目标**

通过本章学习，学生将掌握食品原料采购的目标及程序、食品原料采购数量控制的方法；食品验收控制的程序；了解食品原料储存管理要求；熟悉食品原料发放的程序及计价方式。

餐饮原料是餐饮企业向就餐者提供餐饮产品的重要物质基础。无论餐饮企业的经营风格如何，缺乏符合加工标准的食品原料，便不可能生产出预期质量的产品。在采购合乎要求的餐饮原料时，还要使采购原料的价格和相关费用的支出降为最低，使成本处于最理想的状态。

一部分原料采购入店之后，需要存放在饭店的仓库内，许多餐饮企业由于对原料的储存管理不力，引起食品原料变质腐败，或被盗或丢失，使企业的餐饮成本和费用提高。

第一节　食品原料的采购管理

食品原料的采购工作是餐饮成本管理的首要环节，它直接影响到餐饮经营的全部活动。所谓食品原料采购是指根据餐饮生产和经营的需求，以理想的合理价格购取符合饭店或餐厅质量标准的食品原料。食品原料采购管理是指餐厅为达到最佳经营效果和管理食品成本，对本餐厅所需的食品原料质量标准、价格标准和采购数量标准进行的有效管理。

一、采购人员的配置和选择

餐饮企业中的设备、餐具、用品、原料、调味品以及烟、酒等，无一例外都需要采购人员进行采购。因此餐饮企业更需要一批既有实践经验，又有能力，能吃苦耐劳、任劳任怨的采购人员。以他们的聪明才智，用科学的采购方法，为企业做贡献。采购人员采购、供应工作做得如何会直接影响到餐饮企业的生产成本和经济效益。

餐饮企业每天都要从市场上购进大量的原材料和其他物品，如何求得价格合理，质量上乘，最大限度地减少在采购过程中的种种纰漏，除了在管理上和规章制度上狠抓外，挑选采购人员也要慎重。采取有效措施，坚持对采购人员的基本素质的要求。

1. 采购人员的工作职责

采购部门主要的任务是向厨房及其他部门提供源源不断的原料，这些工作必须由采购人员来负责，具体来说，有以下几项：

（1）选择理想的供应商。采购原料的范围、地区、方式等因使用环境的不同而改变。可以选择本地采购，也可以选择外地采购；可以选择报价采购，也可以选择招标采购、议价采购或现场估计采购；可以选择在实体店采购，也可以选择在网上采购。因此，选择理想的供货商就显得至关重要。原料种类繁多，质量及价格各异，采购部门有责任选择可靠的、条件优惠的供应商，以便餐厅的原料能得到及时的保障。同时，理想的供应商除了给餐厅提供原料外，还可以向餐厅提供新产品信息，餐厅可以及时将这些新产品信息加入自己的菜单中，使其菜品更为丰富。另外，如果某个产品有促销活动，供应商也要能及时通知餐厅，以便餐饮企业利用这个时机多储存一些特价品。

（2）确保品质。对采购人员来说，为餐厅采购到最高品质的原料，是其永远的追求目标。需要说明的是，对采购而言，质量是相对的，企业只需要采购在质量上符合产品规格的原料就可以了，采购超过所需质量标准的原料也是一种浪费。

（3）控制价格。企业是以营利为目的的，餐饮企业也不例外，餐饮企业为了获得更高的利润，要求采购人员在采购时与供应商进行价格谈判，争取以最优惠的价格采购到品质有保证的原料，同时要求餐厅也要控制好成本。

（4）原料供应的协调与处理。原料供应的协调也是采购人员的职责之一。餐饮行业是完全根据顾客的需要而烹制菜品的，而顾客的喜好是不确定的，倘若顾客需要的菜品餐厅却不能提供，顾客就会失望，企业也会遭受很大的损失。

2. 采购人员的职业素质

同其他行业一样，餐饮采购人员应具备一定的专业知识，这些专业知识体现在采购人员身上就是职业素质。这些职业素质包括以下几个方面：

（1）熟悉食品制作的要领和厨房业务。采购人员虽然不是厨师，但至少应懂得每一种原料的用途及质量标准要求，尤其是在餐厅还没有制定出采购原料质量标准时，更应该具备这一素质，以确保能购买到适合需要的食品原料。

（2）熟悉食品原料的采购渠道。所谓渠道是指特定的交易关系线，通常是指两个企业之间固定的交易关系。采购人员应该知道什么原料在什么地方购买，哪里的原料质量好，哪里的原料价格便宜，任何企业都应有几条采购渠道，这样才能够保证供应。采购渠道的保持，是建立在相互信任、互相帮助的基础上的，其中也涉及人与人之间的关系。

（3）对采购市场和餐饮市场有较深的经验。对于任何一个人来说，经验是通过实践从无到有，从少到多积累而来的。作为采购人员，应了解原料市场的供应情况以及顾客对食品的偏爱和选择。

（4）了解进价与销价的核算关系。采购人员应了解菜单上每一菜品的名称、售价和分量。这样，在采购时就能知道某种食品原料在价格上是否可以接受，或是可以选择代用品。

（5）要经过市场采购技术的训练。采购时，使用复杂的质检设备是不现实的，这就要求采购人员有丰富的食品原料经验。由于餐厅所采购的大多是农牧产品，不像工业品那样有定量的标准，因此，采购人员必须经过采购技术训练。

（6）熟悉产品原料的标准和质量。采购人员应对市场上的各种食品原料的标准和质量有一定的了解，具有鉴别好坏的能力。

（7）积极做好新原料的发现与采购工作。当今社会，各种各样的新商品如潮水般涌向市场，甚至很多是没有听说过的，这要求采购人员在市场上多走动，多听听顾客的意见，多和供应商交流，积极发现新的原料，并把所搜集的资料及时通知厨师及相关人员。

二、采购目标及程序

餐饮原料是餐饮生产和服务的重要物质基础。菜单制作好之后，为满足顾客需要，所有菜单上的菜品所需的原料均需通过采购工作来完成。只有原料的质量好，才能保证为顾客提供优质的餐饮服务。原料采购的质量、数量和价格不合理，会使餐饮成本大大增加，并会降低服务质量。

1. 餐饮原料采购管理的目标

（1）明确规格标准。要提供质量如一的餐饮成品，就必须使用质量始终如一的食品原料。制定食品原料采购规格标准，是保证餐饮成品质量的有效措施。采购规格标准是根据餐厅的特殊需要，对所要采购的各种原料做出的详细的具体的规定，如原料产地、等级、性能、大小、个数、色泽及包装要求、肥瘦比例、切割情况、冷冻状态等。建立采购规格标准能帮助采购人员在众多货品中挑选出合适的一种。除了文字叙述外，必要时也可以用图片或照片加以说明，以降低错误供货的几率。制定采购规格的关键是企业要购买质量恰当的产品来满足菜品的需求，质量标准不应过高，也不应过低。

（2）确保最优采购价格。价格受质量、数量和时间的影响。若想要得到最优惠的价格，必然要运用一些小技巧。通过货比三家、网上预订、招标、现金支付、自行运送、在季节性短缺等情形时采用替代品等方法，节省营运成本。

（3）确保最佳采购数量。餐饮采购最担心的是食物的数量，尤其是生鲜食品，如果一时无法使用造成囤积，很容易腐坏而形成浪费。因此，在采购量决定之前，要先考察餐厅储存的能力和特殊应急的准备，如天灾或人为因素造成原料短缺，以排定采购的时间。

（4）确保最佳的供应商。供应商的好坏，直接影响到食品原料的质量、价格和周边服务的提供，因此必须慎重选择供应商，考虑的条件包括以下几个方面：①供应商的地点。地点关系着运送的效率，选择供应商地点要避免供应不继或是因长途运输影响食品新鲜度，或者长途运输导致运输成本过高。②供应商的设备。健全的设备不但能确保食物的质量，也能降低原料运送过程中引起的困难。③供应商的专业知识。专业知识是一种无形的服务，可确保采购行为的正确。④供应商的财务状况。事先调查供应商的财务背景、进出货资料、来往客户等，以免上当受骗，血本无归。⑤供应商的信用情况。本着诚实、互惠的原则做生意，才是值得往来的厂商。因此调查供应商的信誉、口碑实属必要。

最理想的方法是直接参观，实地了解供应商的营业规模，加工与仓储设施的大小，运输工具的数量及种类。如满意，可与其建立合作关系。先试订，并做定期评估。这可从三方面考虑，即价格是否尽可能地低，品质是否尽可能地高及交货是否尽可能地快。

（5）选择最佳采购的时间。"在最合适的时间进货"这个目标同样重要，它涉及采购人员对存货的管理是否合理，同时，也依赖供应商送货的效率是否合乎标准。所谓迅速进货，也指物品运送到来得正是需要的时候，而且足能让进货员有足够的时间来核对数量和质量是否正确，而运送延迟缓慢，会造成进货员的工作负荷量和压力过重，所以应尽量避免。

2. 餐饮原料采购的程序

采购程序是采购工作的核心之一。实施采购行为首先要制定一个有效的工作程序，使从事采购的相关人员和管理人员都清楚应该怎样做、怎样沟通，以形成一个正常的工作流程，也利于管理者履行职能，知道怎样去控制和管理。各餐饮企业可根据自己的管理模式，制定符合本餐饮店的采购程序，但设计的目的和原理是相同的。

餐饮原料的采购程序见图 4-1：

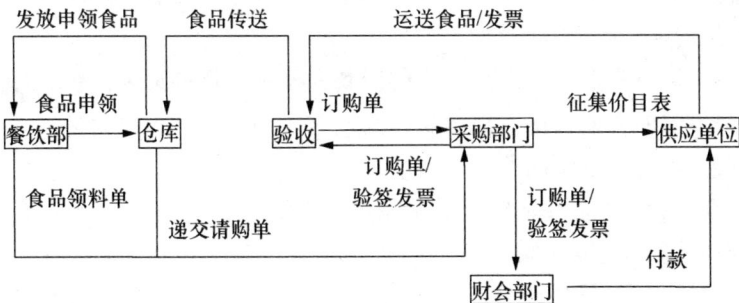

图 4-1　餐饮原料采购程序

（1）递交请购单。厨房及仓库需要的食品原料，应由厨师长、餐厅经理或仓库管理员根据厨房的生产或仓库的存货提出采购需求，在请购单上填写采购原料的名称、数量及规格标准，然后将请购单交给采购部进行采购。

（2）征集价目表，确定供货商。采购部门在采购原料前，应把本企业的采购规格标准发放给供货商，从不同的供货商手中获取原料的报价单，选定最佳供货商。并与选定的供应商就采购的相关事宜达成一致，如价格支付方式、发货时间、发货方式等。

（3）实施采购。当采购部门决定向某一位供货商或供货单位订购原料时，采购部要制定正式的订购单或订货记录向供货商定货，并决定采用邮件、电话或其他方式向供应商进行订购。同时，要交一份订货单给验收处，以备收货时核对。

（4）原料的验收。当供货单位或供货商将原料送上门后，交于验收部门进行验收。验收中主要检查运送来原料的名称、数量、质量及价格是否与订购单上的一致；并检查运送来的原料的包装是否破损、温度是否适宜。

（5）进货移交给请购单位或直接送进仓库。当验收完毕后，凡厨房订购的鲜活原料，直接交予厨房，由厨房开出领料单。仓库订购的原料则交予仓库进行储藏。

（6）处理票据，支付货款。当验收完毕，验收人员必须做到以下几点：一要开具验收单；二要在供货发票上签字；三要将供货发票、原料订购单、验收单一起交予采购部，再由采购部转到财务部审核，经审核无误后，支付货款。

三、原料采购质量控制

餐饮企业只有采购质量始终如一的食品原材料，才能向顾客提供有质量保障的菜肴餐食。为此，对餐饮企业来说，制定采购规格标准就显得十分必要。

1. 食品原料的种类

餐饮原料可分为两类，即易变质的原料和不易变质的原料。由于采购这两类原料时采用不同的采购方法，因此采购人员需要明确哪些原料是易变质食品原料和哪些原料是不易变质食品原料。

（1）易变质食品原料。易变质食品原料是指必须在短时间内消耗使用、及时采购的容易腐烂变质的原料，如新鲜的蔬菜、水果、鲜活的水产品及奶制品等。这些原料相对不易变质食品原料来说更容易变质。因此在采购后应尽快使用，否则就会产生浪费。

（2）不易变质食品原料。不易变质食品原料是指相对可以久存的餐饮原料，属于这类原料的包括干货原料、罐头食品及调味品等。这类原料在合适的温度下储存数个星期甚至数月都不会变质。餐饮企业采购和储存这类原料通常是以罐装、瓶装、袋装及箱装的包装形式进行的。冷冻食品通常也被认为是不易变质的食品原料，因为只要它们保存在冷冻状态，就会长久不变质。由于不易变质食品原料可以久存，因此这类原料可以保持一定的储存量，而不需要经常采购。

每家餐厅经营者都必须明确哪些是易变质的食品原料，哪些是不易变质的食品原料，这对于采购来说非常重要。

一般认为西红柿和莴苣是易变质食品原料，多数的罐装食物是不易变质原料，在这一观点上很少有人持不同的意见。但是，对于肉、蛋及冷冻食物原料到底是易变质还是不易变质食品原料却存在着分歧。

地理位置通常决定某些特殊的原料是易变质或不易变质食品原料。例如，在我国，位于沿海城市的餐饮企业会认为海鲜是易变质食品原料，因为每天需要采购海鲜。相反，远离沿海城市的餐饮企业每次都会采购大量的海鲜，然后将它们冷冻起来，因此，位于这些城市的餐饮企业会认为海鲜是不易变质食品原料。另外，餐厅的类型及风格也决定原料是易变质或不易变质食品原料。例如，一家高档的餐厅采购新鲜的海鲜产品并认为它是易变质食品原料，而一家快餐厅很可能采购冷冻海鲜产品并认为它是不易变质食品原料。

总体来说，餐饮企业离海鲜及肉类产品的原产地越远，海鲜及肉类原料被认为是不易变质食品原料的可能性越大。虽然方便的交通条件使餐厅从较远的地方能很快采购到新鲜的海鲜产品，但是采用这种采购方式会使采购的交通运输成本很高，所以多数餐厅会选择采购冷冻海鲜原料。

2. 采购规格标准的制定

餐厅要想制作出质量一致的菜品，就必须使用质量始终如一的原料。因此，餐厅采购员及管理者必须制定所有原料清单，这些原料清单实际就是采购规格标准，包括原料的品牌、产地、等级、大小、份额、包装等方面的规定，一旦确定原料采购规格标准（见表 4 - 1），就应将其制度化，并发送给潜在的原料供应商，以确保供应商能准确理解餐厅对原材料的要求。

表 4 - 1　原料采购规格标准

原料名称：
原料用途： 详细介绍物品的用途（如西红柿是用来做色拉的，不是做三明治的）
感官描述： 列出原料的一般质量指标。如猪排，里脊完整无缺，外有脂肪层，厚度 2cm，冰冻状态，无不良气味，无解冻、变质现象
技术说明： 列出有助于识别合格产品的因素。这些因素包括产地、规格、等级、大小、分量、容器及包装等

检验程序： 收货时对应该冷藏保管的原料可用温度计进行测试；通过计数或称重检查数量
特殊要求： 明确表明质量要求所需的其他信息，如投标程序、包装要求、交货要求等
彩色照片： 必要时附上原料的彩色照片

资料来源：http://www.docin.com/p-55958552.html.

制定采购规格标准的作用如下：

（1）有助于采购人员和管理人员明确食品原料的质量标准。

（2）有助于为食品生产提供合格的原料。

（3）有助于搞好食品原料的验收和发放工作。

（4）可防止采购人员与供货商之间的误解。

（5）将采购规格标准发给几个供应商，便于供货商投标，也使餐厅有选择最优价格的机会。

（6）便于采购工作的顺利进行。每次订货时，不用口头向供货商重复说明原料的质量标准要求。

原料采购规格标准不是一成不变的。如果餐厅的经营有变化（如菜单的变化、菜品的改进等），这些已经制定好的原料采购规格应重新制定，并将制定好的采购规格标准提供给供应商。需要注意的是，原料采购规格要能保证采购人员采购的原料符合餐厅要求的质量标准。

四、原料采购数量控制

所有的原料都有保质期，过了保质期，原料会变质、变坏，不能用于制作菜肴。由于易变质食品原料的保质期比不易变质食品原料的保质期更短，所以采购这两类原料时，采用的方法也应不同。

1. 易变质食品原料采购数量

易变质食品原料一般为鲜活原料，这些原料要求购进后立即使用，用完后购进新的原料。因此，要确定某种原料的当次采购量，必须先掌握该原料的现有库存量（这通常在厨房反映出来），并根据营业预测，决定下一营业周期所需要的原料数量，然后计算出需要采购的数量。由于这类原料的采购频率较高，一般采用的采购方法如下：

（1）日常采购法。每次采购的数量可用此公式表示：

应采购数量＝需使用数量－现有数量

式中，需使用数量是指在进货间隔期内对某种原料的需要量。现有数量是指原料的库存数量，它包括已经发往厨房而未被使用的原料数量，可以通过实地盘存加以确定。应采购数量是指需使用数量与现有数量之差，应采购数量还要根据特殊宴会、节日客源和天气等特殊情况加以调整。

餐饮企业可自行设计一个原料采购单（见表4－2），将所有易变质食品原料分类列在表上，这样既可以节省工作量，还有助于控制采购数量和采购价格。

表4－2 原料采购单

原料名称	需使用量	现有量	需购量	市场参考价		
				A	B	C
西红柿						
土豆						
花菜						

资料来源：http：//www.docin.com/p－55958552.html.

表4－2中的原料名称可以事先打印好以免重复填写，其余几栏则要在每次订货时根据需使用数量和现有存货的实际情况填写。

（2）长期订货法。餐厅中有一些原料，其本身价值不太高，且日消耗量变化不大，这类原料如果用上述方法采购就显得费时费力，因此可采用长期订货法。

利用长期订货法，餐饮企业采购部门可与一家供货单位订下合同，规定以固定价格每天或每隔几天向其供应规定数量的某种或某几种原料，直到餐厅感到或供应商感到有必要改变原来的合约时再重新协商。例如，餐厅与食品公司商定每天送3箱鸡蛋，只规定需求量或结存量，有特殊变化时再增加或减少采购量。面包、奶制品、常用蔬菜、水果以及价值低、耗量大、占用空间多的一些物品如啤酒等，也属于这一类原料。采购定量卡见表4－3。

表4－3 采购定量卡

原料名称	最高储存量	现存量	需购量
鸡蛋	5箱	2箱	3箱
鲜奶	100kg	20kg	80kg

资料来源：http：//www.docin.com/p－55958552.html.

2. 非易坏性食品原料的采购数量

非易坏性食品原料一般不易迅速变质，包括粮食、调味料、罐装食品及冷冻食品等。餐饮企业为了减少采购成本，求得供应商的最大优惠，往往以较大批量采购。但这样也会造成原料的积压及资金的过多占用，同时，也会增加原料被盗的风险。所以采购数量合理才能保证降低成本。对非易坏性食品原料的采购往往采取以下两种方法：

（1）定期采购法。定期采购法是非易坏性食品原料采购中最常用的一种方法。非易坏性食品原料不易变质，因此可减少进货次数，使食品管理员有更多的时间去处理易坏性食品原料的采购业务。事实上，易坏性食品原料更需要管理员花费更多的时间去处理。

定期采购法是一种订货周期固定不变，即进货间隔时间（一周、半月、一月等）不变，但每次订货数量任意的方法。每到某种原料的订货日，仓库管理员对该原料进行盘点，然后确定本次采购的订货数量。其计算方法如下：

需订货数量 = 下期需用量 – 实际库存量 + 期末需存量

下期需用量 = 日需要量 × 定期采购间隔天数

期末需存量 = 日需要量 × 定期采购间隔天数 + 保险存量

在以上公式中，日需要量是指原料平均每日消耗量，一般根据以往的经验数据得出；实际库存量为订货日仓库原料盘存得出的数字；期末需存量是指每一订货期末餐厅必须储存的足以维持到下一次送货日的原料储备量，决定期末需存量一方面要考虑发出订货单至原料入库所需的天数即订货期天数和原料的日均消耗量，另一方面还要考虑各种意外原因可能造成的原料预测不准及送货延误，要有一个保险储存量；保险储存量的多少视原料的供应情况而定；定期间隔天数是指两次进货的间隔时间，管理人员往往要根据库房的储存面积、原料的可得性和流动资金的多少确定同类原料采购的间隔天数定期采购；期末需存量也称为最低储存量，因为某些特殊原因会造成原料在某一段时间的实际需要量超过日均消耗量，就可能导致还没有到订货日期时，原料的现存量已非常接近最低储存量，这就需要立即采购。

【例 4 – 1】某餐厅平均每天需用 15 听橘子罐头，该餐厅正常的订货周期为 30 天，橘子罐头应有 50 听的保险储存量，发货天数需要 4 天，在经采购员盘点尚存 60 听罐头时，橘子罐头的最低储存量和需采购量各为多少？

解析：最低储存量 = 保险存量 + 日需要量 × 发货天数

　　　　　　　 = 50 听 + 15 听 × 4 = 110 听

需采购量 = 下期需要量 – 现存量 + 期末需存量

　　　　　 = 15 × 30 听 – 60 听 + 110 听 = 280 听

（2）订货点采购法。订货点采购法是通过查阅库存卡上原料的结存量，对达到或接近订货点储存量的原料进行采购的方法。使用这种方法要求在库房中对每种原料建立库存卡。货物收到后及发出时在库存卡上要详细、准确地登记数量、单价和金额。库房中还需要有一套检查制度，检查哪些货物已经达到或接近订货点储存量，对这些已达到订货点储存量的原料发出采购通知和确定采购数量。原料订货点储存量是该原料的最低储存量，当原料从库房发出后使库存数量减少到订货点储存量时，该原料必须采购补充。目前仍有一些餐厅仍然使用手工制作的永续盘存卡，但大多数餐厅更倾向于采用计算机来完成原料的永续盘存卡，使用计算机来完成原料永续盘存卡业务使操作更为方便。表4－4为食品原料的永续盘存卡。

表4－4　永续盘存卡

食品原料永续盘存卡				
品名：西红柿罐头		最高储存量（即下期需要量）：15		
规格：　　　　单价：		订货点量：10		
供货方：		需要采购量：12		
日期	订单号	进货量/听	发货量/听	结存量/听
3－27				10
3－28	1234		1	9
3－29			1	8
3－30			1	7
3－31			1	6
4－1			1	5
4－2		12	1	16

资料来源：Paul R. Dittmer, J. Desmond Keefe Ⅲ. Principles Of Food, Beverage And Labor Cost Controls. John Wiley & Sons, Inc, 2009.

订货点储存量 = 保险储存量 + 日需要量 × 发货天数

需采购量 = 标准储存量 － 订货点储存量 + 日需要量 × 发货天数

　　　　 = 标准储存量 － 保险储存量

订货点采购法和定期采购法的不同是，订货点采购法的采购数量比较稳定。

【例4－2】某餐厅罐装西兰花是每半月订货一次，日平均消耗为10罐，订购期为4天，高储备为150罐，再订购点为60罐。12月1日当仓库保管员发现发出10罐后，还剩60罐，已达到再订购点。于是发出订货通知单，订单号码为637 –43。请计算此次订购数量。

解析： 高储备量即下期需用量，再订购点数量实际上已经考虑了保险因素，所以订购数量应为：

需采购量 = 标准储存量 – 订货点储存量 + 日需要量 × 发货天数

　　　　= 150 罐 – 60 罐 + 10 罐 × 4 = 130 罐

使用订货点采购法主要有两个目的：一是确保订购的原料数量与需要的原料数量相符，能有效地防止货品储量不足或过量储存；二是对已经入库的原料进行有效的管理，如采购数量比较稳定，不需要每次做决策，采购比较方便。但此种方法对原料进行不定期的采购，采购和运输的工作量比较大，而且库存卡上要正确登记库存的进货和发货量，卡片登记工作比较费时。所以在实际工作中，许多餐厅是将定期采购法和订货点采购法结合使用。即一方面对各项库存原料建立库存卡，另一方面对各类原料规定定期采购的日期。对一般的库存原料进行定期采购，同时，库房管理员经常查阅登记卡，随时注意对达到订货点储存量的物资发出采购通知，且采购前不用清点实物量。这样既节省了采购和库存清点时间，又能使库存物资及时得到补足和有效控制。

五、原料采购价格控制

采购价格控制的理想目标之一就是用尽可能低的价格获得满意的原料。餐厅应尽可能地从几个供应商处获得具有竞争力的采购价格。由于餐饮原料的价格受诸多因素的影响，如市场货源的供求情况，采购数量，原料的上市季节，供货渠道，餐饮市场的需求程度，供货商产品的质量以及气候、交通、节假日等的影响，所以采购员在采购时还需考虑这些因素。

1. 易变质食品原料

易变质食品原料的价格变化很快，甚至在一天早、午、晚这几个时间段原料的价格都不同，这就需要采购员在采购时多联系几个供应商，应在一天中的某个时间去采购，才能获得较低的采购价格。从不同的供应商处获得每种原料的价格，并选择报价最低的供应商。一旦餐厅获得供应商对原料的报价，采购员就向选定的供应商下发订单，并记录预定原料的数量、单价及质量标准，当原料运送到后，要进行检验并进行入库管理。

2. 不易变质食品原料

与易变质食品原料相比，不易变质食品原料的价格在一段时间内相对稳定。采购员对这类原料的采购可以采取批量购货，直接从批发商、生产商或种养殖户处采购，尽量摒弃中间环节，获得优惠价格。有时采购员可以从提供易变质原料的供应商处获得不易变质食品原料，这对于一些小型的餐厅来说更为实际，因为这类餐厅对原料的采购量不大。

餐饮企业从供应商处获得原料的报价形式有：电话、传真、信件及电子邮件等。无论采用哪种形式的报价，都需要以书面的形式接受餐厅的预订。随着信息技术的发展及人们消费观念的变化，通过网上预订原料的方式越来越受到人们的欢迎。通过网上预订原料，首先原料供应商建立自己的网页，餐厅采购员通过浏览供应商网页获得他们对原料的报价明细，最终选择满意的供应商，并在网页上填写订购单。这种采购方式将会成为餐厅获得原料价格的最普遍的一种形式之一。

六、原料的采购方式

采购方式是根据餐饮企业经营业务的要求，并结合市场的实际情况来选择的。通常餐饮企业采购原料的方式有以下几种：

1. 本地采购与外地代购相结合

餐饮经营中，大量的原料在本地购买。但由于市场经济作用，各地产品价格不相同。尤其是海鲜、干货、调料、酒水等，由于进货的途径不同，各地的价格差异较大。这就需要深入市场调查研究，摸清本地与外地原料的价格，有计划地去外地购买同质量不同价格的食品。

2. 采购的时间与采购的地点相结合

时间和地点会影响餐饮原料采购的价格。就市场行情来看，一般早上批发的鸡、鱼、肉、蛋、蔬菜等价格较便宜，上午价格最高，下午比上午又稍低一些。因此，早上采购最好。一个地区销售市场较多，销售价格也不同，因此采购中应随时了解和掌握不同市场的价格行情。只有把握好采购时间和地点，使其有机结合起来，才能降低餐饮原材料的成本。

3. 货比三家与讨价还价相结合

在采购中，同等产品要多询问几家，比较其质量和价格；并与供应商进行讨价还价，把价格降到双方基本都能接受为止。这对降低餐饮经营成本起到举足轻重的作用。

4. 长期采购和短期采购相结合

鸡、鱼、肉这些需求量比较大的原料，在采购时可以选择一到两家正规的供应商，签订供销合同，定价时先调研近三个月的价格，得出的平均值就是供应商定价的参照值，一般定价会略高于平均值，签约年限是 1~2 年，在这段时间里不管这些原料的市场价格是升还是降，都要按照协议价格执行。这样餐饮企业就不用再备专门的采购人员，当然，供应商必须保证原料的质量。燕窝、鲍鱼、鱼翅这些价格比较昂贵的原料应实行短期采购，签订协议最长不超过 3 个月，这样有利于餐饮企业节约成本。

5. 集中采购

集中采购是餐饮企业连锁集团总部专设一个中心采购部或配送中心，集中为所属企业进行采购。集中采购的优点如下：

（1）批量采购能得到较大的价格折扣，从而降低成本，使菜品获得价格优势，增强市场竞争力。

（2）集中采购可以使物资质量达到集团统一要求的规格和标准。

（3）集团的采购中心更熟悉较为广泛的原料供应市场，具有较多的机会获得质量合格、价格适中的产品。

（4）集中采购对所属企业采购员的舞弊行为具有较大的控制力。

集中采购的缺点如下：

（1）集中采购减少了企业选择本地特色和本餐厅特色原料的主动权，限制了餐厅发挥自己特色的能力。

（2）集中采购会使菜单标准化，减少了所属企业变换菜品品种的灵活性。

（3）集中采购不利于企业与当地供应商的合作关系。

第二节　食品原料的验收管理

采购到所需的原料后，下一步的工作就是对其进行验收。对于食品原料的验收，同样必须给予足够的重视，否则采购中所付出的努力就会浪费。供货商运送过来的食品原料很可能存在数量不对、质量不符、价格偏高等问题，验收的目的就是核实运送的食品原料在数量、质量及价格上是否符合订购的要求。

一、验收的程序及验收中使用的表格

1. 验收的程序

科学合理的验收程序能保障原料的质量，同时也能降低成本。原料的验收主要是核对采购的数量、质量及价格，因此验收程序主要围绕这三个方面展开，具体步骤为：

（1）核对订购单。当供货单位送来食品原料时，验收员首先应将供货单位的送货发票与相应的"订购单"进行对比，核对供货单位的名称与地址，避免错收货或接收本餐厅未订购的货物。其次应核对送货发票上的价格与订货单上的价格是否一致。如果发票上的价格高于"订购单"上的价格，应询问原因，并将情况反映给采购部经理，无论退货与否，都要有厨师长在"货物验收单"上

签字以便承担责任。如果发票上的价格低于"订购单"的价格，应请厨师长检查质量，质量合格，厨师长在"验收单"上签字。

（2）检查质量。检查原料质量的依据是原料采购规格，验收员通过仔细比较供货单位送来的食品原料与原料采购规格来检查质量问题。如发现与原料采购规格质量不一致，可以要求退货。

（3）检查数量。验收员根据"订货单"对照送货单，通过称重、计数等方法检查所到货物的数量。

（4）在发票上签字。所有送货都应有送货发票。送货员给验收员的送货发票有两联，要求验收员在送货发票上签名，将第二联还给送货员以示餐厅收到了货物，并将上联交给付款人员。

（5）填写验收单。验收员确定所验收的这批食品原料的价格、质量及数量全部符合"订购单"或采购规格标准，可填写"验收单"。

（6）退货。若送来的食品原料不符合"订购单"或采购规格标准，可能会涉及退货问题；若因生产需要决定不退货，应由厨师长在"验收单"上签名；若决定退货，应填写"退货单"。

（7）加盖"验收章"。验收员检查完食品原料的数量、质量、价格及办理完必要的退货之后，在获准接收的食品原料的送货发票上盖"验收章"，并把盖了"验收章"的送货发票贴在"验收单"上，以便送往会计部。

（8）收货储存。将收到的货物进行储存，一部分直接送到厨房，这种原料叫做"直拨原料"；另一部分直接入库，叫做"入库原料"。在储存的货物包装上应注明收货日期及购价，并建立存货标签，便于按照"先进先出"的原则发货，可以防止食品变质。

（9）填写"验收日报表"。验收完毕后，大多数大型企业要求验收员完成一张列明所有收货项目的表格，这张表格通常以供货商分类，以验收的顺序排列。

2. 验收中使用的表格

（1）发票。所有送货都应有送货发票。发票式样如表4-5所示。

表4-5　发票

户名：　　　　　　　　　　　　　　　　　　　　　　　年　　月　　日

项目	单位	数量	单价	小计

资料来源：http://www.docin.com/p-55958552.html.

（2）验收单。验收员应每天详细填写验收单（见表4-6），准确记录验收部收到哪些原料，哪些商品没有发货票。验收员在验收单上填写供应单位名称、商品名称及规格、单位、数量、单价、合计金额与总计金额后，应在验收单上签名，以明确责任。

表4-6 货物验收单

供应单位				发票日期		发票编号								请购单编号	
货号	货名及规格	计量单位	分页	数量（大写）		人民币金额								□单货同到 □货到单未到	
				应收	实收	单价	十	万	千	百	十	元	角	分	□单到货未到 估计到货日期 __年__月__日
人民币总额（大写）						¥								仓库验收盖章处	

资料来源：张鸣鸣. 巴国布衣中餐操作手册——后勤管理. 成都：四川大学出版社，2002.

（3）验收日报表。验收日报表（见表4-7）有以下作用：①分别计算食品成本和饮料成本，为编制有关财务报表提供资料。②计算"餐饮直接采购食品"总额，以便计算每日食品成本。③在大型企业里，应配有数名验收员和保管员，便于将收货控制的责任从验收员转至保管员。

表4-7 食品原料验收日报表

食品原料验收日报表							
发票号码	供应商	品名	数量	单价	金额	发送	储存

日期： 验收员：

资料来源：王天佑. 饭店餐饮管理. 北京：清华大学出版社，北京交通大学出版社，2007.

（4）食品原料验收合格章。食品原料验收合格章（见表4-8）的作用如下：①证实收到食品等原料的日期。②检查数量、质量、价格，由验收员签名，以明确责任。③由食品成本会计及时核对发票金额的正确性。④由总经理或总经理同意的人签名，同意付款。

表4－8　食品原料验收合格章

验收日期	
数量或重量核对	
价格核对	
付款总额核对	
批准付款	
批准付款日期	

资料来源：王天佑. 饭店餐饮管理. 北京：清华大学出版社，北京交通大学出版社，2007.

二、原料验收管理主要内容

1. 应准备的设备和物品

为了做好食品原料的验收工作，验收区必须准备好所有的验收设备及物品。验收人员应该准备以下设备及物品：磅秤、温度计、尺子、刀子、剪子、硬纸板、采购单及相关表单。有了这些合适的工具，验收人员就可以快捷地完成验收和储存工作。磅秤用来给货物称重，以确保其重量的准确性。在一些情况下，只称重量还不够，还需要用尺子来量一量。产品必须符合预订的尺寸，否则厨房工作人员就不得不用双份来弥补不足的部分。另外，尺子用来测量切割肉片的厚薄。温度计主要用来检测食品的温度。对于冷藏和冷冻的食品要检查是否已解冻，对温度超过要求的食品要拒绝接收。刀子、剪子用来打开纸板箱。这些验收工具既要保持清洁，又要安全保险。

2. 验收区域的布局

验收区域的布局很重要。该区域的布局必须便于操作、控制、安全和有效地进出。冷冻食品和易变质食品应该先验收，以便尽快将其储存。企业规模越大，验收的货物数量就可能越大。这样，最好安装一些监视器来监控验收区域，监视器可以起到很好的威慑和监控的作用。

3. 验收人员的素质要求

称职的验收员是验收工作的保障。一名合格的验收员应具备以下素质：

（1）有很强的责任心，对验收工作感兴趣。

（2）反应灵敏、虚心好学、诚实可靠。

（3）具备较丰富的食品原料知识。

餐饮企业应制订培训计划，对验收人员进行培训。同时，验收员应经常与厨师、餐厅经理、采购员等人员交流，丰富自己知识并积累经验。验收员应该能辨认出运送来的原料与订购单上的原料标准规格要求是否一致，如能辨认出肉的等级、新鲜程度等，这就要求验收员真正掌握广泛的原料知识。但在实际中，大多数验收员仅会称重或计数等一些简单的验收技巧，具有丰富餐饮知识的验收员很少。

4. 适当的验收时间

安排适当的验收时间对验收工作至关重要。供应商有时在一天的某个时段来送货，而此时验收员正忙于其他业务。例如，大多数餐厅在早饭、午饭及晚饭这几个时间段是最忙的，故这些时间段不是验收的最佳时期。验收员应和供应商协商确定一个最佳的验收时间。同时，安排适当的送货时间，绝对不要让验货员无间断地检验一批又一批的原料，因为验货员在疲劳、时间匆促的情况下，很容易出错。

第三节　食品原料的储存管理

仓库是食品原料储存的地方，同时，也是餐饮成本管理的重要部门。食品原料的储存指仓库管理人员保持适当数量的食品原料以满足厨房生产的需要。其主要工作是通过科学的仓库管理手段和措施，保证各种食品原料的数量和质量，并且尽量减少自然损耗，防止食品流失，及时接收、储存和发放各种食品原料并将有关数据资料送至财务部门以确保餐饮成本得到有效的管理。要做好食品原料储存工作，首先应制定有效的防火、防盗、防潮、防虫害等管理措施，掌握各种食品原料日常使用和消耗的数量与动态，合理地管理食品原料的库存量以减少资金占用并加速资金周转；其次还要建立完备的货物验收、领用、发放、清仓、盘点制度、清洁制度，科学地存放各种原料，使其整齐清洁，井井有条，以便于收发和盘点。

一、库存管理的任务

食品仓储管理是餐饮采购管理中重要的中间环节，其对餐饮质量和餐饮成本高低有很大影响，其基本任务是为餐饮经营的正常运转提供可靠的物资供应，保证原料不短缺、不积压、不破损、不变质。

1. 保证仓储原料的安全

（1）数量安全，即仓储过程中不出现原料数量的短少。

（2）质量安全，即仓储期间使各种原料保持进货时的质量水平。

可能威胁物资安全的因素有以下三个方面：一是治安威胁。盗窃是原料数量安全的第一大威胁。餐饮企业必须通过严密的仓储管理工作，从仓库设计到货物进出流程的设计，以及加强防范等各个方面措施最大限度地减少盗窃案发生的可能性。二是火险威胁。仓库中货物堆放集中，空间相对狭小，一旦发生火险，后果不堪设想。仓储管理者必须尽一切努力减少仓库火灾隐患，为可能发生的火灾准备最为有效的遏制设备和消除方案。三是物资损坏威胁。不同的物资有不同的自然属性，需要不同的储藏条件，而仓库受自然气候影响，寒热湿燥变化很大，仓储物资很容易受到脱水、受潮、变质、鼠咬、虫蛀等损害的威胁。同时，保管人员在保管过程中的不慎行为也会对物资造成一些物理损害。这些损害不仅威胁到仓储物资的质量安全，也同样会威胁物资的数量安全。

为了确保安全和卫生，餐饮企业的食品仓库的设计均须符合消防、公安和卫生防疫部门的要求，同时，应注意良好的通风设备及设有下水道，以便保持空气流通和便于清洗，并应配备适量的货架、填板、容器，避免食品直接置于地面、靠墙摆放及裸露散放。

2. 确保及时供应

仓储管理工作应通过合理分布仓库网点、简化供应手续、提高工作效率等方法切实做到供应及时，为前台经营部门提供最佳服务。为此，餐饮企业应注意仓库的位置选择。为便于将食品原料从验收处运入仓库或从仓库送至厨房，仓库的位置应尽可能位于验收处与厨房之间，若餐饮企业有几个厨房，且位于不同的楼层，则应将仓库安排在验收处附近。除此以外，还应制定科学合理的采供程序和制度。

3. 节约开支，降低仓储成本

在管理仓储原料过程中必然会消耗一定的物化劳动和活劳动，即发生仓储费用，这些费用是餐饮企业产品成本的组成部分。餐饮企业应最大限度地降低仓储成本，使饭店盈利达到最大化，以提高餐饮企业产品的市场竞争能力。

二、食品仓储管理要求

1. 入库要求

所有购置回来的食品原料（直拨原料除外）均应及时入库，以防变质散失。入库的食品原料均应系上标签，注明入库时间、数量等，便于领用发放、盘存清点，并利于掌握储存时间，做到"先进先出"。

2. 存放要求

食品原料的存放要求，主要有以下四点：

（1）分类存放。食品应根据不同的性质和储存的时间要求，存入不同的库房。干货、罐头、米面、调味品等无需冷藏的食品应放入干藏库；果蔬、禽蛋、奶品等存入冷藏库；需冷冻的海鲜产品、家禽等则应放入冷冻库，活的海鲜水产则应放入海鲜池。

（2）科学摆放。食品摆放可采用如下方法：

第一，定位摆放，即根据仓库布局，合理规划各类不同食品原料的摆放区域，实行分区定位摆放。

第二，编号对应，即把食品原料按主要种类、性质、体积、重量等不同情况，分别对应地摆放在不同的固定仓位上，然后对其进行统一编号，标出不同食品原料的库号、货架号、层号、位置号，并和账页上的编号统一对应。

第三，立牌立卡，即对定位、编号的各类物品建立料牌与卡片。料牌上写明物品的名称、编号、到货日期，并涂上不同的颜色加以区分。卡片上填写记录物品的进出数量和结有数量。

（3）保持清洁。食品仓库的清洁工作，应遵循以下规则：①定时通风。②对储藏库每天进行清理，冷藏库每周清洗一次。③放置于货架上的带汁食品应用盘盛放。④发现腐败变质食品应立即取走，并把原盛放处清洗干净。⑤每天清扫地面，用消毒液拖地，定期清洗墙壁、货架等设备。⑥专人负责杀虫灭鼠。⑦当储存的数量降到最低时，及时安排冷藏库（箱）的清扫除霜。⑧经常对储藏库进行卫生检查，并应规定卫生标准。

（4）保证安全。仓库安全事关饭店的财产安全，必须加强防范控制。其基本要求如下：①配备专用锁系统，并及时上锁。②限制仓库进出人员。③经常检查、定期盘点。④加强监控，有条件的应安装监控系统。

总之，食品仓储管理要做到"五保"：保量、保质、保安全、保成本、保急用。同时，还应做到"三化"：仓库规范化、存放系列化、保养经常化。只有这样，才能体现原料仓储管理的科学性，真正为餐饮经营服务。

三、食品原料储存管理

食品仓库通常设立在货物验收台以减少食品入库和发放原料的时间。根据业务需要，食品仓库应包括干货库、冷藏库和冷冻库。干货库主要存放各种罐头食品、干果、粮禽、香料及一些干性食品原料。冷藏库主要存放蔬菜、水果、鸡蛋、黄油、牛奶、需要保鲜及当天使用的畜肉、家禽和海鲜等原料。冷冻库主要是将近期使用的畜肉、禽肉、水产品及其他需要冷冻储存的食品原料通过冷冻方式储存起来。通常情况下，各种食品仓库都应设有照明和通风装置，都应规定各自的温度和湿度及其他相关的管理规范等。

1. 干货食品仓库的管理

（1）储存的各种货物不应接触地面。

（2）储存的各种货物不应接触仓库内的各墙面。

（3）非食物不能储存在食品库内。

（4）除了粮食等原料外，所有食品都应存放在有盖子和有标记的容器内。

（5）货架和地面应当整齐、干净。

（6）标明各种货物的入库日期，按入库的日期顺序进行发放，执行"先进先出"的原则。

（7）将厨房常用的原料存放在离仓库出口处较近的地方。

（8）将带有包装的、重量大的货物放在货架的下部。

（9）干货库的温度应保持在 17℃～21℃，湿度保持在 50%～60% 以保持食品的营养、味道和质地。

（10）非工作时间应锁门。

2. 冷藏食品仓库的管理

温度对于储存的食品原料尤其是易变质食品原料来说非常重要。在合适的温度及适当的湿度下，能最大限度地延长食品使用的期限。食品最适宜的温度及湿度如表 4-9 所示。

表 4-9　食物最适宜的储存温度和湿度

食品原料	温度（℃）	相对湿度
新鲜肉、禽类	0～2	75%～85%
新鲜鱼、水产类	-1～1	75%～85%
蔬菜、水果类	2～7	85%～95%
奶制品类	3～8	75%～85%
一般冷藏品	1～4	75%～85%

资料来源：王天佑. 饭店餐饮管理. 北京：清华大学出版社，北京交通大学出版社，2007.

冷藏食品仓库管理要求做到如下十一点：

（1）将熟食品放在干净、有标记、带盖的容器内。

（2）食品不要接触水和冰。

（3）经常检查冷藏库的温度。新鲜水果、蔬菜保持在 9℃；奶制品、畜肉应保持在 4℃，鱼类及各种海鲜应保持在 -1℃。

（4）保持冷藏库通风，将湿度控制在 80%～90%。

（5）不要将食品原料接触地面。

（6）经常打扫冷藏箱和冷藏设备。

（7）标明各种货物的进货日期，按进货日期的顺序发料，遵循"先进先出"的原则。

（8）每日记录水果和蔬菜的损失情况。

（9）将气味浓的食品原料单独存放。

（10）经常保养和检修冷藏设备。

（11）非工作时间应锁门。

3. 冷冻食品仓库的管理

（1）食品原料储存低于 $-18℃$ 。

（2）经常检查冷冻库的温度。

（3）在各种食品容器上加盖子。

（4）用保鲜纸将食物包裹好。

（5）密封冷冻库，减少冷气损失。

（6）根据需要设置备用的冷冻设备。

（7）标明各种货物的进货日期，按进货日期的顺序发料，遵循"先入库的食品原料先使用"原则。

（8）保持货架与地面卫生。

（9）经常保养和检修冷冻库。

（10）非工作时间应锁门。

第四节　食品原料的发放管理

各厨房使用的原料均须经过领料（发料）这一环节。发放过程对餐厅来说同样至关重要。发料工作包括以下两个方面：一是发放本身，即食品原料从库房到厨房或其他使用地点的过程；二是确保记录所发放原料的成本即登账。餐厅必须对这两个方面进行有效的管理，并建立相应的制度，否则可能出现原料没有到达需要原料的厨房，或者找不到任何发放或使用的记录。

一、原料发放的形式

原料的发放形式有两种：直接发放和仓库发放。

1. 直接发放的原料

直接发放的原料，主要是易变质食品原料。这些原料经验收合格后无须入库保存，从验收处直接发到厨房或厨房附近的储藏室，其价值按当日进料价格计入当天食品成本账内。但是实际情况并不如此，最常见的是当日的进料不能完全用完，剩余的原料第二天，甚至第三天才能用完，但原料成本控制员在计算当日成本时从验收日报表中直接进料栏中抄录数据，这样就使得成本记在第一天里，导致当日的成本过高，而第二天、第三天的成本偏低的情况。要精确核算食品成本，必须对当日直接发放、储藏室发放及当日厨房剩余原料进行统计。

2. 仓库发放的原料

仓库发放的原料主要是不易变质食品原料。这些原料经过验收后入库储存，当生产需要时再由仓库发放到厨房，在发出当日转入当日食品成本。每日库房向厨房和酒吧发出的原料都要登记在"食品原料发放日报表"（见表 4－10）上。报表上汇总每日库房发料的品名、数量和金额，并且注明这笔金额分摊到哪个餐饮部门的餐饮成本上，并注明领料单据的号码，以便日后查对。月末，将每日"食品原料发放日报表"上的发料总额汇总，便得到本月库房发料总额。

表 4－10　食品原料发放日报表

请购单编号			数量（大写）	单价	金额								分页	备注
货号	货名及规格	计量单位			十	万	千	百	十	元	角	分		
合计：				¥										
合计金额（大写）														

采购主管：　　　　　　　仓库保管员：　　　　　　　发往部门主管：

资料来源：张鸣鸣．巴国布衣中餐操作手册——后勤管理．成都：四川大学出版社，2002.

二、使用食品原料领料单

仓库原料发放应使用食品原料领料单（见表 4－11），它准确地记录了仓库向厨房发放的原料数量和金额。领料单既是厨房与仓库的沟通媒介，也是餐饮成本控制的重要工具。领料单的内容应包括领用部门、原料品种、数量、规格、单价和总额、领用日期及领料人等；其具体作用为控制仓库的库存量、核算各厨房的食品成本及控制领料量。无领料单任何人都不得从仓库取走原料。即使有领料单，也只能领取领料单上规定的原料种类和数量。

表 4－11　食品原料领料单

领料部门：　　　　　仓库类别：　　　　日期：　　　　　编号：00123

品名	货号	请领数量	实发数量	单价	金额

领料人：　　　　　　　审批人：　　　　　　　发料人：

资料来源：肖晓．餐饮经营与管理．成都：四川大学出版社，2003.

使用领料单发放原料的具体程序为：首先由厨师或服务员在食品原料领料单上填写需要从库房发料的品名和数量；其次需要由厨师长或其他管理人员签字；最后由领料人将领料单送至库房，发料时领料人和发料人都需要签字。领料单应一式三联：一联随原料交回领料部门；一联由库管人员交成本控制员；一联由仓库留存作为进货的依据。

三、定时发放

定时发放，即规定发放时间，如上午 8：30 ~ 10：30，下午 2：30 ~ 4：30,并不是全天 24 小时开放。每天厨房应定时到仓库领料，这样做一方面可以减少仓库管理员的工作，节省人力成本；另一方面避免仓库门过于频繁打开，防止原料被盗。定时发放还便于仓管人员有充分的时间检查、整理仓库，同时，也有利于促进厨房管理人员树立计划意识，养成计划管理的习惯。

四、正确如实记录原料的使用情况

如实记录，就是有些原料不在领取日使用，而在第二天或此后某天使用，则应在原料领用单上注明该原料的消耗日期，以便把该原料的价值记入其使用日的食品成本。有些原料则是一次领用，分次使用的，则应分天记入。至于各部门之间的内部调拨，则同样应办理必要的手续。每天出库的原料，库房管理员应将其逐一记录在原材料出库日报表（见表 4 – 12）上，作为成本控制的依据。

表 4 – 12   原材料出库日报表

年　　　　月　　　　日

品名	规格	数量	单价	金额	领料单号	备注

部门：　　　　　　　　　　　　　　　　　　　　　领料人：

部门负责人：　　　　　　　　　　　　　　　　　　经手人：

资料来源：肖晓. 餐饮经营与管理. 成都：四川大学出版社，2003.

五、原料的内部调拨

前面讨论食品原料的采购、验收、储存及发放是在一家餐厅的一个厨房中。大型餐厅往往有多个厨房，厨房之间会发生食品原料的相互调拨。为了使各部门的成本核算尽可能准确，对这些调拨应进行正确的记录。

餐厅内部的原料物品调拨应使用食品原料调拨单（见表 4 – 13），要求调入和调出部门各留一联调拨单，剩余的一联交成本控制员，作为转账处理的凭据。在统计各餐厅的成本时，要减去各部门调出的原料金额，加上调入的原料金额。

表 4 – 13　食品原料调拨单

调入部门：			时间：			
调出部门：			编号：			
品名	规格	单位	数量			金额/元
			请拨数	实拨数	单价	小计

调出部门经手人：　　　　　　　主管：　　　　　　　仓库管理员：

调入部门经手人：　　　　　　　主管：

资料来源：http://www.docin.com/p – 55958552.html.

六、库存原料的计价方法

由于食品原料采购渠道、时间、地点及其他因素的影响，相同原料采购的单价不一定完全相同。这样，在发放原料时，需要采用一定的计价方法。为了提高工作效率，管理人员常选用一种适合本企业的计价方法以保证食品成本核算的精确性和一致性。常用的计价方法有以下两种，但在财务处理中，常选用其中的一种计算方法。

1. 实际进价法

有些餐饮企业一般都在库存的原料上粘贴或挂上货物标牌，标牌上注明进货日期及单价，用标牌上实际进货的单价来计算库存原料的总成本。

2. 加权平均法

加权平均法是在盘存周期，将不同时间采购的同一种食品原料的单价平均后作为计价的基础，然后乘以一个周期领用的总数量，计算出各类食品原料的发放总额的方法。其计算公式为：

$$餐饮原料单位成本 = \frac{期初结存金额 + 本期收入金额}{期初结存数量 + 本期收入数量}$$

【例 4 – 3】某餐饮企业 5 月采购牛排的数量和价格如表 4 – 14 所示，试分别使用先进先出法、加权平均法计算 5 月该餐饮企业的仓库储存价值。

表 4 – 14　某餐饮企业 5 月牛排的进货数量和价格

		数量（千克）	单价（元）
5 月 1 日	月初结存	30	20.00
5 月 10 日	购进	80	20.20
5 月 19 日	购进	90	20.40
5 月 30 日	购进	100	20.60

解析：至 5 月 30 日库房的牛排结存量为 130 千克，根据货品标牌，其中 30 千克的单价为 20.20 元，40 千克的单价为 20.40 元，60 千克的单价为 20.60 元。

（1）实际进价法计算。

牛排月末结存：$20.20 \times 30 + 20.40 \times 40 + 20.60 \times 60 = 2658$（元）

（2）以加权平均法计算。

牛排单位成本 $= \dfrac{600 + 1616 + 1836 + 2060}{30 + 80 + 90 + 100} = 20.37$

牛排月末结存：$20.37 \times 130 = 2648.1$（元）

案例

现代管理的"三只耳"

对于餐饮企业来说，拥有核心技术并不够，全面的管理机制更加重要，聂志伟深谙此理。"三只耳"在同行业中很早就引入现代管理模式，"三只耳"的营运、技术配送、财务、人力资源四个核心部门都有自己先进的监测系统，每天各个部门都监测着全国所有门店的情况。通过软件智能化手段实施远程连锁系统管理，聂志伟每天在办公室就能遥控全国 120 余家"三只耳"火锅店的经营。

突出体现这种管理模式的还体现在整个产业链的延续方面，在全国超过 120 家连锁店的规模优势下，"三只耳"每年要消耗超过 2500 万公斤淡水鱼、10 万斤青花椒、75 万斤纯清油。因此"三只耳"的原料采购部门采用先进的"订单农业计划"，让"三只耳"的触角不局限在成都附近，而是扩展到四川全省，甚至扩展到湖北、云南等省。目前"三只耳"每年的订单农业产值已经达到近 3 个亿。

原材料生产厂和物流配送中心是"三只耳"的两个独立的部门，它们只对总公司负责。它们的主要任务就是按照规定收购、生产和配送公司所需的原料，这样保证了"三只耳"在产品上的统一性。聂志伟告诉记者："单是每年我们需要的花椒就需要近600个车皮来运输，如果采购和配送部门不采用专业化的技术，那么'三只耳'的经营将受到巨大影响。"

正是整合了各个原料产地，并建立起庞大的订单配送系统，"三只耳"才真正保障从食物原料的生长、加工、烹饪到端上餐桌的全程绿色标准。

案例思考题：

1. 连锁餐饮企业的采购优势有哪些？
2. "三只耳"是如何保证餐厅的原材料标准的？

降低成本，从源头做起

拥有76家大中型餐馆的北京华天饮食集团公司为使下属各企业在激烈的市场竞争中掌握市场主动权，决定从源头抓起：在保证货源质量的前提下，减少成本，把菜品价格降下来，服务大众，让利于民。基于此种想法，集团公司推出了进货招标的方案，这个方案得到了供应商的积极响应，前来报名竞标的经销商、厂家有100多家。经过筛选，有近50家供应商获准参加竞标。中标的原则是：同等质量下，选择价格最低的；同等价格下，选择质量最好的。通过质量和价格的认证，28家供货商以质优价廉取得了向华天企业供货的资格。

目前，这些厂商均已不同程度地和北京华天建立了合作关系。包括酒、饮料、蛋禽、蔬菜等七大类30多种华天日常所用原料的供应商在内的多家供应商。为了与北京华天保持长久合作关系，都很注意自身的商誉。这次招标成功，华天不但货源质量有了保证，进货价格也降了下来。

案例思考题：

北京华天饮食集团公司在采购管理中采用了哪两种策略？

本章复习思考题

1. 简要说明餐饮原料采购的目标是什么。
2. 食品原料的种类有哪些？请举例加以说明。
3. 假设你被一家新开业的餐厅雇佣为采购员，但以前你完全没有接触过这个行业，对餐饮业很陌生，你的朋友或家人也没有人从事餐饮业，你如何获得关于易变质食品原料与不易变质食品原料的供货信息？

4. 易变质食品原料的采购宜使用什么方法？

5. 试分析定期采购法与订货点采购法各有什么利弊，餐饮企业应如何避免这一问题。

6. 某自助餐厅对冻羊肉的标准储存量为 600 千克，冻羊肉每日需用量为 30 千克，发货需用天数为 2 天，保险储存量为 60 千克，则冻羊肉的订货点储存量及需采购量分别为多少？

7. 如果几家供应商发送的货物在同一时间到达，对原料的成本控制可能存在什么影响？

第五章　餐饮成本控制与管理

☞ **本章内容简介**

餐饮成本控制是保证餐饮经济效益的基本环节，尤其是在微利时代，"低成本竞争"成为企业有效竞争的法宝之一，因此，成本控制和管理直接影响餐饮企业的竞争力。餐饮成本控制与管理是餐饮管理的重要内容。本章阐释了餐饮成本的类型及特点，对餐饮企业成本控制的各个环节进行了分析，探讨了通过建立成本控制体系，具体而有针对性地控制餐饮成本，实现餐饮企业利润最大化。

☞ **本章学习目标**

学生通过本章的学习将对餐饮企业成本的构成、类型及特点有一定了解，能够分析餐饮企业成本控制的各项环节，并采用具体措施和办法加以预防和控制，使企业成本尽可能降到最低，从而使餐饮企业实现成本领先竞争优势。

　　餐饮成本控制是餐饮企业经营管理的重要内容，由于餐饮企业的成本结构制约着餐饮产品的价格，而餐饮的价格又影响着餐饮企业的经营，因此，餐饮成本控制是餐饮企业管理的关键内容之一。在餐饮企业经营中，降低餐饮成本中的原材料成本和经营费用，尽量提高食品原材料成本的比例，使餐饮产品的价格更符合市场需求、更有竞争力，是保证餐饮企业经营效益、增强市场竞争力的有效措施。

第一节　餐饮成本控制概述

一、餐饮成本简述

　　1. 餐饮成本的含义

　　餐饮成本是指餐饮企业在生产餐饮产品时所占用和耗费的资金。餐饮成本涉及餐饮企业原料采购、验收、存储、发放、加工烹饪和最终销售等环节，餐饮成本是各环节提供相关产品和服务过程中所支出的各项费用总额。简单地说，餐饮成本控制就是控制上述过程中的支出，使餐饮企业在最少支出的情况下做出最优的运作。

　　2. 餐饮产品成本的构成

　　狭义的餐饮产品是指餐饮企业加工生产的菜点等食品。餐饮产品成本核算以原料成本为主。在餐饮生产过程中，原料主要有主料、配料和调料之分。主料是餐饮产品中的主要原材料，一般在成本中占较大比例；配料是餐饮产品中的辅助原材料，花色品种繁多，但在成本中占较小比例；调料也是餐饮产品中的辅助原材料，主要是对色、香、味、形起调节作用，品种多、用量少。食品原材料的主料、配料和调料价值共同构成餐饮产品成本。在构成餐饮成本的比例中，主料成本一般所占比例最大，其他成本相对较小。餐饮产品成本是由主料成本、配料成本、调料成本三部分构成的。用公式表示为：

　　餐饮产品成本＝主料成本＋配料成本＋调料成本

　　（1）主料成本。主料是制作餐饮产品的主要原料。一般以肉、禽、水产、蔬菜、豆制品、部分干货及米、面等为主。其成本是食品成本的主要组成部分。但由于菜点食品花色品种多、制法变化大，主料成本也千变万化。在一种产品中用作主料的原料，在另一种产品中可能作为配料。所以，主料成本是根据食品原料在具体餐饮产品中的作用来决定的。例如，在制作麻辣豆腐时，豆腐是主料，其成本为主料成本。而在制作鱼头豆腐汤时，豆腐只是配料，其成本则为配料成本。

（2）配料成本。配料是制作餐饮产品的辅助原料。一般以蔬菜、瓜果等为主。其成本也是餐饮产品成本的重要组成部分。同样，配料在不同餐饮产品中也可成为主料，关键在于菜点食品的花色品种和原料构成。例如，在制作笋干老鸭煲时，笋干为配料。而在制作凉拌笋干时，笋干则为主料。

【例5-1】某酒楼的菜单上有一款名为"芹菜肉丝"的菜肴。其用料情况为：芹菜300克，肉丝100克。采购请购单上的价格为：肉丝28元/千克，芹菜3.8元/千克。请分析其主、配料成本。

解析： 其主、配料成本为：

"芹菜肉丝"的主料（芹菜）成本＝300克÷1000×3.8元/千克＝1.14（元）

"芹菜肉丝"的配料（肉丝）成本＝100克÷1000×28元/千克＝2.80（元）

（3）调料成本。调料是制作菜点食品的辅助材料。一般以油、盐、酱、醋、花椒、料酒、葱、姜、桂皮等为主。主要起调节色、香、味的作用。但用量较少。这些调料虽然用料较少，但也是食品成本的构成部分之一。

二、餐饮成本类型及特点

成本分类是为做好成本核算和成本管理服务的。不同的分类标准，体现了成本核算和成本管理的不同方法和目的。

1. 餐饮成本类型

（1）按成本性质划分，可分为固定成本和变动成本。餐饮生产中的固定成本是指不随产量或销售量的增减而变动的那些成本。固定成本一般包括保险费、设备折旧费等。例如，餐饮企业的折旧费不会因为接待的就餐宾客人数增多而增加，也不会因为接待的就餐宾客人数减少而降低。

某些固定成本的数额会随着时间的推移而增加或减少。例如，折旧费会随着时间的推移而减少，即固定成本并非绝对不变的。但是，固定成本的变化与菜品销售量的变化无关，虽然固定成本总额不随产量或销售量的变化而变化，但单位固定成本却与产量或销售量的变化有关。

例如，某饭店的固定成本为3万元，2月共烹制销售菜肴2万份，则每烹制一份菜肴的平均分摊固定成本为1.5元；如果该月烹制的菜肴为6万份，则每烹制一份菜肴的平均分摊固定成本为0.5元。通过此例可以看出，随着菜肴销售量的增加，固定成本总额不变，但单位固定成本却是下降的。

所谓变动成本，是指随着产量或销售量的增减会引起相应增减变动的成本。例如，餐饮企业制作菜点的食品原料支出和饮料成本等会随着就餐宾客消费量的增加而增加。虽然变动成本总额随产量或销售量的增加而增加。但是单位变动成本却不随产量或销售量的变化而变化，即无论产量或销售量是增加还是减少，单位变动成本是保持不变的。因为单位消耗定额是固定的。例如，每烹制一标准份"红烧肉"，耗用的各种食品原料的重量是固定不变的，只要原料的进价不发生很大的变化，其单位固定成本也就不变。

餐饮生产中还有一些成本介于固定与变动之间，称为半变动成本，又称混合成本。也是指成本中既包含变动成本部分，也包含固定成本部分的成本。

餐饮中半变动成本如耗电费用、劳力成本等。以用电成本为例，餐饮的冷冻冷藏设备，无论生产量的多少，每天都要支出一定的成本；但电烤箱、电饼铛等设备的用电，就随着生产量的增减而发生变化，但在计算电费时又无法将两者分开，因此耗电费用就属于半变动成本。

（2）按成本的可控程度划分，可以分为可控成本和不可控成本。可控成本是指在短期内通过工作人员的主观努力可以改变其数额大小的那些成本。变动成本一般是可控成本，如原料成本、水电费、燃料费用等；在短期内增加或减少服务员人数，或增减服务人员的工作时间和工资，劳力成本也会增加或减少。此外，某些固定成本也是可控成本，如推销费用、维修费、管理费用等都是可控成本。

不可控成本是指在短期内无法通过主观努力施加控制的成本。不可控成本一般是固定成本。例如，设备折旧费用、上缴给国家的税金等都是餐饮管理人员无法改变的不可控成本。

（3）按计量方式划分，可分为单位成本和总成本。食品原料和劳力成本既可用单位数表示，也可用总额表示。每份菜肴成本、每种面点成本、每小时工资额都是单位成本。在一定时期内，如一周或一个月之内，所有食品原料的总成本和劳力成本总额都属于资产损益表上的总成本。

例如，某餐饮企业花费 150 元购入一批猪排，用于烹制"椒盐猪排"。如果整批猪排在一天内全部用于生产，则总成本就是 150 元。如果此批猪排共烹制了15 份"椒盐猪排"，则每份菜肴的平均成本就是 10 元。但在实际生产销售过程中，每份"椒盐猪排"的用量不可能完全相同。因此，每份"椒盐猪排"的成本也必然会有所差别。

（4）按成本与产品的形成关系划分，可分为直接成本和间接成本。直接成本和间接成本是根据餐饮生产经营特点来划分的。直接成本又称生产成本，是指直接用于烹制菜肴、点心等各种原料的耗费，即主料成本、配料成本、调料成本之和；间接成本又称生产费用，是指不易直接分摊在每个菜肴、点心成品成本中的各项耗费。例如，燃料成本、劳力成本、折旧费用、低值易耗品消耗、管理费用、销售费用等。

（5）按成本的实际和标准来划分，可分为实际成本和标准成本。实际成本是指在制作菜点过程中实际耗用的原料成本，即直接成本；标准成本是指根据烹制某一菜肴或点心所需的各种原料数量及其单价而计算出来的各项原料成本之和。但在实际工作中，餐饮工作人员不可能对烹制的每份菜点都计算标准成本，标准成本只是餐饮企业的一个经营目标，只有在进行成本分析、比较时才有意义。

2. 餐饮成本的特点

（1）变动成本比例大。餐饮部门的成本费用中，除食品、饮料的成本以外，还有物料消耗等一部分变动成本。这些成本和费用在营业费中占的比例大，并随销售数量的增加而成正比例增加。这个特点意味着餐饮价格折扣的幅度不能太大。

（2）可控制的成本比例大。除营业费用中的折旧、大修理、维修费等是餐饮管理人员不可控制的费用外，其他大部分费用及食品、饮料成本都是餐饮管理人员能控制的费用。这些成本和费用的多少与管理人员对成本控制的好坏直接相关，而且这些成本和费用占营业收入的很大比例。这个特点说明餐饮成本和费用的控制十分重要。

（3）成本泄漏点多。餐饮成本和费用的大小受经营管理的影响很大。在菜单的计划、食品饮料的成本控制、餐饮的推销和销售控制以及成本核算的过程中涉及许多环节：菜单计划—采购—验收—储存—发料—加工切配和烹调—餐饮服务—餐饮推销—销售控制—成本核算。每个环节都可能影响成本。

三、餐饮成本控制的工具

1. 成本率

对餐饮生产成本的控制管理来说，了解变动成本数额并不十分重要。这些成本的数额会随着菜品销售量的变化而发生一定程度的变化。因此，企业应根据成本和菜品销售量之间的关系来表示变动成本和半变动成本。将成本数额与销售额进行比较，可使餐饮生产管理人员了解生产成本与销售额之间的关系。生产成本与销售额之比，即为成本率。

成本率的计算公式如下：

成本率 = 生产成本 ÷ 销售额 × 100%

食品原料成本率和劳力成本率的计算方法分别为：

食品原料成本率 = 食品原料成本 ÷ 食品销售额 × 100%

劳力成本率 = 劳力成本 ÷ 总销售额 × 100%

【例 5 - 2】某餐饮企业 8 月的营业总收入为 300 万元。其中菜点收入为 270

万元。经盘点与核算，当月耗费的食品原料成本为 112 万元，当月支付给员工的工资、奖金、福利及保险等费用为 60 万元。那么，该酒楼食品原料成本率和劳力成本率分别为多少。

解析： 食品原料成本率 = 食品原料成本 ÷ 食品销售额 × 100% = 112 ÷ 270 × 100% = 41.5%

劳力成本率 = 劳力成本 ÷ 总销售额 × 100% = 60 ÷ 270 × 100% = 22.2%

2. 目标食品成本率

所谓目标食品成本率，是指餐饮企业为获得预期的餐饮营业收入以支付生产成本，并获得一定盈利而必须达到的食品成本率。它作为控制餐饮生产成本的一种标准，起着指导、控制作用。当单位时间内的目标营业额一定的情况下，根据既定的目标成本率就可以计算出目标食品成本额。目标食品成本率可以通过分析上期营业记录或通过对下期营业额的预算得到。

例如，某饭店拉丁烤肉餐厅 8 月的成本率统计如表 5 - 1 所示。

表 5 - 1　某饭店拉丁烤肉餐厅 8 月的成本率统计

项目	金额（万元）	比例项目	比例（%）
营业收入	55		
原料成本	34.6	原料成本率	63
毛利额	42.4	毛利率	77
人工成本	10.3	人工成本率	19
其他费用	18.8	费用率	34
税前利润	11.25	利润率	20

目标食品成本率能准确反映餐饮企业成本的前提是必须采取科学方法制定目标食品成本。这样才能使制定出来的目标食品成本有参考、对照价值，以便以此为依据，调整、控制实际餐饮的生产成本，完成成本控制的最终目标。目标食品成本制定的常见方法如下：

（1）根据食品目标销售额，计算食品原料目标成本额。其公式为：

食品原料目标成本额 = 计划期内目标销售额 × （1 - 毛利率）

（2）利用固定费用额计算目标食品成本。固定费用额包括如下几项：①约束性固定费用，如建筑物、餐饮设备折旧、各项摊销费等。其制定方法主要取决于餐饮企业的财务决策和餐饮产品实际占用的情况，可采用全店折旧额和部门分摊比例的方法。②餐饮人工成本可根据餐饮员工人数和人均工资额来确定。③餐饮用具、设备折旧等数额可根据折旧总额之和计提百分比确定。

其他变动费用制定。主要包括水费、电费、煤气、燃料等。这部分费用一般是随着销售量的变化而变化的。目标变动成本可以在制定变动费用率的基础上采用弹性预算的方法来制定。在实际工作中，市场环境的不断变化会使实际情况与静态预算产生差异，采用弹性预算法可以比较充分地考虑因市场环境和业务量的变化可能引起的费用水平的变化。

管理性费用数额的制定。一般是以一定分摊比例计算。

将上述各项成本和费用汇总，加上税金和预期的利润，即可以确定餐饮产品的目标食品成本。

第二节　餐饮成本控制的环节

餐饮产品定价直接影响到餐饮企业的经济效益。能否取得预期的利润，关键在于餐饮企业如何进行餐饮成本控制。在餐饮成本控制过程中，餐饮企业应将发现的问题进行分析，从而采取有效的改进措施。因此，餐饮企业在确定合理的餐饮产品的同时，应抓好企业内部的成本、费用控制，才会使企业的产品定价有效而有益。餐饮成本控制分为食品成本控制和饮料成本控制两大部分。本节内容将从食品原料采购、验收、储存、发放、加工烹饪、销售诸多细节进行详尽介绍。该过程流程如图 5 - 1 所示。食品原料是餐饮企业能为就餐宾客提供符合其需求的餐饮产品的重要物质保证。

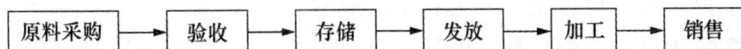

原料采购　→　验收　→　存储　→　发放　→　加工　→　销售

图 5 - 1　餐饮成本控制的环节

一、采购环节的成本控制

1. 原料净料率的含义

餐饮生产使用的各种食品原料中有不少鲜活品种，它们在烹制前要进行初步加工。初步加工之前的食品原料一般称为毛料，而经过屠宰、切割、拆卸、拣洗、涨发、初制等初步加工处理，使其成为可直接切配烹调的原料则称为净料。原料经初步加工后，净料与毛料不仅在重量上有很大区别，而且在价格、等级上的差异也较大。为了便于计量，确定菜肴或点心的原料定额并定价，便采用净料率来计算食品原料成本。

净料率是指食品原料在初步加工后可用部分的重量占加工前原料总重量的比

率，它是表明食品原料利用程度的指标，其计算公式为：

净料率＝加工后可用食品原料重量÷加工前食品原料总重量×100%

实际上，在食品原料品质一定，加工方法和技术水平一定的条件下，食品原料在加工前后的重量变化是有一定的规律可循的。因此，净料率对成本的核算、食品原料利用状况分析及其采购、库存数量等方面都有着很重要的实际作用。

【例5－3】 某餐饮企业购入带骨羊肉48千克，经初步加工处理后剔出骨头12千克。请计算羊肉的净料率。

解析： 羊肉的净料率＝加工后可用食品原料重量÷加工前食品原料总重量×100%＝（48－12）÷48×100%＝75%

食品原料的净料率，在餐饮生产中也习惯上叫做食品原料的出成率、出净率、净货率等。虽然各种原料由于产地、品种的不同，同一种食品原料的净料率有所差异，但总体上的变化是不太明显的。因此，根据经验，可以对餐饮常用食品原料的净料率进行规定，以便科学地确定每种食品原料的净料率。

2. 餐饮原料的成本系数

由于餐饮原料中大部分是农副产品，其地区性、季节性、时间性很强，食品原料的价格变化很大。每次进货的原料价格不同，其净料成本也就会发生变化。为避免进货价格的不同而需要逐项计算净料成本，餐饮企业可利用"成本系数"进行净料成本的调整。成本系数是指某种食品原料经初步加工或切割实验后所得净料的单位成本与毛料单位成本之比。用公式表示为：

成本系数＝净料单位成本÷毛料单位成本

成本系数的单位不是金额，而是一个计算系数，适用于某些食品原料的市场价格上涨或下跌时重新计算净料成本，以调整菜肴定价。计算方法：

净料成本＝成本系数×原料的新进货价格

使用成本系数可缩短核算时间。

【例5－4】 某种原料鸭肉的毛料进价为5.7元/千克，其净料成本为7.6元/千克，请计算该原料成本系数。如果该种食品原料鸭肉毛料进价上涨至6元/千克，请计算该原料涨价后的净料成本。

解析： 该原料成本系数为：

7.6÷5.7＝1.33

该原料涨价后的净料成本为：

6×1.33＝7.98（元/千克）

采用成本系数来确定净料成本，最重要的是取得准确的成本系数。由于进货渠道、原料质地、进货价格及加工技术水平的不同，每种食品原料的成本系数必须经过反复测试才能确定。对于已经测定的成本系数也应经常进行抽查复试。餐饮企业进行食品原料加工测试时，一般都填写"食品原料加工试验单"，以其作为计算、调整每种食品原料成本系数的依据。"食品原料加工试验单"见表 5 - 2。

表 5 - 2　食品原料加工试验单

供应单位：　　　　　　加工日期：　　　　　　编号：

原料名称	毛重	毛料单价	毛料总值	净料				成本系数
				品名	数量	单价	金额	

审核：　　　　　　　　　　　　　　　　　　　　　加工人：

3. 食品采购环节质量的控制

餐饮企业应根据各种餐饮产品的烹制要求，采购符合企业需要的原材料。为此，餐饮企业必须制定采购规格、标准，以保证购入原材料的质量。采购规格标准是指根据餐饮企业的特殊需要，对所需采购的餐饮原材料作出详细、具体的规定。例如，原材料的产地、等级、性能、大小、个数、色泽、肥瘦比例、包装要求等。采购规格、标准的制定应由厨师长会同相关人员，如采购人员、成本控制员等一起研究、讨论并作出决定，以求其实用可行。采购规格、标准的文字表达应简练准确，应避免使用含糊的词语，如"较好"、"一般"等。另外，餐饮企业必须根据内部需要及市场情况的变化随时修订采购规格、标准。

实际上，餐饮企业不可能也没有必要对所有的餐饮原材料都制定采购规格、标准。但以下原材料必须制定明确的采购规格、标准：

（1）对餐饮成品质量有着决定性作用的餐饮原材料。

（2）成本较高的餐饮原材料。

二、原料验收环节的成本控制

大型餐饮企业一般都设有专职的验收人员，而小型餐饮企业的验收工作则由仓库保管员、厨师长或其他人员兼任。验收环节的成本控制的内容主要如下：

1. 数量控制

对所有购入的原料，验收人员都必须仔细检查其数量。

（1）凡是可数的原料，必须逐一点数，如实记录原料的箱数、袋数和个数。

（2）凡是以重量计量的原料，必须逐件过秤，正确计算原料的重量。

（3）检查原料的验收数量是否与请购单上的请购数量相符，如有出入，应由原料采购员或供应商的送货人员解释说明。

（4）检查原料的验收数量是否与发票数量一致，如有差异，应查明原因并按企业的规定处理。

2. 质量控制

验收人员应对照原料采购规格、标准仔细检查原料的质量，如合格证明、规格、等级、商标、产地、性能、有效期等。箱装原料应进行抽样检查，凡发现原料质量不符合要求的应坚决拒收。

3. 价格控制

验收人员应特别注意原料采购价格的检查。

（1）检查购货发票上的价格是否与供应商的报价相一致，价格是否与采购订货单上所列价格相同。

（2）验收人员应经常进行市场调查，了解餐饮企业所需的各种原料的市场行情，如发现供货价格明显高于市场价时，应及时查明原因或拒收或按企业的有关规定处理。

4. 原料验收后的处理

经验收合格的餐饮原料应尽快妥善处理。

（1）通知原料使用部门（厨房）领用。购入原料经验收合格后，应及时通知厨房来领用，一方面可保证原料的及时供应；另一方面也可防止原料的损耗或遗失。

（2）分类、分库储存。凡是用料部门不直接使用的原料，应及时按类别及储存要求送至干货仓库、冷藏室或冷库，以便保证原料的质量，并防止因没有及时库存造成原料的变质或损失。

5. 填写有关表单

参与原料验收的人员在验收工作结束后，应填写有关表单并签字确认。最为常见的表单为食品进货日报表，在某些餐饮企业中，进货日报表也被称为验收单。

餐饮企业每天购入的食品原料经验收后都应记录在食品进货日报表上，但其目的并非仅在于罗列原料的名称、单价和数量。使用食品进货日报表的主要目的在于区分哪些原料属于直接进料，哪些属于仓库进料，以便进行成本核算和控制。

直接进料是指经验收后不进入仓库储存，而直接进入厨房并在当天予以消耗，其成本记入当天食品成本的原料。仓库进料是指经验收后送到干货仓库、冷藏室或冷库储存以备后用的原料，其成本记入原料储备价值。待日后该原料从仓库发至厨房消耗时才记入该天食品成本的原料。如果有些原料，其中一部分需立即送至厨房使用，而另一部分需入库储存，则该原料应根据实际数量分配比例，将其成本分为两部分，分别填写在直接进料金额和仓库进料金额栏内，以便准确计算当日成本。

另外，餐饮企业的财务部门应要求采购员或供应商凭食品进货日报表和原始发票一起报销，以防止不必要的损失。

三、原料储存环节的成本控制

1. 储存是原料成本控制的重要一环

库存不当会引起原料的变质或偷盗损失，从而造成成本的增加。储存环节的成本控制工作主要有以下几个方面：

（1）专人负责。原料的储存保管工作应有专职的仓库保管员负责，应尽量控制有权进入仓库的人数，仓库钥匙由仓库保管员专人保管，门锁应定期更换，以避免偷盗损失。

（2）保持仓库适宜的储存环境。不同的原料应有不同的储存环境，如干货仓库、冷藏室、冷库等。普通原料和贵重原料也应分别储存。各类仓库的设计应符合安全、卫生要求，保持各仓库的清洁卫生以杜绝虫害和鼠害，从而保证库存原料的质量。

（3）及时入库，定点存放。购入原料经验收后应及时运送至适宜的储存处，在储存时，各类原料应有固定的存放位置，以免耽搁而引起不必要的损失。

（4）及时调整原料位置。入库的每批次原料都应注明进货日期，并按先进先出的原则发放原料，并及时调整原料位置，以减少原料的腐烂或霉变损耗。

（5）定时检查。仓库保管员应定时检查并记录干货仓库、冷藏室、冷库及冷藏箱柜等设施设备的温湿度，以保证各类原料在适宜的温湿度环境下储存。

2. 存货成本的确定：先进先出法

如果餐饮企业不采用在每批次原料的包装上注明进货价格的方法，则可以采用先进先出的方法。先进先出法又称新近价格法，是指以原料的新近价格来决定期末库存原料的价值。该方法的前提是原料的发放以先进先出为原则，所以期末结余的原料都是新近的进货。

【例5-5】某餐厅干货仓库于2009年5月对大米有以下记录：

日期		单价（元）	数量（千克）	小计
5 月 1 日	期初结余	2.20	60	132.00
5 月 8 日	购入	2.30	150	345.00
5 月 15 日	购入	2.25	150	337.50
5 月 22 日	购入	2.15	150	322.50
5 月 29 日	购入	2.10	150	315.00
5 月 31 日	盘点存量		160	

请按先进先出法计算期末库存大米的价值。

解析： 根据资料，期末结余的 160 千克大米都是新近的进货，其中的 150 千克大米是 5 月 29 日的进货，其单价应为 2.10 元/千克，其余的 10 千克大米是 5 月 22 日的进货，单价为 2.15 元/千克。

按先进先出法计算，期末库存大米的价值应为：10 千克 × 2.15 元/千克 + 150 千克 × 2.1 元/千克 = 336.5 （元）

四、原料发放环节的成本控制

原料发放控制是食品成本管理的重要环节之一。由于原料的发放数量直接影响每天的食品成本，餐饮企业必须建立相应的食品原料领发制度，以满足厨房生产需要，并有效地控制原料的发放数量。从食品成本控制角度出发，原料发放控制的基本原则是厨房只准领用生产所需的原料。原料发放环节的成本控制主要有以下内容：

1. 建立申领制度

任何餐饮企业在餐饮原料的发放过程中都应制定相应的制度，以确保原料的正确使用。

（1）领料单制度。凡需从仓库领用原料，应一律填写正式的领料单，要求填写规范，字迹清楚。领料单一般一料一单，即一份领料单只限领用一种原料。

（2）专人领用制度。原料使用部门应指定专人负责本部门所有食品原料的领用工作。

（3）申领审批制度。原料领用部门应根据权限确定专人负责领料单的审批。

（4）领料时间和次数规定。餐饮企业应根据具体情况，规定各类仓库每天发放原料的时间和次数，以促使厨房制定周密的原料使用计划，避免随便领料，从而减少浪费。

2. 制定原料发放程序

餐饮企业应制定科学、合理的原料发放程序，以便于管理。原料发放程序一般有以下内容：

（1）核实领料单。仓库保管员应仔细核查领料单人的签字，领料单的填写是否规范等。

（2）核对原料。按照原料的分类找到其存放位置以确保准确无误。

（3）填写永续盘存卡。按要求在永续盘存卡上记录原料的发放日期、数量和现存量，并记录领料单号码。

（4）发放原料。仓库保管员应根据领料单逐项发放原料，做到数量准确，并正确记录发放数量。然后在领料单上签字以示原料付讫。发料时应遵循先进先出的原则。

（5）正确计算成本。仓库保管员应及时、正确计算领料单上的各种原料的成本以及全天的领料成本总额。

五、加工烹饪环节的成本控制

1. 食品原来初步加工、切配等生产环节的成本控制

食品原料的初步加工、切配、烹调、装盘等生产环节对餐饮企业的食品成本高低有着很大影响。加工烹饪环节的成本控制主要有以下内容：

（1）初步加工。在初步加工时，应注意以下要求：①严格按规定的操作程序和要求进行加工，达到并保持食品原料应有的净料率。②对于成本较高的食品原料，应进行加工试验，以确定最佳的加工方法。③对于初步加工过程中的下脚料，应尽量回收利用，以便降低成本。

（2）切配。切配是决定主、配料成本的关键环节。①合理利用原料。切配时应根据原料的实际情况，遵循整料整用、大料大用、小料小用、下脚料综合利用的原则，以尽量降低食品成本。②坚持标准投料量。在切配过程中，应按标准菜谱中规定的投料量进行切配，严禁出现用量不足、过量或以次充好等情况。餐饮企业应要求厨师主料过秤，不能凭经验随手抓，以保证菜点的成本及质量。

2. 食品原料净料率的控制

餐饮生产加工的第一道工序是食品原料的初加工，而食品原料的净料率的高低直接影响到食品原料的成本。所以提高食品原料初加工的净料率，即是降低损耗。提高食品原料初加工的净料率主要应该抓好科学组织加工、合理加工操作和加工方法等，做到分档取料，注意节约，精心加工和精细操作，使其物尽其用，把食品原料的损耗降低到最低水平。

（1）科学组织加工。在中餐餐饮生产中，需要进行初加工的食品原料很多，其加工方法、技术要求、加工质量要求、加工周期、所需设施设备和工具等有很大的差异。应该按照食品原料的种类，实行分类分区作业，如分为蔬菜加工区、

水果加工区、肉类加工区、禽类加工区、水产品加工区和干货加工区等，从而有利于各类食品原料初加工的流水作业，避免相互干扰，便于加工区环境和食品原料的卫生管理。针对食品原料粗加工的难易程度和技术要求不同，有的可以安排徒工和临时工操作，有的则必须安排有专业技术或具有加工经验的厨师进行加工。提高出成率，保证加工质量。岗位员工应该相对固定，提高加工的技艺和熟悉加工的程序，提高加工效率。

（2）加工操作和方法控制。各种食品原料初加工的操作程序和加工方法是不同的，必须采用正确的加工程序和加工方法。蔬菜、水果类要经过择拣、刮削、洗涤、整理等得到净料；家畜肉类要经过拆卸分档、去皮、去骨等得到可供使用的净料；活养家禽类要经过宰杀、褪毛、取内脏、洗涤后得到净料；鲜活水产品类要经过宰杀、刮鳞、褪沙、剥皮、泡烫、摘洗等得到净料；干货类要经过摘洗、涨发、除杂得到能够供烹调使用的净料。

第一，食品原料种类不同，加工操作程序也不同。例如，有鳞鱼需要进行刮鳞，而新鲜鲥鱼和白鳞鱼的鳞片含有大量脂肪，加工时就不刮鳞。橡皮鱼需要剥皮等。

第二，食品原料种类不同，加工方法也不同。例如，干货的涨发，视具体原料可采取油发、水发、盐发、碱发或复合法等相应的加工方法。

第三，食品原料加工要求和用途不同，其加工方法也不同。例如，有的鱼要求保持鱼体完整，内脏就必须从口中取出，有的则剖腹取。烹制布袋鸡时，鸡皮必须保持完整。总之，应该根据食品原料的具体情况、制作菜肴的要求及用途等的不同，有针对性地采取合理的加工方法，认真对待每一个操作环节，精心操作，保证初加工出品的质量，提高净料率。

（3）确定标准净料率。食品原料在加工、切配和烹制过程中都会产生不同程度的折损。制定标准净料率有利于提高原料的利用率，降低原料损失。不同种类、规格和质量的食品原料，其净料率是不同的；不同的加工、切配和烹制也有差异。有了食品原料标准，就可以规定对食品原料采取不同的加工和烹制的标准净料率或折损率，能够规范厨师的加工方法，使其精心操作，提高食品原料的出成率，减少原料的折损。原料成本控制、保证出品的数量与质量都是非常重要的。

因此，为了确保食品原料初加工阶段原料质量与净料率的高水平，餐饮管理者应预先通过验证，将所有的原料一一进行出成试验，以确定其标准净料率。也可以参考有关部门制定的出成标准或其他餐饮企业已有的经验。

3. 对原料切割加工出成率的控制

食品原料的初加工结束，就要对大块或整形的原料进行切制成型处理，在餐饮生产中称为细加工。在原料的切形过程中，如果不能有效地加强管理，也会对原料的净料率产生很大的影响，从而使成本增加。为此，在原料的细加工中应注意如下几个方面：

（1）合理使用原料，使其物尽其用。经过细加工的食品原料，刀工处理后可形成块、片、丝、条、丁、粒、末、茸、泥等不同规格和形状。下刀时要心中有数，用料要合理，力争物尽其用，避免刀工处理后出现过多的边角余料，降低原料档次，影响原料的使用价值。

（2）控制出成率，掌握净料成本。食品原料在细加工过程中，也会出现折损和降档用料，为此，要在保证加工质量的前提下争取提高净料量，控制出成率。对刀工处理后的各种原料，应该根据原料的档次和净料率，准确计算其净料成本，以便为核定每份菜品成本提供基础的数据。

4. 烹调过程成本的控制

餐饮产品的烹调一方面影响菜点质量；另一方面也与成本控制密切相关。

（1）调味品用量的控制。烹制某一菜点所耗用的调味品较少，调味品在食品成本中所占比重较低，但从产品的总量来看，调味品的耗用量及其成本是相当大的。因此，在烹调过程中，餐饮企业应严格执行调味品的成本规格，这不仅会使菜点质量稳定，还可较好地控制食品成本。

（2）菜点质量的控制。在烹调过程中，餐饮企业应提倡一锅一菜，专菜专做，并严格按标准菜谱的规定要求进行操作，掌握好烹调时间及温度，力求不出或少出废品，以有效地控制烹调过程中的食品成本。

（3）装盘时的分量控制。餐饮企业中有不少菜点是成批烹制生产出来的，这就要求按标准菜谱规定进行成品装盘，以控制食品成本。

5. 餐饮产品生产标准成本的意义

为了能够有效地对餐饮生产食品原料成本进行控制，餐饮管理者必须在目标食品成本率确定的情况下，制定出每种菜肴、面点或整桌宴席（套餐）的标准成本，以规范厨师在菜品生产作业中的成本使用，有利于餐饮生产成本的控制。标准成本的制定实际上在餐饮生产中是和标准菜谱的制定紧密联系在一起的，标准菜谱对每份成品的配料、配料量和原料单价都作出规定，这就可以计算出每份成品菜点的原料标准成本。对厨师在配份方面的规范，既可以杜绝由于厨师盲目投料产生的原料损失浪费，控制原料成本，又可以保证成品质量。

制定标准成本有利于计算菜点成品的价格。食品原料成本是定价的基础。标准菜谱规定了每份成品的原料标准成本，餐饮管理者和菜点生产者就可以以此为基础计算各种菜点的价格。标准菜谱上还留有原料单价栏和原料成本栏，若市场原料价格变化，便能立即对食品原料成本进行调整。餐饮菜点生产的标准成本一般分为单份菜肴标准成本与套餐标准成本。

6. 能源成本的控制

餐饮生产离不开能源，常用的能源种类包括水、电、煤气、煤、汽油、天然气等。能源成本一般占餐饮营业额的 6% ~ 8%。由于多种能源的价格日趋上涨，是否重视能源控制，是决定餐饮生产成本控制目标能否实现的关键环节之一。餐饮能源成本的控制主要取决于三个方面：一是节能方法；二是制度规范；三是把目标能源成本进行指标分解。

（1）节能方法。尽量选用节能设备和成本低的能源。选购冰箱要考虑是否节能；用微波炉烹制含水量大的菜肴；使用煤浆代替煤炭，可节约用煤成本的1/3 以上；餐饮企业选用节能照明系统和感应照明设备，使照明做到人走灯灭；还可充分利用剩余热量，如烤箱的余温可用于保温食品；蒸汽回收可以节约热能，目前市场已经有回收蒸汽的锅炉等。

（2）制度规范。对于已经在餐饮生产中广泛推广使用的节能方法和节能措施，还应建立一定的管理制度，以促使广大餐饮企业员工在作业中能够很好地执行。由于许多厨师都习惯了传统的餐饮作业方式，所以需要建立必要的制度加以约束，并通过有效地监督检查体系来督促实施。

（3）落实责任。能源节约责任应落实到每一个餐饮员工的身上，责任到人，如区域照明的节能落实到区域负责人身上。单位时间内餐饮的能源成本核算后确定为餐饮的目标能源成本；然后将目标能源成本分解成具体指标，分配给各厨房和生产班组，并与一定的奖惩制度挂钩。对于节约能源意识好，节约效果显著的予以适当的奖励；对于浪费能源或超过计划指标的，应查明原因，对责任人采取有力的教育和处罚措施。

7. 餐饮产品生产成本控制的程序

餐饮产品生产加工成本控制程序不同于其成本控制方法，它是将餐饮产品生产加工成本控制渗透到加工流程和相关程序中，便于管理人员系统和有针对性地检查餐饮产品生产加工成本控制的结果。餐饮产品生产成本控制的一般程序如图 5 - 2 所示。

8. 餐饮产品生产成本控制的方法

用于控制餐饮产品加工生产过程中所产生的成本的方法比较多，涉及的面也比较广，常见的有如下几种方法。

（1）全员控制法。餐饮产品生产成本控制的目标是靠全体餐饮员工的积极参与来实现的。食品成本的形成体现在整个菜点加工的每一个环节，从原料的初加工、细加工、配份到打荷、烹调，都与成本密切相关。这就要求管理者和员工都要提高成本控制意识，充分认识到成本控制与增加企业销售额同等重要，认识

第一步：成本预测 根据上期销售量和预订量来确定	→	第二步：原料采购 严格采购标准，及时反馈采购信息
第四步：初加工 制定标准加工方法，避免原料浪费	←	第三步：原料出库 按规定完善出库手续
第五步：切配 制定出成标准和标准菜谱	→	第六步：烹饪 按标准操作，避免不当加工的损失
第八步：盘点 形成制度化、标准化，有日报分析	←	第七步：传菜 标示清楚，避免混乱和丢失

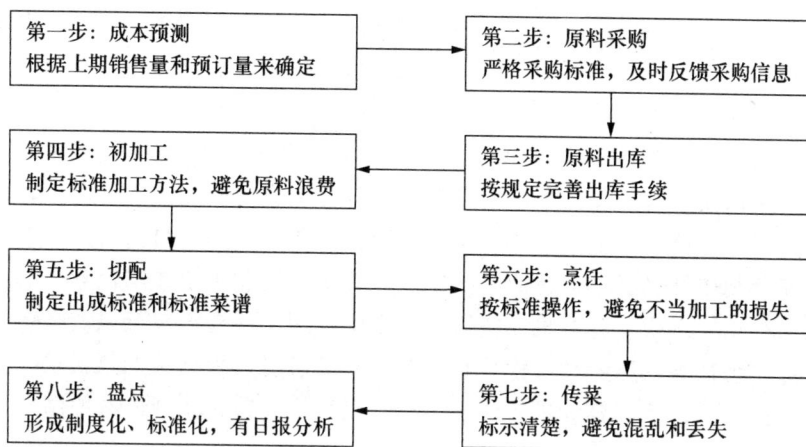

图 5-2 餐饮产品生产成本控制的程序

到餐饮产品生产加工成本控制不仅关系到企业目前利益，而且决定着企业能否长期稳定发展，这种长期发展与管理人员及员工的切身利益息息相关，只有这样，全体员工才能积极主动地按餐饮产品生产加工成本控制的方法进行工作，并根据新情况和新问题及时、创造性地提出改进餐饮产品生产加工成本控制的方法，以便不断地做好成本控制。

（2）实行成本控制责任制。餐饮管理人员可以将毛利率指标落实到整个厨房，厨房再将总目标分解到各个环节。各个环节之间和各环节内部交接班的沟通都要有书面记录，这样才能将责任落实到各个环节和个人。例如，初加工与切配、切配与灶台、灶台与传菜之间的原料成本的传递都应有书面的凭证。

（3）定期盘点。餐饮生产成本控制的难点在于环节上的不完整性，原因之一就是"有头无尾"，厨房即使编制了标准菜谱，每天都有总的销售额，却没有对每种菜肴的销售量和餐饮剩余量的统计。有的餐厅使用收银机，虽然每天可以输出各种菜肴销售量，却不能对餐饮生产的各种原料余量进行统计。为了解决这道难题，就必须加强统计工作，以便为成本控制提供详细的基础资料。

（4）定期核对实物与标准。每天对食品原料进行盘点是为了提供实际数据，将出库量减去盘点剩余量就是实际用量，将实际用量与标准用量进行比较，就能知道食品生产加工成本控制的效果如何。标准用量要根据标准菜谱来计算，即将每道菜肴的用料品种与数量除以该菜肴的销售量，这就是该菜肴的标准用量。标准用量与实际用量的差额就是食品生产加工成本控制的对象。

（5）实行成本控制奖罚制度。为了加强餐饮产品生产加工成本控制，有必要建立成本控制奖惩制度，对成本控制不利的餐饮管理人员和员工，都要根据其责任大小给予一定处罚。同时，对主动找出餐饮产品生产加工成本漏洞，提出改善食品生产加工成本控制措施的部门和个人应给予相应奖励。这样才能激励全体餐饮员工节约加工成本的积极性，不断降低餐饮产品生产的各项成本。

（6）充分利用现代化的技术手段。计算机在餐饮企业的应用日益广泛，由于计算机可以使复杂的体力劳动简单化，而且可以进行高速度的运算，因而对餐饮企业进行统计分析，加强成本控制具有十分重要的作用。目前有许多餐饮企业还没有充分利用计算机来进行成本控制。计算机在餐饮企业成本控制上的潜力还远远没有被挖掘出来。计算机在餐饮企业中的应用体现在不仅可以统计各种菜肴的销售量、统计餐饮原料的出库量和盘存量，而且可以根据标准菜谱的要求迅速计算出标准用量，然后自动进行对比分析，以找出差距，发现成本控制点。

六、餐饮产品销售成本控制

餐饮销售成本是指餐饮销售过程发生的成本，主要是指进行公关促销活动发生的各种费用和现场餐饮服务过程中发生的各种费用，以及对销售收入的控制。销售是餐饮企业生产经营的重要环节，餐饮企业生产的产品只有销售出去，才能实现餐饮经营目标。餐饮经营环节的成本控制是餐饮企业成本控制的重要组成部分，它的控制效果直接影响到餐饮的价格确定与赢利水平的高低。以下从关键环节出发，重点介绍餐饮企业促销成本控制、餐饮现场控制、销售收入控制等。

1. 销售成本控制的含义

餐饮销售是指餐饮企业为适应市场需求获取最大利益而进行的一系列的内部策划、外部销售的活动，也可以说是对市场和每个客人进行的一系列活动的总和，是经营管理活动的重要组成部分。

餐饮销售控制是指根据既定的餐饮企业销售目标和方针而对餐饮企业的销售活动进行督导及销售活动结束后的分析比较与评估，以便及时采取措施，调整企业销售活动，提高企业营销管理的效率。餐饮销售成本控制就是对餐饮销售过程中发生的成本费用的控制。

2. 销售成本控制的内容

由于餐饮销售活动内容较为广泛，每一项销售活动都要发生一些费用，都是一个可能的成本漏洞。因此，餐饮销售成本控制非常重要，但由于销售活动成本控制的难度较大。为了提高控制效果，有必要选择主要的销售活动的成本进行严格控制。销售成本控制主要包括以下几个方面：

（1）促销成本。餐饮促销是餐饮销售的重要内容，几乎所有的餐饮企业都要进行促销活动，而促销活动一般花费的费用也多，如召开新闻发布会，就必须租用场地、邀请新闻工作人员、准备礼品及就餐等。在这个过程中必然存在许多漏洞，加强控制就能节约开支，增加企业效益。在市场经济条件下，餐饮业竞争日趋激烈，餐饮促销活动日益重要。所谓餐饮促销活动，是指餐饮企业为适应市场需求获取最大利益而展开的一系列的根据自己产品特色所进行的内部策划、外部销售的活动。而要开展餐饮公关促销活动，必然要付出一定代价，花费一定成本。如果促销活动的费用过高就会给企业带来巨大的成本压力，企业势必要提高产品的销售价格，否则就要减少赢利收入。如果不进行促销活动或促销活动的投入较少而起不到促销效果，同样对餐饮销售不会产生有效的销售效果。因此，如何在能够取得良好促销效果的同时又减少促销成本，进行餐饮促销成本的有效控制就显得必不可少。

（2）现场服务成本。餐饮产品消费不同于一般产品消费，其突出的特点是现场生产、现场消费。必然要发生一些现场服务费用。例如，服务员的工资、福利以及在服务过程中可能发生的成本，如餐具损坏、服务不周引起客人投诉而导致的赔偿、服务失误而造成菜品烹调不当或记录差错而造成菜品报废等费用。餐饮现场销售是餐饮销售的重要组成部分。如果不进行现场销售成本控制，就会增加劳动力成本，降低服务质量，使餐饮企业或发生其他成本浪费。具体来说，餐饮现场销售成本控制的必要性表现在以下几个方面：

第一，调料准备不充分。待客人需要时，服务人员才到厨房现取，既增加了劳动量又降低了服务质量。

第二，信息沟通不畅，前厅服务人员不能及时准确掌握厨房原料情况。客人点完菜，点菜单下到厨房后才知道所点菜肴不能加工，同样会增加成本，降低服务质量。

第三，服务员违反操作程序。在客人点完菜时没有向客人复述所点菜肴或菜肴上齐后未向客人说明"菜已上齐"之类的话，造成上错菜或客人误以为菜肴还没上齐，导致客人因等待时间过长而反感，这两种情况不仅会增加餐饮企业赔偿损失的成本，而且会增加座位占用时间成本。

第四，服务人员服务不周到，引起客人不满，减少餐饮企业收入。客人点某些鲜活原料，有时需让客人亲自过目并称一下重量，如果服务人员不事先告诉客人这种原料的出成率，当菜肴上桌时，客人可能由于不知道出成率而觉得菜量太少并产生不满。

第五，服务人员不能进行针对性服务，引起客人不满而增加成本。例如，对老客户介绍早已熟知的信息，或给老顾客免费赠送不受欢迎的菜肴，都将引起客人不悦，而且增加服务成本。

（3）销售收入控制。销售收入是餐饮企业经营成果的最终体现，在餐饮企业经营管理过程中，由于餐饮销售过程复杂。收入消失的可能性很大，漏洞较多，控制不严就可能造成营业收入的大量流失，相对来说就是增加了企业经营成本，减少了企业经营利润。因此，销售收入控制也应视为销售成本控制的重要内容。

餐饮销售收入控制就是要通过建立销售收入控制体系，制定科学、有效的控制措施，采取有较强针对性的控制方法，堵塞销售收入漏洞，防止销售收入流失，降低成本增加利润。在实际工作中，营业收入数额可能会记错，收款时可能会出差错，客人账单可能会丢失，有时甚至会发生漏账。因此，任何企业都应制定营业收入控制程序。

餐饮企业管理人员要经常对实际和标准食品成本率进行比较分析。许多管理人员发现食品成本率过高之后，往往会设法降低食品成本，但是如果企业内部存在着严重的跑菜、私自送菜、漏菜及贪污等现象，即使食品成本数额合情合理，由于营业收入数额减少，食品成本率也会变得过高。可见在分析控制体系的效率时，管理人员不仅应分析食品成本数额，也应分析营业收入数额。

建立营业收入控制体系的目的是确保厨房生产的和餐饮企业销售的所有食品都能获得营业收入。销售人员与餐厅服务员及财务人员都能正确记录营业收入数额，以防止员工贪污和顾客逃账造成营业收入的损失。

3. 销售成本控制作用

（1）节约费用，增加利润。随着我国餐饮市场竞争程度的越来越激烈，餐饮企业的销售成本在销售活动中所占的比重越来越大。一般广告费用占销售收入的5%，市场定位及有关费用占餐饮企业投资的比重达到2%，菜单设计与分析等其他销售费用也将占到销售收入的1%以上。由于销售费用支出是从餐饮企业的营业利润中提取的，销售费用增加必会直接减少企业赢利。营业费用的节约就等于营业利润的增加。因此必须加强销售成本的控制。

（2）促进企业长远发展。餐饮促销活动是餐饮企业树立良好企业形象，增强企业竞争能力的重要手段。控制好餐饮促销成本，就可能以同样的投入开展更多的促销活动。扩大促销效果提高企业知名度，吸引更多的餐饮消费者前来消费。这样，既增加了企业的营业收入，为增加企业当前利润奠定基础，又提高了企业的信誉，稳定了客源，从而为企业的长远发展创造了条件。

4. 销售成本控制步骤

（1）明确负责人。餐饮成本控制一般由餐饮企业经理与销售部经理总负责。然后将责任分解到各个部门和岗位。餐饮经理应定期召开餐饮销售成本控制分析会议，或者在主持销售会议时，必须把餐饮成本控制的意识和具体控制目标、方法传达下去，并要求销售人员根据实际情况提出更好的建议。

（2）明确思路。在市场经济条件下，餐饮销售必须确定以市场为中心的销售成本控制思想。这就需要全体销售人员与所有员工利用一切机会了解市场需求。管理人员应将这项工作制度化、程序化，每天例会让员工反映发现的新需求，然后及时汇报，由经理人员将有关信息进行加工处理，整理出有用的信息资料，并及时调整餐饮企业的经营方针、目标、项目和产品。督导食品生产环节不断开发新项目和新产品以满足客人的需求。同时，节约经营成本和费用，增加企业营业收入和利润。

（3）明确开发程序。大多数的餐饮企业，在习惯性的工作程序中一般只重视如何满足现有客人的需求，而忽略了对潜在客人需求的开发。往往在开业前开展大量的销售活动，一旦确定了营业项目和价格就不再重视调整工作，不能根据营业情况的变化及时调整经营项目和内容，等到就餐客人骤减、收入大幅度下降时，才想起采取措施。因此，餐饮企业全体员工都要时时刻刻注意挖掘潜在客人的需求，以较低的促销成本，通过不断提供针对性服务和开发新的服务项目，使客人保持常新的感觉，达到扩大营业收入、增加企业利润的目的。

第三节　餐饮成本控制体系及方法

由于餐饮企业成本控制涉及的部门和环节众多，建立餐饮成本控制体系及成本控制方法就显得非常必要。

一、建立餐饮成本控制体系

餐饮企业应建立成本的分析、监督、检查体系，确保成本控制的有效性。

1. 成本差异的确定和分析

（1）做好日常食品饮料成本核算。餐饮成本控制应以目标成本为基础，对日常管理中发生的各项成本进行计量、检查、监督和指导，使其成本开支在满足业务活动需要的前提下，不超过事先规定的标准或预算。因此，相关部门应每日做好成本报表工作，每10天对毛利率报表进行分析，每月进行食品、饮料成本核算，计算出食品成本率、饮料酒水成本率。

（2）召开成本分析会。餐饮管理人员定期召开成本分析会，是餐饮成本控制的一项重要工作。餐饮部每月召集一次会议，与财务部、餐饮成本控制员、市场部代表一起，召开成本分析会。结合当月的经营收入情况和成本支出，以及与以前月度的成本进行对比分析，对于未达到或明显超出毛利率标准的，要查找、分析原因。

（3）综合分析。每月底对厨房进行盘点，并考虑存货假退料情况，做出月底成本综合分析。

2. 建立重要环节监督检查制度

（1）餐饮收市时，由餐饮负责人到厨房检查工作。做到原料入库，调料入柜，用具归位，垃圾处理，油锅、汤汁、砧板、抹布、炉灶、笼锅、烤箱清洁完毕，水、电、油、气、阀门、门窗等关闭。

（2）原料验收时，检查按标准执行。食品根据质量标准检查；收货根据采购单；货物快速储存；收货的区域有经理检查；直接采购的项目直接被送到厨房；收货员填写了每天收货记录；收货和采购由两个人进行。

（3）不定期到库房检查工作，增收节支。确保原料先进先出，库房干净、整洁、有序。

创造利润最大化是企业的最终目标，在竞争激烈而又微利的餐饮业中，通过创建勤俭节约的良好企业文化，制定合理的控制流程，并建立由专人负责的监督检查体系，就建立起来了餐饮成本控制体系。成本控制的加强必然能促使经济效益的提升，从而为提高整个企业竞争力、创造利润最大化奠定坚实的基础。

二、餐饮成本控制的方法

1. 定期盘点法

定期盘点法是一般的餐厅用来控制成本的最简单的方法，直到现在，一般的中小型咖啡厅、西餐厅仍然是每个月做定期盘点来求得每月的成本，然后再用每月的营业额减去成本而得到利润。大型的西餐厅或大型的餐饮部门现在因为已采用计算机控制成本，所以在作业上非常简单而迅速。在使用计算机清点存货时需了解现有存货数量及售出的种类与数量，只要使用计算机就能在短短的数分钟内将盘点完成，从而达到成本控制的目的。定期盘点法的优缺点如下：

（1）优点。①计算简单，不需耗费很多劳力。②计算快，只要求出各项总额就可以了解盈亏，不用分析内容。③给餐厅人员灌输成本观念。使餐厅外场的服务人员与厨房的人员增加对成本的重视，进而达成餐厅降低成本、提高利润的目的。④清理未使用的材料，勿使其在冷藏库中存放过久而变质，以便减少材料的损失。⑤了解实际库存的材料的种类及数量，供采购人员参考。⑥保持冷藏库的卫生，盘点时将所有的材料搬出库外过磅点数，同时清洗冷藏库，保持良好的卫生。

（2）缺点。①一般餐厅所销售的餐饮种类很多，各种成本不一，计算损益时，只能知道一个月的盈亏总数，若成本过高亏损时，无法查核其原因，不能进一步了解各项销售的盈亏情形。②餐厅成本构成要素有原料、人工、费用、消耗用品、设备折旧等各项，只了解原料成本，无法做经营检查的资料。③一个月做一次盘点，时间隔得太久，发现有问题就已过了一个多月了。定期盘点法，一个月做一次或最多做两次。虽然定期盘点材料的方法较简单，还有许多缺点，但目前仍为一般餐饮成本的基本计算方法。而且任何方式的餐饮成本控制方法，都要引用本法，才能求得正确的成本。

2. 主要材料使用法

这个方法是在厨房所使用的原料中，选出 20 种主要的材料，通常以 1 个月为期，先计算每期各项主要材料使用的总额，然后求出各项主要材料占总销售额的比率，以每个月的同样材料使用比率的高低做比较，来控制餐饮成本。计算正确的餐饮成本，至少需要有销售分析与材料分析两项，但这两项分析工作，要耗费很多的时间。主要材料使用方法，是不用销售分析，只求出各项主要材料与销售总额的比率，就可以把计算销售分析及材料分析的时间转移到现场的管理，使其营运迅速合理化。

此法适用于销售自助餐的餐厅以及公司、工厂、医院的餐厅，因其销售的餐饮种类不多，菜单也固定，烹调方法简单少变化。采用这种方法一定要先把主要材料的内容明确地固定下来，如牛肉、猪肉、幼牛肉、羊肉、家禽、鱼肉、蔬菜、生菜食品、水果、牛乳、乳酪、蛋、干酪、牛油、油酥、咖啡、茶叶、可可、调味品、面包、冰淇淋等。

以上材料的分类法，视各餐厅营业性质及规模的大小，做适当的处理。最主要的是必须区分清楚，并且固定种类，才能得到正确数字。

3. 标准餐饮成本管理法

标准餐饮成本管理法是将餐饮成品的原料依经营的方针来分析，预定理想成本率，由采购开始至销售等作业过程，其管理朝着理想成本率进行，以达成赢利为目的的管理方法。

过去一般的餐饮成本计算法，虽然可计算出餐饮成本，但都是事后的计算，若成本高时，其原因无法很确实地找出来，这是其缺点。为了弥补这种缺点，餐饮的作业过程，每样必须做分析，从采购、验收、储存、发放、厨房的预备材料、烹调、服务等，先预定其目标，使其标准化，作业情形合理，提高效率。另外，求出标准作业时的理想成本价与实际成本价，用两者做比较来管理成本。这种成本管理法，就是标准餐饮成本管理法的基本构想。所谓实际成本价，即依据定期盘点材料法所计算出来的成本价。

标准化的具体内容有标准品规格与采购、标准分割、标准烹调、标准分量，至于其详细内容在此从略。

案例

涨价潮下，如何应对餐饮成本增长压力？

"现在到酒楼吃饭结账的时候都不敢看菜单，价格涨得厉害。"刚从闽江路餐饮街用完餐的乔先生对记者说。记者了解到，进入 2008 年以来，青岛的餐饮价格纷纷上涨，尤其以肉菜类的菜品突出，价格上涨幅度在 2%～4%。据悉，餐饮价格上涨是因为原材料价格波动频繁，餐饮企业在巨大的成本压力下的无奈之举。虽然猪肉的价格略有下调，但是其他的基础原料价格仍然居高不下，特别是在食用油方面，有货无价、有价无货的情况时有发生。通过有效的管理方法控制成本，平抑物价，是奥运年青岛餐饮业面临的新问题。

据了解，由于 2007 年原材料大幅上涨，物价起伏频繁，导致青岛餐饮业成本大幅增加。一时间餐饮的价格波动频繁。记者从闽江路、云霄路餐饮街的部分餐饮企业了解到，与往年相比，肉菜类的消费量明显降低，高峰期的客流量也略有下降，特别是散客的数量降低比较突出。在与民生息息相关的快餐方面，部分企业已经难以承受巨大的成本压力，涨价已经势在必行。据悉，餐饮企业都是被迫涨价，而涨价的直接后果就是客流量的减少。一方面是迫于成本的压力被迫提高价格；另一方面涨价带来的客流量的流失让许多餐饮企业处于尴尬的境地。这种涨价、失客的矛盾正在青岛的餐饮圈内明显显现出来。

案例思考题：

针对此案例，谈谈面对通货膨胀，餐饮企业如何应对成本上升带来的压力？

厨房浪费几时休？

对于目前在中餐厨房中普遍存在的浪费现象，尚未引起人们足够的重视，更谈不上对厨房浪费问题展开深入的研究。一般提到厨房都是从加强管理和加强成本核算方面做文章和制定措施，如果对厨房现存的浪费现象分析得不够细致，列举得不够充分，很难引起管理人员以及从业者们的高度重视，长此下去，对于实际浪费现象就会"见怪不怪"，甚至习以为常。而杜绝浪费若不能具体落实到每一个从业人员的工作过程中，菜肴的成本价格优势便体现不出来。

总的来说，餐饮厨房中所存在的浪费现象主要体现在以下三个方面：

一、传统的加工方式造成的浪费

餐饮厨房在传统加工方式方面造成的浪费是很大的。这种浪费有一些是暂时无法避免的，只能从采取更合理的加工方式入手，最大限度地减少浪费。而且这类浪费随时发生，有时又受从业人员的情绪所左右，规定和制度对此无可奈何，因而也就"见怪不怪"了。但如果这方面的浪费不减少、不杜绝，餐厅的管理谈何科学与规范呢？

传统的加工方式所造成的浪费表现在很多方面：因没有净菜供应而造成厨房的用水过多；烹调菜肴时食用油使用过多；加工特色菜投入过多，造成燃料、水、电等成本浪费；学徒工加工菜肴不成功造成的浪费；炉台调料、汤料因保管不善变质或剩余浆、糊、粉、芡料的浪费；反复炸过的食用油，腌渍主料的调味料弃料，不够单独加工一份菜肴使用的剩余蛋液，熬油后的油渣，鸡、肉泥剩料，也多数都被倒掉等。传统加工方式的浪费有些是不可避免的，但有些是能减少或杜绝的，作为工作人员不能轻视这类浪费现象，应该设法改进加工方法。

二、责任性浪费

责任性浪费是指管理不严或者责任心不强而造成的浪费，此类浪费现象几乎随时随处可见。例如，厨房自来水的跑、冒、滴、漏或用后不关；电器设备的空转；空火炉灶不及时关、压火；照明灯具长明不关；排风、排烟设备空转；原料加工无计划或一次性加工过多而造成浪费，或因未经及时加工处理而造成霉变、混杂、污染等，最后只能做垃圾处理；对厨房炊具、炉具、机冷藏、加工、消毒电器等使用不当造成损坏报废等。

以上现象都是责任性浪费的种种表现，属于无谓的浪费。责任性浪费说明厨房管理水平不高，需要管理者认真加以研究。

三、观念性浪费

观念性浪费主要是指顾客因比阔气、讲体面、重面子造成的浪费，由于菜肴的加工方法和风味特点等原因，无论是散座还是宴席上，餐桌上吃不完的饭、菜、汤、水果及点心比比皆是。几乎看不到一家餐厅有一桌完全空净的盘、盆、碗、碟。顾客们明知吃不完也要点，而对一些原封不动的菜肴点心，服务人员在收台时也未能做到及时回收进行再利用，满桌的鸡鸭鱼肉甚至是更高档的菜肴便统统被倒进泔水缸中去了。"谁知盘中餐，粒粒皆辛苦"，古人的教诲在现代人的观念中已经成为一句遥远而苍白的感慨。

俗话说："节约犹如针挑土，浪费如同浪淘沙。"为了生产和生活需要而消耗物质财富称为消费，而对人力、财物、时间等使用不当或没有节制称为浪费。在这两个完全不同的概念中，前者需要刺激，而后者则是可耻的，希望能唤起餐饮管理者与广大从业人员的重视，莫使大浪再淘沙。

资料来源：职业餐饮网，http：//www.canyin168.com/glyy/cbkz/201105/31230.html.

案例思考题：

针对以上案例提到的厨房的浪费问题，请为中餐厨房制定成本管理方案。

本章复习思考题

1. 简述餐饮成本的含义。

2. 试述餐饮成本类型及特点。

3. 餐饮产品成本控制的工具有几种？请详细说明。

4. 什么是餐饮产品成本控制？其目的是什么？

5. 餐饮成本控制包括哪些工作步骤？请设计出成本控制流程图。

6. 怎样进行餐饮人工成本控制？

7. 阐释餐饮成本控制的具体方法。

8. 如何建立餐饮成本控制体系？

9. 某厨房领黄瓜 20 千克，进价 2.5 元/千克，加工后得瓜条 18.2 千克，求黄瓜单位成本和净料率。

10. 厨房进甲鱼 15.8 千克，进价为 280 元/千克，烹制甲鱼汤。已知配料成本 8.56 元，调料成本 4.83 元。加工后得甲鱼汤 50 份，甲鱼取出制作其他产品，重 9.6 千克。甲鱼汤和甲鱼价值比分别为 42.6% 和 50.4%，试核算甲鱼汤和甲鱼的单位成本。

第六章　餐饮营销管理

☞ 本章内容简介

餐饮营销是餐饮经营者为使顾客满意，并实现餐饮目标而开展的一系列有计划、有组织的活动。本章阐释了餐饮营销的概念、餐饮营销管理的任务以及餐饮营销的策略；介绍了餐饮企业营销中餐饮主题活动和宴会营销管理两大重要内容；通过餐饮品牌的定位研究，制定出餐饮企业品牌营销战略以及具体实施策略。

☞ 本章学习目标

通过本章的学习，学生须树立正确的餐饮营销观念，明确企业在不同经营状况下的营销管理的任务，能灵活运用各种餐饮营销策略。能为企业策划餐饮主题活动，开辟营销渠道。理解餐饮品牌的概念及特性，并能为企业制定品牌营销战略及对策。

关于营销，美国市场营销协会下的定义是，创造、沟通与传送价值给顾客，及经营顾客关系以便让组织与其利益关系人（Stakeholder）受益的一种组织功能与程序。菲利普·科特勒（Philip Kotler）下的定义强调了营销的价值导向：营销是个人和集体通过创造产品和价值，并同别人进行交换，以获得其所需之物的一种社会和管理过程。克里斯琴·格罗路斯（Chrisian Cronroos）给的定义强调了营销的目的：营销是在一种利益之上下，通过相互交换和承诺，建立、维持、巩固与消费者及其他参与者的关系，实现各方的目的。以现今餐饮业竞争形势而言，只有好的产品已不能满足顾客的需求，营销在经营管理上更是制胜的关键，有好的营销包装才能创造惊人的销售量和利润。

第一节　餐饮营销概述

餐饮营销是餐饮经营者为使顾客满意，并实现餐饮目标而开展的一系列有计划、有组织的活动。

一、餐饮营销观念的演变

观念引发行动，也指导行动。可以说，有什么样的观念，就会有什么样的行动。对于餐饮营销活动来说，其具体的行动方案、步骤如何，取决于其经营者的营销观念如何。不仅如此，而且餐饮营销的效果也是由营销观念决定的。因此，提高餐饮人员营销素质的第一步，就是确立科学的、现代化的餐饮营销观念。

餐饮营销观念的演变，大致经历了下述六个阶段：生产导向、产品导向、推销导向、营销导向、客户导向和社会营销导向。决定这一演变过程的主要因素有技术进步、生产效率提高、竞争加剧、市场需求增加、管理现代化以及社会价值观念变化等。

1. 生产导向阶段

在生产导向阶段，餐厅能提供什么就销售什么。这是一种最古老的市场营销观念。餐饮业发展初期，产品与服务供不应求在许多地方是一种普遍现象。因此，餐饮设施简陋，服务项目稀少，即使设施简单，餐食一般，顾客也很心满意足。于是，开餐饮的店家常常是"坐在那里就有得钱赚"，他们无须花力气去改善设施，增加服务项目，提高餐饮质量。常常是店方提供什么，客人就吃什么、喝什么。因此，这一时期的餐饮供应品种非常单调，服务项目单一。对企业而言，生产的餐饮产品没有销售的障碍，它们只关心是否能大量生产出产品，而不用关心顾客是否需要。我国在 20 世纪 70 年代末 80 年代初，许多地方都出现过餐厅紧缺的现象。因此，餐饮经营者几乎从来都不需要为客源发愁，严重的供不应求造成纯粹的卖方市场，也造成了餐饮经营中普遍存在的生产导向概念。

2. 产品导向阶段

产品导向观念主要认为，顾客喜欢良好的设施和优质的服务，因此餐饮工作的核心是提供良好的设施和优质的服务。

随着社会生产规模的扩大，餐饮产品的供给数量增加，供求关系得到一定程度的缓和，消费者对餐饮产品的选择要求逐渐增强。他们不再仅追求数量的满足，而开始以质量和价格作为选择产品的基础。在这一背景下，企业的经营理念也随之发生变化，产生了产品导向观念。持这种市场营销观念的经营者，会致力于为顾客提供所谓物美价廉的餐饮产品，如注重菜品、服务、设施、环境等方面的改进和提高等。但由于他们没有意识到消费者的需求正在发生着变化，没有去关心消费者的需求和愿望，所以很容易导致"营销近视症"的弊端，即餐饮企业迷恋自己的产品，却看不到市场消费需求的变化；只注重菜品、服务、设施、环境等方面的改进和提高，忽视对需求的研究，缺乏销售推广。事实上，实践很快就证明了，并非物美价廉的产品都是畅销品。

"酒香不怕巷子深"便是产品导向观念的集中表现。实际上顾客的需求不仅千差万别，而且是不断变化的。因此，餐饮的设施与服务再好，若不考虑顾客的需求，便是无的放矢。

3. 推销导向阶段

推销导向观念认为，餐饮企业一方面要增加设施、创新菜品、改进服务；另一方面还需加强推销。

推销导向的出现一是由于技术进步、设施改善；二是由于餐馆增加，竞争加剧。这时供不应求的局面已不复存在。餐饮业出现供大于求的局面迫使餐饮经营者把经营重点从生产转向销售。这一阶段，虽然经营者们已经认识到，产品的销售有困难，必须在经营中予以重视。但是，餐饮产品出现销售困难的原因，却被认为是因为有太多竞争者的存在，还没有意识到真正的原因来自顾客需求的变化。因此，餐饮企业的一切营销活动，包括打折、赠送或其他促销活动，都只是把产品推销出去了事，而对产品是否满足顾客需求漠不关心，甚至采取不正当的手段侵害消费者利益。所以，推销导向观念的弊端，是没有把顾客需求放在第一位，推销工作只是从自身利益出发，难以形成长期竞争优势和知名品牌。

4. 营销导向阶段

营销导向观念认为，满足客人需求和欲望是餐饮企业必须优先考虑的事。实现餐饮企业各项目标的关键在于正确分析目标市场的需求及欲望，并且比竞争对手更有效地传递目标市场所期望的产品或服务，进而比竞争者更有效地满足目标市场的需求与欲望。

由于竞争进一步激烈，技术进一步提高，导致餐厅供过于求。越来越多的餐厅要求经营者必须掌握现代管理知识，提高管理水平。人们开始认识到，单纯的推销并不能保证顾客满意。相反，由于供过于求，竞争者各显神通，客人面临越来越多的选择，他们常常可以从容不迫地挑选最能满足自己需求的餐饮产品。在这种情况下，把满足客人需求作为餐厅最优先考虑的事便顺理成章了。在营销导向阶段，餐饮的经营者总是十分注意市场，即客人的需求，注意这种需求的变化，注意将客人变化了的需求反馈给餐厅服务人员，敦促并帮助他们调整产品，改进服务。

5. 客户（顾客）导向阶段

所谓客户导向观念，是指餐饮企业注重收集每一个客户以往的交易信息、人口统计信息、心理活动信息、媒体习惯信息等，确定客户餐饮产品价值取向，分别为每一位客户提供各自不同的产品或服务，传播不同信息，通过提高客户忠诚度，增加每一位客户的购买量，从而确保企业利润增长。

顾客导向观念在餐饮企业经营中表现为以下内容：满足顾客需求是餐饮企业一切工作的核心；企业不是考虑什么可供销售，而是考虑顾客需求。"顾客第一"是这一观念的直接体现。顾客导向观念在一些企业已得到了充分的理解，他们的理念性口号已不再是"顾客第一"这种抽象表述，而演义为更有实际指导意义的语句。例如，拉萨的西藏朝天骄餐饮有限公司餐厅在进门处郑重地宣称："餐饮是良心与道德之事业。"这是对顾客导向观念的现实性诠注。

推销观念、市场营销观念及客户观念的区别见表6-1。

表6-1　推销观念、市场营销观念与客户观念的区别

	起点	焦点	手段	目标
推销观念	餐饮企业	产品	推销和促销	提高销售量，实现利润增长
市场营销观念	目标市场	客户需要	整合营销	提高客户满意，实现利润增长
客户观念	单个客户	客户需要和客户价值	一对一营销和价值链	提升客户占有率、客户忠诚度和客户终身价值，实现利润增长

6. 社会营销导向阶段

社会营销导向观念认为，置身于社会整体中的餐饮企业和别的任何企业一样，不能孤立地追求单一的利益，而必须使自己的行为符合整个社会与经济发展的需要，力求在创造餐饮经济效益的同时，能为整个社会的发展做出贡献，创造出社会效益。社会营销导向观念是在20世纪70年代出现的。人口的无计划生

育，资源过分利用，生态环境恶化，使人们越来越清楚地认识到环境与资源保护的重要性。社会营销导向主要是在这种背景下提出的。一些国际连锁饭店在这方面已经开始做出值得赞赏的努力。例如，为了节约纸张而减少森林砍伐，它们提供的卫生纸是用再生纸做的，办公室的一些非正式文件使用电传纸的反面；在客房里放置小册子，宣传保护环境与资源的日常方法，组织员工参加植树活动；等等。餐饮企业发起的不销售野生动物的联合签名行动、积极参与绿色餐饮企业认证、推行 ISO14001 的行为，都是这一营销观念的具体体现。

企业经营观念各阶段的经营方式对照表见表 6 - 2。

表 6 - 2　企业经营观念各阶段的经营方式对照表

经营观念 ＼ 经营方式	经营背景	经营着眼点	基本策略	基本方法	企业机构设置
生产观念	产品明显供不应求	以产定销，"我能生产什么"	提高劳动生产率	等客上门	销售 财务 生产 采购 人事
产品观念	产品供不应求	同上	精心制作产品	同上	销售 财务 生产 采购 人事
推销观念	供不应求状况得到一定缓解	"生产的产品如何销出去"	运用各种推销术，改进推销队伍	重视销售渠道选择，运用广告宣传	销售 人事 财务 生产 采购
营销观念	产品供过于求	以需定产，"能为市场生产什么"	满足顾客需要，吸引顾客	加强市场调研，综合运用营销策略	生产 人事 采购 营销需求 财务
社会营销观念	环境污染资源短缺	"企业必须承担社会责任"	参与社会生活方式设计，注重创造市场需求	发展一整套大营销方案	生产 人事 采购 营销 市场需求和社会利益 财务

资料来源：http：//jpkc. zjiet. edu. cn/sheng/2008/scyxych/kc/dzjc_ 08. asp.

餐饮经营者持有什么样的市场营销观念对餐饮经营来说至关重要，它制约着餐饮营销和经营活动的方向、方式和结果。了解餐饮营销观念的演化，餐饮经营者能对自己的市场营销观念进行检讨，发现和摒弃自己头脑中旧的市场营销观念，建立起适应当代餐饮经营的顾客导向和社会营销导向观念，正确处理餐饮企业与餐饮消费者以及餐饮企业和社会利益之间的关系，使餐饮市场营销走上健康发展的轨道。

二、餐饮营销管理的任务

美国著名的营销学家菲利普·科特勒（Philip Kotler）认为营销管理是通过分析、计划、实施和控制来谋求创造，建立及保持营销者与目标顾客之间互利的交换以达到营销者的目标。餐饮营销管理的实质就是餐饮产品的需求管理。现代餐饮营销管理的任务主要包括扭转性营销、刺激性营销、开发性营销、恢复性营销、同步性营销、维护性营销和限制性营销等（见图 6 - 1）。

市场需求	营销任务	营销策略
Negative Demand 负需求	Disabuse Demand 扭转需求	Conversional Marketing 扭转性营销
No Demand 没有需求	Create Demand 激发需求	Stimulating Marketing 刺激性营销
Latent Demand 潜在需求	Develop Demand 开发需求	Developmental Market 开发性营销
Faltering Demand 需求衰退	Revitalize Demand 恢复需求	Restorative Marketing 恢复性营销
Irregular Demand 不规则需求	Synchronies Demand 调节需求	Synchrony Market 同步性营销
Full Demand 饱和需求	Maintain Demand 维持需求	Maintenance Market 维护性营销
Overfull Demand 过剩需求	Reduce Demand 限制需求	Demarketing 限制性营销

图 6 - 1 餐饮营销任务

资料来源：陈云川. 餐饮市场营销［M］. 北京：高等教育出版社，2003 年.

1. 扭转性营销

当大部分顾客讨厌或不需要某种餐饮产品或服务，甚至愿意出钱回避它们，这种现象对于餐饮企业来讲就是一种负需求。这时，餐饮营销管理的任务就是扭转性营销。餐饮企业应通过调研，找出问题所在，采取针对性的措施，扭转这一局势。例如，20 世纪 90 年代中期，某些正宗川菜馆在各地的营业额逐渐下滑，经营有萧条迹象。于是，成都和重庆的品牌川菜馆打出了"开发新品川菜，重振川菜雄风"的口号。经过两三年的努力，企业通过菜品创新、服务创新、风格创新等措施，各家川菜馆的生意又渐趋红火，企业上座率和利润逐渐攀升。

2. 刺激性营销

刺激性营销也称激活营销，是在市场需求不稳定或缺乏需求的情况下实施的一种市场营销活动。刺激性营销实际上是将无需求转化为肯定需求的活动。当某地餐饮市场大部分顾客不了解某种餐饮产品和服务，对其毫无兴趣或漠不关心，称为无需求。这时，餐饮企业采取营销措施，扭转这种现状，即刺激性营销。例如，某地区一家西餐厅开业，由于人们不理解也不喜欢吃西餐，所以营业之初，经营情况很不理想。为此企业制定了新的营销任务，那就是刺激性营销。首先，企业把讲究餐厅环境的年轻白领作为目标顾客，开发他们喜爱的鸡尾酒和菜肴，制定符合当地消费水平的价格，经过宣传和促销后，营业额不断提高。

3. 开发性营销

开发性营销是指面对现实中没有适当的产品和服务能够满足消费需求时，企业所采取的营销对策。针对潜在需求，企业要想出奇制胜，就要进行"开发性营销"，即估计潜在市场的大小，并尽快开发能满足该项需求的有效产品和服务。对于餐饮企业来说，当顾客对某种餐饮产品或服务有强烈需求，而现有餐饮企业又无法满足顾客的现象称为潜伏需求。这时，餐饮企业及时开发出顾客需要的菜肴、酒水、服务及用餐环境等称为开发性营销。例如，近几年，随着我国与世界各国经济贸易的合作与发展，咖啡厅、西餐厅在各大城市如雨后春笋般地涌现。同时，餐饮企业在用餐环境、餐具、摆台和服务等方面都有许多创新。

4. 恢复性营销

恢复性营销又称再生性营销、提升营销，是指面对产品或服务处在"需求下降"的通道中，企业所采取的营销对策。企业应通过自身营销策略的调整为产品重新定位，挖掘其内在价值，再创市场销售新高潮，以延续其产品或服务的市场生命周期。当餐饮市场大部分顾客对某种菜肴、酒水或服务的兴趣衰退时，称为下降需求。餐饮企业采取措施，将衰退的需求重新唤起，称为恢复性营销。

例如，某餐厅每年都推出圣诞晚宴，由于年年如此，顾客的兴趣逐渐衰减，营业额大幅滑坡，后来餐厅成立了研发部门，重新对圣诞晚宴进行定位，推出顾客喜欢的菜品和服务，并在当地报刊上进行宣传，餐厅的圣诞晚宴又将顾客的激情重新点燃，餐厅的整体利润也因此提升。因此，恢复性营销的任务是设法将正在走下坡路的产品导入新的市场生命周期，研究新的营销策略和方案将处于下降需求中的产品和服务推向新的潜在市场。

5. 协调性营销

协调性营销也称为同步性营销，是指面对由于季节、时点等变化造成的某些产品或服务需求波动时企业的营销对策。

某些餐饮产品或服务存在着明显的季节性和时间性等特点，市场需求因此也具有较强的波动性，这种现象称为不规则需求。餐饮企业通过各种措施，调节需求和供给之间的矛盾，使二者协调的经营称为协调性营销。

因此，协调性营销的任务是通过运用灵活的价格策略、推销方法和各种刺激手段，来引导和改变消费者的需求习惯和方式，达到减少需求大幅度波动的目的。

6. 维护性营销

当餐饮产品和服务的需求达到饱和时，称为充分需求。这是企业最理想的一种需求状况。但这时，消费者的偏好会不断变化，企业的竞争也会更加激烈。餐饮企业保持合理的售价，严格控制成本，稳定产品销售量的措施，称为维护性营销。例如，近年来，上海的餐厅已经达到饱和，一方面企业做好更新产品的准备；另一方面采取措施，稳定销售，包括努力保持菜品质量、经常测定消费者的满意程度、制定有竞争力的价格、加强环境和服务的管理等，千方百计维持目前的需求水平。

7. 限制性营销

当餐饮产品或服务的市场需求超过了企业所能供给或愿意供给的水平的现象称为过量需求。这时，餐饮企业营销的任务是限制性营销，即降低市场营销。主要的方法有提高产品的价格、合理分销产品、减少服务项目、减少促销等。例如，某地区一个著名快餐厅刚上市，每天餐厅的顾客就超过了接待能力，这样企业可以采取提高利润的方法以暂时限制该产品的销售量，同时，积极筹备第二个餐厅以扩大销售。

三、餐饮营销策略

市场营销策略是在市场供给和需求之间实现产品和劳务交换所采取的各种措施和手段。它涉及市场供给和市场需求两方面，体现在餐饮业务经营活动的全过程。其基本策略包括以下四个方面：

1. 产品策略

产品策略是餐饮管理市场营销的基础，是市场供给的本质表现。餐饮产品策略除产品本身以外，还应包括提供产品的环境和条件。

餐饮管理要正确运用产品策略，关键是要抓住以下五个环节：

（1）根据市场需求和企业技术力量，选好经营风味，安排花色品种，形成产品组合，并随时根据客人需求变化做好必要的调整。

（2）要保证食品原材料供应，做好生产过程的组织，确保产品色、香、味、形并重，坚持以产品特色取胜。

（3）要加强厨房和餐厅的联系，提供优良就餐环境，扩大产品销售。实现餐饮产品的交换价值。

（4）要做好餐厅服务过程的组织，切实提高服务质量，树立餐厅形象，提高企业声誉。

（5）要根据市场需求变化和企业设施条件，采用灵活多样的销售方式，将餐厅销售和食品展销、文化娱乐、宴会推销、会议推销、饭店宾馆客房送餐、大中型餐饮推销活动等结合起来，使企业餐饮产品市场交易方式和交易活动多样化。

2. 价格策略

价格是联结市场供给和市场需求的纽带和桥梁，是影响餐饮市场营销的重要方面。在餐饮市场营销活动中，价格属于运动参数，它的变化既影响供给，又影响需求。

餐饮管理要正确运用价格策略，不仅是运用毛利标准简单地制定价格，其关键是根据市场供求关系的变化而变化。灵活掌握价格，以刺激需求，扩大销售。因此，价格策略的运用，重点要区别不同情况，根据供求关系的变化，采用不同的策略。主要包括以下几种：

（1）差别价格策略。即根据不同风味、不同档次产品的供求关系，可采用不同毛利率标准，形成价格差别，适应不同消费者需要。

（2）最优利润策略。即在市场竞争条件下，分析边际收入和边际成本的变化，以边际收入和边际成本相等时的价格作为定价或调价的标准。这时，餐饮产品的利润达到最大化。

（3）市场占领策略。以餐饮风味和产品占领新的市场或扩大市场占有率为目标，努力降低成本，使自己的产品在周围同类产品中以最优惠的价格吸引客人，冲击竞争者。

（4）撇油价格策略。如果估计自己的产品投入市场，会受到就餐客人的广泛欢迎，就趁价格弹性较小时，制定高价，创造出自己产品的名贵形象，获得丰厚利润。当市场需求下降时，降价也有较大的余地。

（5）稳定价格策略。为保证客源，适应竞争需要，保持价格的相对稳定，有节制地选择部分产品调价，升降结合，防止价格过高导致需求下降。

（6）折扣让价策略。将餐饮产品价格和市场推销结合起来，对老主顾、老客户、老关系，可采用交易折扣、数量折扣、同行业折扣、现金折扣等手段以稳定和扩大市场销售份额。同时，根据季节变化，采用季节折扣调节供求关系。

（7）声望价格策略。企业档次高，声誉高，对主要追求享受的客人，采用声望价格策略，如高档宴会或名酒销售尽力提高价格，确保产品质量和服务质量，满足客人享受需要。

（8）竞争定价策略。以周围同类企业的产品定价为主要参考指标，使自己的价格水平略低于同行竞争者，形成竞争优势。在餐饮市场供给和需求关系中，运动参数价格的变化和转移参数的变化是密不可分的。运用上述价格策略，要随时分析转移参数的变化可能对价格变化的影响，并据此制定和调整企业产品的价格。针对不同情况，分别采用不同的价格策略，促进餐饮市场营销活动的顺利开展。

3. 促销策略

促销策略是指采用不同的促销手段去宣传企业产品，广泛组织客源，扩大产品销售。它是餐饮产品从经营者手中转化为就餐客人实际消费的重要条件。没有促销措施，坐店等客是无法适应市场竞争的客观要求的。

在餐饮管理中，正确运用促销策略，其重点是做好以下四个方面的工作：

（1）建立销售机构，配备推销人员。

（2）根据企业营销计划，将餐饮销售目标落实到有关部门和人员，使他们明确责任和任务，保证餐厅上座率、接待人数、人均消费、营业收入等计划目标的实现。

（3）要根据市场竞争需要，采用灵活多样的推销措施，主要包括餐厅销售推广、预订推销、订座销售、电话联系、外出推销、形象广告推销、公共关系等。

（4）要控制销售成本，降低费用消耗，主要是交际费用、广告费用、公关费用等。这部分费用是不可缺少的。但应有计划、有安排，防止盲目请客吃饭。要定期考核费用消耗情况，以降低费用开支，提高推销效果。

4. 销售渠道策略

销售渠道是指在市场营销中要通过哪些方式、哪些途径向哪些类型的客人推销，它和促销策略是一个问题的两个方面，也是影响餐饮市场营销的重要条件。餐饮管理要正确运用销售渠道策略，重点是抓住以下三个环节：

（1）选好主要目标市场。除饭店、宾馆餐饮管理以店客为主外，其他目标市场可根据企业自身条件，分别选择旅游客人、商业客人、公司团体、企事业单位和零散客人等。

（2）选择主要客户，包括旅行社、外交机构、当地社团、企事业单位等。

（3）针对不同客户，运用不同推销策略，加强同客户联系，争取他们前来用餐，成为回头客。

第二节　餐饮主题活动策划与宴会营销管理

现代餐饮行业竞争激烈，餐饮企业往往会不失时机地采用不同的营销或宣传手段来提升企业的知名度、美誉度，吸引顾客和稳定市场。国内越来越多的餐饮企业开始向国际知名餐饮企业学习，通过开展主题餐饮活动来带动营业额的增加，同时，提升餐饮企业在顾客心目中的形象。餐饮企业往往会根据企业面临的环境和市场需求有计划地策划各种休闲、时尚、有文化内涵的餐饮主题活动。

宴会接待是餐饮企业服务与管理水平的集中体现，最能展示餐饮企业的特色和优势。宴会营销在巩固新老顾客方面有重要的意义，同时，宴会也是大中型餐饮企业营业收入和利润的重要来源，因此，做好宴会营销就显得格外重要。

一、餐饮主题活动的策划

餐饮经营离不开策划，更离不开文化的支撑。餐饮活动的策划实质就是追求特色鲜明的主题餐饮活动。餐饮企业在进行各种餐饮活动的策划时，要仔细分析与餐饮活动有关的各种因素，如客源市场的需求、消费导向、时令季节、当地的人文风貌等，再将这些因素经过筛选和综合，选定一个或多个主题作为餐饮活动的中心内容，以此作为餐饮企业吸引顾客的标志，引起公众的关注，调动公众的兴趣，从而让公众产生饮食欲望。只有不断创新主题特色，增加餐饮主题活动的吸引力，才能在餐饮经营中树立属于自己的品牌特色，获得最佳的经济效益。

1. 进行主题活动的时机

无论做什么事情，抓住了时机就等于抓住了成功的机会。对于餐饮业来说，进行餐饮主题活动的时机选择至关重要，只有在正确的时间做出正确的决策，餐饮主题活动才能取得一定的成效，否则只会白白浪费成本。那么餐饮主题活动的时机究竟该怎样选择呢？

第一，节假日就是进行主题活动非常不错的时机。节日本身就有一定的文化内涵，餐饮活动可以根据节日的文化内涵提炼出一个或多个特色鲜明的主题，如春节团圆饭、情人节美食等，并根据主题进行菜品的设计、餐饮环境的布置等。

第二，国家、地方等相关政策的出台，促使餐饮业进行一系列的主题活动。例如，辽宁省为贯彻落实国务院关于搞活流通、扩大消费的政策措施，按照全省商业工作会议的总体部署，更好地发挥餐饮服务业服务民生、扩大消费和促进经济发展的重要作用，决定 2009 年 4～11 月，在全省餐饮服务业继续开展"情系百姓服务民生，繁荣餐饮服务市场"主题系列活动。这一政策的下达，促进了美食节联展促销、"早餐工程"建设、创建"餐饮特色美食街"等餐饮主题活动的举办。

第三，将客源市场进行细分，根据不同的细分市场的诉求打造适合他们的餐饮主题活动。例如，沈阳某餐饮企业就将学生定为目标市场，联合几个学校共同为学生专门打造了"餐饮文化周"主题教育活动，借此让学生养成良好的饮食习惯，在实践中体验和感悟节约粮食、健康饮食、文明就餐的意义。

第四，借助餐饮企业所在地的风土人情、民族习俗等开展一系列的餐饮主题活动。

第五，借助名人、事件等来开展餐饮主题活动。香格里拉北京嘉里中心大酒店积极参与 2010 年 3 月 27 日"地球一小时"活动，通过主题餐饮和派对号召大家以实际行动关爱地球。

第六，与其他行业联合，共同打造餐饮主题活动。例如，餐饮企业可以同旅游企业联手，打造同一主题的吃玩一体化活动。"2009 海南旅游美食文化节"就是以"弘扬美食文化、扩大消费需求、促进行业发展"为主题，集饮食、休闲、商贸、文化、旅游于一体，借此弘扬海南美食文化，培育和打造海南特色品牌餐饮，进一步开拓餐饮消费市场，扩大消费需求，搭建行业交流平台，推动餐饮酒店业的快速健康发展，增强餐饮业对经济的拉动作用的强强联手活动。

第七，利用餐饮企业创建纪念日、开门红、王牌厨师、引进新菜系等企业自身的一些特殊时刻或人物事件等，开展餐饮主题活动。

第八，根据时间的横向及纵向跨度，将时间进行分割，再根据每个时间段的特色打造餐饮主题活动。例如，2009 年北京千家餐饮企业推出"主题美食月"活动，3 月活动主题为"京城特色风味美食节"，主要是全国各地在京特色风味餐馆参加；4 月是"国际食尚风情节"，活动围绕全球各国在京风味美食展开；5 月是"农家风味美食节"，重点推出京郊农家饭；6 月是"冰凉夏日畅饮节"，活动主要有啤酒节和饮料节；7 月是"火热麻辣美食节"；8 月是"锦衣素食美食节"；9 月是"校园美食文化节"，餐饮供货商交流洽谈会也将在 9 月举行；10 月是"炫彩海鲜美食节"；11 月是"水煮江湖火锅节"。

总之，就是要抓住一切能够成为餐饮业主题的因素，有可利用的因素就利用，没有可利用的因素就创造因素，只要选择的主题切合定位，符合客源市场的大部分需求，那么每天或者是每个时刻都会成为餐饮主题活动的时机。

2. 主题活动的类型

既然是餐饮主题活动，那么活动的类型应该围绕主题文化展开。一般可分为节日型主题活动、历史文化型主题活动、名人型主题活动、社会责任型主题活动、以特定人群为目标的主题活动、民族风情型主题活动、宗教文化主题活动、艺术文化型主题活动、自然风情型主题活动、地域风情型主题活动等。

这些类型的餐饮主题活动从字面意义上都很好理解，其中社会责任型主题活动就是指餐饮活动是围绕当今社会最关心的问题而展开的，对社会公众有一定的教育意义，如以低碳为主题而开展的餐饮活动；或者是以绿色环保为主题的餐饮主题活动；抑或是为需要帮助的人捐款集资的餐饮主题活动等，都属于社会责任型餐饮主题活动。

3. 主题活动营销效果评价

餐饮主题活动营销效果的评价应当考虑以下几点因素：

（1）人数因素。填写调查表的人数、实际通知到的人数、承诺来的人数量、预计来的人数量、实际来的人数量和预期的比例、老客户和新客户的数量和比例。

（2）资料收集情况。留下联系方式，以便进一步联系客户；与目标客户模型匹配度。

（3）转化为销售的情况。到达活动现场的人数、预定活动的人数、实际消费的人数。

（4）活动费用预算和实际结算。

（5）活动现场气氛、意外、相关部门总结；对营销战略的影响，对销售的促进。

（6）后继跟进活动，如何让活动的效果影响最大化。

二、餐饮宴会营销管理

1. 宴会的分类

宴会的种类、名目很复杂，通常从规格上划分有国宴、正式宴会、便宴、家宴；从餐别上划分有中餐宴会、西餐宴会、中西合餐宴会和自助餐会；按照时间划分有早宴、午宴和晚宴；按照主题划分有商务宴会、婚礼宴会、生日宴会、庆祝宴会、迎送宴会、答谢宴会；按照标准划分有豪华宴会、中档宴会、普通宴会；按照性质划分有鸡尾酒会、冷餐酒会、茶话会、招待会等；有些中餐宴会也按照主要菜式进行分类，如螃蟹宴、海鲜宴、山珍宴等。

2. 宴会预订管理

（1）宴会预订人员的选择。宴会预订是餐饮产品推销和餐饮客源组织的一项专业性较强的工作，对于宴会预订员有着较高的要求。预订员必须具有多年的餐饮行业工作经验，熟悉市场行情，了解相关政策，还要具备灵活的接待能力、丰富的菜肴知识和熟练的推销技巧。

（2）宴会预订的资料与方式。宴会资料通常有宴会订单、宴会预订单、宴会编排通知、宴会通知单等（见表6－3、表6－4）。

表6－3　宴会订单

酒会日期		时间	
联系人姓名	（国籍）	电话	
地址或酒店房号		邮政编码	
人数和座数		每人（台）标准	
有何忌食			
宴会厅要求			
付款方式		预订金	
处理情况			
预订日期		承办人	

表6－4　宴会编排通知

年　　月　　日　星期　　　　　（午）（晚）餐宴会安排　　No.

楼层	厅　房	主办单位或主办人	人数和桌数	开宴时间	宴会管理
一层	一厅				
	一厅				
	一厅				
一层	一厅				
	一厅				
	一厅				
一层	一房				
	一房				
	一房				
制表人		审定			
分送部门					

（3）宴会预订的程序。

第一，准备资料。在宴会预订的过程中，为了让顾客直观地了解餐厅的接待能力情况，预订员可以根据实际需要，编定清单供客人预订时询问、比较，清单要图文并茂、简单明了，最好具备一定的艺术观赏性，如酒水和食物的彩图、餐厅宴会的位置、台面布置的实例图等。

第二，接受预订。预订员要热情、周到地接待每一位宾客，认真对待宾客的需求，同时，还要认真做好记录。预订员要快速查阅"宴会预订表"，防止在场地、时间上与其他预订客人重复，最后要礼貌道别。

第三，选定菜单。预订员要根据客人的要求和宴请的标准，在多种可选用的菜单中选定一种，也可以考虑季节、人数和宾客口味等因素，对选定的菜单做相应的调整。同时，预订员要尽量推广餐厅的酒水品牌，让客人选定。

第四，宴会活动的落实。预订员要填写宴会活动的菜品，签订宴会合同，收取订金，建立宴会预订档案。

第五，宴会预订的取消与变更。宴会预订的取消：首先，在预订控制表上做出调整，并询问客人取消的原因；其次，修改控制表后，在该宴会预订单上盖上"取消"印记，并记下取消预订的日期和要求、取消人的姓名以及接受取消的宴会预订员的姓名，及时通知有关部门；再次，如果是大型的宴会取消或者是大型的会议宴会取消，应该向宴会经理报告；最后，负责业务的主管填写一份"取消预订报告"。

3. 宴会营销

宴会营销是一个赢利较高的部分，同时，也是需要多方协作才能完成的部分。要想取得较好的营销效果，必须要同各个组织、机关、团体、公司及当地人士建立密切的关系，经常向他们提供宴会的服务项目，引起他们的兴趣。对于营销活动而言，目标市场的定位和差异化的目标市场营销策略是非常关键的。通常宴会的客源主要以商务客户为主，以本地企业、个人为辅，因此，宴会的目标市场定位以及策略的选择首先就定在商务客户的客源上，其次再将企业、个人再做市场细分，并制定相应的营销策略。

与此同时，研究和了解顾客的需求及消费过程，是市场营销的基础。宴会负责部门要在追求目标利润，注重销售，刺激消费的定价目标引导下，结合经营情况和消费能力制定合理的价格策略。此外，在制定营销决策时，还应当考虑宴会产品的生命周期，因为没有一种产品可以经久不衰，永远获利，应该经常对各类产品进行市场分析，推陈出新，使经营部门的产品组合处于最佳状态。

宴会部门在营销过程中应当充分认识到服务营销和全员营销的必要性和重要性，在服务行业的市场营销中，抢先占领市场、夺得客源、获得市场份额，就等于获得了经营效益。

第三节　餐饮品牌管理

同任何企业一样，在激烈的市场竞争条件下，在世界著名餐饮企业的冲击下，为了将本企业以及本企业的产品与其他竞争对手区别开来，餐饮企业一般会进行整体品牌营销。餐饮企业的整体品牌体系包括餐饮产品品牌与餐饮企业品牌。产品品牌与企业品牌是两个不同的概念。产品品牌是以特定的产品作为品牌的主体，而企业品牌则是以特定的企业组织作为品牌的主体。产品品牌是企业品牌的基础，但企业品牌高于产品品牌，它是靠企业的总体信誉而形成的。

因此，餐饮品牌包含两个层面：企业品牌和产品品牌，但与一般产品概念不同的是，餐饮产品是一个整体概念。餐饮企业向顾客出售的产品既包括有形的菜点饮料，也包括以各种设备设施为依托的无形的劳务服务和环境氛围。因此，餐饮产品品牌又有第二层面，可以细分为菜点品牌、服务品牌和环境品牌，如表6－5所示。

表6－5　餐饮品牌的两个层面

	第一层面	第二层面
餐饮品牌	企业品牌	
	产品品牌	菜点品牌
		服务品牌
		环境品牌

以"全聚德"为例，"全聚德"是企业品牌；其出售的"北京烤鸭"是其菜点品牌；干净、整洁、有序的餐厅环境和四合院式的建筑色调是其环境品牌；店小二式的招呼和上菜等是其服务品牌。其中，菜点、环境和服务的组合就是全聚德的整体产品品牌。必须注意的是，尽管餐饮品牌包括企业品牌、菜点品牌、服务品牌及环境品牌等内容，但由于餐饮产品的特殊性，目前在国内最引人注目的是餐饮企业品牌。

本节主要探讨餐饮企业品牌的定位及营销对策。

一、餐饮品牌定位研究

1. 建立餐饮品牌的重要性

（1）品牌是餐饮企业效益的源泉。品牌作为企业的无形资产，是企业的一笔巨大财富。打造品牌就意味着创造效益，企业的品牌是企业发展中所精炼出的最大无形资产，有很强的魅力效应和很高的含金量。例如，必胜客是全球最大的比萨饼专卖连锁企业，必胜客以"红屋顶"作为餐厅外观显著标志，遍布世界各地100多个国家和地区，每天接待超过400万名顾客，烤制170多万个比萨饼。必胜客已在营业额和餐厅数量上，成为全球第一的比萨连锁餐厅企业。

（2）品牌是餐饮产品的质量保证。高品位的品牌往往在商品质量上精益求精，不仅追求最先进的技术，而且在任何细节上都将先进的技术转化为一种现实的商品并且用它来造福消费者，造福社会，要让消费者在对品牌商品的使用中，切实感受到品牌商品质量的可靠。

当前我国餐饮业正快步向产业化、集团化、连锁化和现代化迈进，可以说正逐渐进入黄金时期，但不可否认的是，机遇与挑战并存，我国的餐饮业面临着国际著名品牌的竞争和挑战，在这种情况下，餐饮企业只要保证餐饮产品的优良品质，只要在消费者心中产生了信誉，就会赋予品牌宝贵的价值，而这种价值正是可以与竞争对手抗衡的力量源泉。

对于餐饮企业来说，餐饮产品的质量主要来自两方面，即食品菜肴本身的质量和产品的服务。色、香、味、形、器俱佳的食品菜肴和优质的服务无疑会提升餐饮企业的品牌，反过来，成功的品牌也是餐饮企业产品质量的保证。它会使人们在甚至不了解产品的情况下，仅凭"牌子"而放心购买产品。

（3）品牌是餐饮企业决胜商战的法宝。对企业而言，谁拥有了品牌，谁就拥有了市场主动权，从而引导潮流，引导消费，赢得生存与发展的空间。成功的品牌可以给企业带来很多好处：拥有巨大的无形资产，能够获得品牌溢价；市场占有率稳定；还可以带来持久的竞争优势。国内一些有名的老字号餐饮企业如北京的"全聚德"、天津的"狗不理"等无不是靠其过硬的品牌发展起来的。可见，创立一个知名品牌不仅对餐饮企业自身起着主导性作用，也是今后企业谋求更大发展的关键所在。

2. 餐饮品牌的概念及特性

传统的品牌定义有许多，著名营销专家菲利普·科特勒认为："品牌是指一个名称、标识、符号、设计或它们的联合使用，以便消费者能辨识厂商的产品或服务，并与竞争者的产品或服务有所区别。"这是传统的定义方式，现代意义的品牌是指消费者和产品之间的全部体验，它不仅包括物质的体验，更包括精神的体验，品牌向消费者传递一种生活方式，人们在消费某种产品时被赋予一种象征性的意义，最终改变人们的生活态度及生活观点。

餐饮品牌一般是指餐饮企业为了识别其企业或产品，并区别于其他竞争者所用的一种具有显著特征的标记，是经过餐饮企业长期努力形成的餐饮产品在消费者心中的概念和评价，并由这种评价产生普遍认同感和品牌忠诚度。餐饮品牌的内涵要素一般包括经营理念、经营方针、经营方式、服务理念、服务特色、服务质量等。

在现代餐饮市场上，消费者一般对餐饮产品的忠诚度并不高，而且餐饮产品的消费还要受到消费者多年形成的个人饮食习惯的影响，所以，这就注定餐饮品牌的一些特性：一是品牌的时间性。餐饮企业无论是培养消费者的忠诚度，还是引导并逐渐改变消费者的饮食习惯，都需要一个相当长的时间，也就是说餐饮品牌的形成是时间的累积和长期品牌经营战略实施的结果。二是品牌的融资性。为了引起消费者的关注，形成消费记忆和良好的信念及态度，餐饮企业往往会耗费大量的财力资源用于媒体广告和公共关系方面的宣传，即便品牌地位已经确立，每年仍需要一定的财力来巩固品牌地位。三是品牌的机遇性。现代市场越来越细分化，消费者个性化的需求越来越明显，无数的餐饮企业致力于餐饮产品差异化竞争，这就意味着留给餐饮企业创立和保持名牌的空间越来越狭小，在这种情况下，创造和把握机遇越来越成为创立和保持品牌必不可少的关键。四是品牌的控制力。品牌都具有一定的市场控制能力，这种能力来源于企业的控制能力和对消费者的影响能力，并在很大程度上决定了餐饮企业品牌及其产品的持久性。

二、餐饮品牌营销战略与对策

1. 我国餐饮品牌发展现状

近几年来，我国的餐饮业持续快速发展，每年都以 18% 左右的速度增长，是 GDP 发展速度的 2 倍，可以说整个餐饮市场发展态势良好。当前，我国餐饮行业主要向以连锁经营、品牌培育、技术创新、管理科学化为代表的现代餐饮企业发展；同时，餐饮企业快步向产业化、集团化、连锁化和现代化迈进；大众化消费越来越成为餐饮消费市场的主体；饮食文化已经成为餐饮品牌培育和餐饮企业竞争的核心，现代科学技术、科学的经营管理、现代营养理念在餐饮行业的应用已经越来越广泛。但是，不可否认的是，机遇与挑战并存，利润与风险同在，我们在看到发展机遇的同时，也不能忽视面临的挑战。中国的餐饮业面临着国际著名品牌的竞争和挑战，国外大型餐饮公司以丰富的菜品和独特的文化进入中国，他们比我们更能够吸引消费者、引导消费者、同化消费者，国际著名品牌既快又多地进入中国市场，必将给我们的餐饮企业带来极大的冲击。

目前，我国餐饮业品牌缺乏营销意识。虽然我国有近 5000 年的餐饮史，但是我国在品牌经营上，尤其是餐饮界的品牌经营上还是属于初级阶段。中国的很多城市都有自己的餐饮老字号，但是，绝大多数的老字号仅在本城小有名气，都没有做到享誉全国，更别说在世界的大舞台上占有一席之地。在市场经济浪潮的影响下，这些老字号非但没有扩大自己的品牌影响力，反而由于资金不足、人才流失、缺乏市场经济环境下的预测能力、管理制度陈旧等问题，湮没于市场大潮。有的改弦易辙，有的惨淡经营，有的卖号求生，有的苦苦挣扎……而一些优秀的年轻餐饮企业，有的止步于品牌经营的大门前，仅满足于小区域的胜利。诸如全国各地众多在当地红火的餐馆。有的过分追求品牌建设，却忽略了品牌营销，在开了众多的分店之后，管理质量下降，产品的质量与口味也下降很多，昙花一现，销声匿迹。

此外，我国餐饮品牌还缺乏文化内涵和形象支持。品牌应是某一企业文化或者产品文化、服务文化的象征，创建优秀品牌的关键在于文化的深化和升华。一个优秀的企业必然有自己优秀的企业文化。目前国内一些企业在创建餐饮品牌时，热衷于追求华丽的外表，这不能不影响到其品牌的健康成长。例如，有些餐饮企业以菜名作为餐饮品牌的全部内涵，并试图借助一些低俗的文字组合哗众取宠，反而引起了消费者的反感，也破坏了企业应有的良好形象。

再有，品牌资产管理滞后。知名品牌是餐饮企业的无形资产，具有很大的经济价值，现在越来越多的目光关注于品牌的价值。而我国一直忽略企业品牌的评估工作，使得我国绝大部分知名品牌都没有表现出相应的经济价值。一些传统名牌的资产管理、市场营销方面缺乏创新和特色，远远没有发挥出作为传统品牌应该具有的乘数效应和扩张效应，在行业中的地位相应不断下降。这对知名品牌的发展是极为不利的，也成为我国知名品牌进入国际市场的又一大障碍。

我国的餐饮品牌推广力度还远远不够。"麦当劳"、"肯德基"可以占领全球市场，发展成为全球性的跨国公司，而我国餐饮业的民族品牌走出国门者却难得一见。很多具有上百年的老字号餐饮店，至今仍无法突破地域界线。全国除了"全聚德"等极少数餐饮企业注重品牌的推广和跨地域、跨国界进行连锁经营之外，很多老字号餐饮企业实际上仅是一个地方特色店而已。由于我国的法制建设尚不完善，也导致品牌建设上出现了无章可循、无法可依的尴尬现象，以菜点品牌为例，一些企业苦苦研究数年的成果很可能在几天之内就惨遭模仿，由此出现了"创品牌的直接后果是打假牌"的不良现状，挫伤了餐饮企业菜点创新的积极性。

2. 建立餐饮品牌营销体系

餐饮品牌营销体系应当包括餐饮品牌营销计划、餐饮品牌营销策略、餐饮品牌营销效果评价及售后服务。

（1）餐饮品牌营销计划。一个好的餐饮品牌营销计划是餐饮品牌成功推广并被大众认可的关键。餐饮品牌营销计划应当包括餐饮品牌产品的研发、餐饮品牌营销手段的选择和餐饮品牌营销时机的选择。餐饮产品是一个餐饮企业品牌建立与发展的基础，是品牌理念的载体，是餐饮者消费的实体，因此品牌产品的研发非常重要。研发人员在进行餐饮产品的研发时应当注意避免产品的同质化，尽可能将新的和好的创意融入到产品当中，并让品牌与产品形成良好的互动。

餐饮品牌营销手段的选择也是至关重要的，如果选择不恰当，既浪费资金又浪费时间，而且也不会达到预期的效果。一般餐饮品牌营销手段可以选择广告营销、宣传营销、菜单营销和人员营销。广告营销是我国企业运用最多的营销手段之一，也是餐饮企业常用的营销手段，它能够为餐饮企业和餐饮产品树立形象，刺激潜在消费者产生消费动机和消费行为。宣传营销是企业围绕营销而开展的宣传工作，它是以新闻报道、消息等形式出现，一般通过电台广播、电视、报刊文章、网络、口碑、标志牌或其他媒介，为人们提供有关饮食产品及服务的信息。菜单营销顾名思义就是通过各种形式的菜单向前来餐厅就餐的顾客进行餐饮推销，可以通过各种形式各异、风格独特的固定式菜单、循环式菜单、特选菜单等来进行宣传和销售，还可以通过餐厅内部宣传品来吸引顾客，如可以印制一些精美的定期餐饮活动目录单，介绍本周或本月的餐饮娱乐活动。此外，餐饮企业可以设置专门的餐饮推销人员来进行餐饮产品的营销工作，但前提是他们必须精通餐饮业务，了解市场行情，熟悉餐饮饭店各餐饮设施设备的运转情况，顾客可以从他们那里得到肯定的预订和许诺。而餐饮品牌营销时机的选择尤为关键，这一点可以参考前面提到的餐饮主题活动的时机，这里就不再详细说明了。

（2）餐饮品牌营销策略。

第一，品牌文化的塑造。现代消费者对餐饮的追求不再只是停留在菜品、菜色、口味这些表面的水准上，更多的是对餐饮文化的享受。现代越来越多的企业已经认识到文化的力量，并且不断地研究怎样将文化融入到品牌当中去。餐饮企业应当注重餐饮形象的文化性和营销活动的文化性，如消费文化、宗教文化、时尚文化等，增强餐饮产品的文化内涵，寻求不同的文化卖点。

案例

皇城老妈的品牌文化塑造

1. 将蜀汉文化作为品牌背书

皇城老妈的品牌定位借助了蜀汉文化作为品牌背书。借助悠远的文化背景，皇城老妈俨然成为了极具观赏力的火锅品牌，超越了"满足肚子"的境界，上升到满足感官享受的境界。

皇城老妈门店在装修风格上处处都体现出一股浓厚的"蜀汉遗风"，并通过具体的形式表现出来，如彰显三星堆文化、蜀汉时期的陶俑砖瓦等，同时，又很好地体现了"老成都"的风貌及历史风俗，使皇城老妈呈现出既耐人寻味又亲切逼真的文化体验。

2. 为顾客打造全方位的文化氛围

这种文化氛围是全方位的，从门店的建筑风格、物料设计、装饰装修到桌椅、餐具，皇城老妈都呈现出一种"博大"而又"灵气优雅"的个性化气质。同时，在皇城老妈，客人还可以经常欣赏到带有浓郁川味风情的演出，如川剧表演等，进一步彰显了皇城老妈的文化特色，增添了文化氛围，让人在就餐的同时，还可以享受到另一场视觉"盛宴"。

皇城老妈店已经不再是一个简单意义上的火锅店，而甚至浓缩成为一个旅游景点，成为人们品位美食、感受蜀汉文化的良好选择。

皇城老妈正是通过文化的定位，将蜀汉文化通过恰当的形式有效地呈现了出来，从而让品牌具有浓厚的文化底蕴，与其他火锅品牌形成了差异化的区隔，取得了一定的市场影响力。而且一旦文化定位成功，其他的品牌也就很难模仿。

资料来源：http://blog.sina.com.cn/yemaozhong.

第二，餐饮品牌个性化设计。品牌专家赖利·莱特（Larry Light）说："品牌的信息主要的焦点应该集中在与众不同之处，而非强调品牌有多便宜……"有个性的人往往会让人记忆深刻，品牌同样如此。

实际上餐饮品牌的价值存在于餐饮消费者的意识里，可以说餐饮品牌是由餐饮消费者造就的。餐饮消费者对餐饮产品的感觉是瞬间的，而要将这瞬间的感觉转化为永恒，就要求餐饮品牌必须具备鲜明的个性，以此引起餐饮者的注意，产生深刻的印象。如餐饮行业里的"狗不理"包子、"叫化鸡"等，听起来就非常特别，让人觉得与众不同，具备了很鲜明的个性，又和产品属性特别贴切，容易让人记住，从而流传至今。

第三，增强品牌的推广和营销手段的创新。从某种角度来说，餐饮品牌的竞争就是品牌推广和营销手段的创新。餐饮品牌最终到达消费者手中，从而实现品牌价值，它将促使消费者最后做出消费决定，因此，品牌推广和营销手段的创新至关重要。

第四，构建餐饮品牌营销网络。网络品牌能够突破传统媒介的局限，利用网络平台扩大宣传范围，提高餐饮品牌的知名度和美誉度，全方位、多角度的立体化营销，可以使餐饮品牌在消费者乃至整个社会中产生极大影响。

第五，新品牌策略。为新产品设计新品牌的策略就是新品牌策略。当企业在新产品类别中推出一个产品时，它可能发现原有的品牌名称不适合它，或是对新产品来说有更好、更适合的品牌名称，企业需要设计新品牌。例如，川菜品牌

"巴国布衣"定位为川东风情，在开发新产品火锅项目时，使用了"川江号子"的新品牌。

（3）餐饮品牌营销效果评价。这方面可以借鉴上一节中提到的餐饮主题活动营销效果评价，但是要重点注重餐饮品牌知名度、美誉度、未来购买或推荐率。首先，应当了解整个营销活动的策划过程，以便能对每一个事件进行短期的及时评估，以便更好地指导下一个活动策划、实施。在全程跟踪调查的基础上，有针对性地研究开发"市场营销活动效果评估模型"，对餐饮营销活动进行整体评估，评估的一级指标包括活动管理效果、媒体传播效果、品牌提升效果、销售促进效果和"活动外部效应"五类，评估主体来自餐饮企业内部相关部门、参与媒体、经销商、消费者、竞争企业和行业主管部门。通过问卷调查、深度访谈、神秘顾客拜访、实地观察等调查形式，对活动前期策划、活动实施执行过程、活动结束反馈等全过程进行评价。

（4）售后服务。国内许多餐饮企业在进行营销活动时，一味追求使用价格策略，大打价格战，缺乏整体营销。实际上，这种降价策略是以牺牲顾客的售后服务和降低餐饮产品质量为代价的。价格偏低，其结果必然是服务质量低，顾客流失，餐饮收入相应减少，餐饮业发展缓慢。所以，售后服务应当是餐饮营销体系中最后的一关，也是不可忽视的一个环节。

广告大师奥格威说："最终决定品牌的市场地位的是品牌本身的性格，而不是产品间微不足道的差异。"因此，在日益激烈的市场竞争中，餐饮企业除了在物质层面要狠下工夫外，餐饮品牌的塑造显得异常重要，这也是国内众多餐饮品牌不得不面对的重要课题。没有足够的品牌力的餐饮品牌在激烈的竞争中将很难长期立足。毕竟，市场的竞争最终是品牌的竞争，只有形成独特的品牌力，才能真正形成品牌的核心竞争力，才能与竞争对手形成差异化区隔。

案例

双赢："红杏出墙"后的大融合

"红杏出墙"，讲的是两家餐饮企业变敌为友的故事。其中一家叫"红杏酒家"，其老板姓黄；另一家叫"大蓉和酒店"，其老板姓刘。两家酒店规模、菜品基本相似，生意上的竞争是免不了的。一段时间以来"大蓉和酒店"因为经营管理不善等原因生意每况愈下，面临即将倒闭的境况。按常理，"大蓉和酒店"的倒闭应该是作为竞争对手的黄老板求之不得的事，而黄老板却做了一件在别人看来不可理解的事。"红杏"黄老板伸出橄榄枝，毫无保留指出了刘老板经营活动中的不足，并提供了解决的办法，还把自己店里的客人介绍过去就餐。把自己的客人介绍给同行冤家，"大蓉和酒店"在接受指点之后，从一点一滴学习"红杏酒家"经营之道。慢慢地，即将倒闭的酒店又恢复了生机，久违的客人又回来了。"红杏"不仅挽救了一个企业，也为自己培养了一个共生共荣的竞争对手。

而有些人埋怨黄老板是"教会了徒弟饿死了师傅"，培养起对手来同自己竞争，对自己的经营很不利。黄老板却对别人的埋怨置之不理，在进一步加强菜品和管理的基础上，同"大蓉和酒店"友好竞争。黄老板的高风亮节再次感动了刘老板。在他准备再开新店的时候，邀请黄老板来出谋划策，而黄老板把此事当作了自己的事一样认真对待。

羊西线"一品天下"广场是成都市政府最近着力打造的美食一条街。在这条街上有一家四川最大的中餐厅——文杏酒楼，面积达 6500 平方米。开张以来，每天收入六七万元。这个文杏酒楼，就是"红杏"、"大蓉和"与另外一家企业联合打造的，店里的股东即为黄老板和刘老板，其目的是要建成四川的一张餐饮名片。

在餐饮业，有种说法叫"各领风骚三五年"。如今"红杏"已经火了 15 年，"大蓉和"也火了 12 年。两家企业挨在一块儿火了这么长时间，不仅在四川很罕见，就是在全国也极少。它被人们称作"红杏现象"。

案例思考题：

请根据以上案例，谈谈餐饮营销策略的运用。

丽华快餐的网络营销

丽华快餐作为网络营销成功的典范不能不提，它的成功在于对网络作用的充分理解及利用。

丽华快餐刚开始只是一家平常的电话外卖订餐饭店，一对一沟通的电话订餐是其主要业务。这种平常的外卖订购方式注定了效率的不高以及信息查找的不便。当丽华快餐发现网络这个新生事物之后，一切都产生了变化。通过新技术的运用，效率就成倍增长了。

丽华快餐特地开发了信息共享平台，使得每个接线员录入的订餐信息都能与他人共享，信息传递也空前迅速。快餐的生命是速度，时间上的拖延带来的是送餐质量的损失，也等同于客户满意度的降低，提升效率后的信息传递，大大缩短了这个服务时间，联成局域网的计算机，解决了信息传递难题。

借助早些年在计算机技术方面的摸索，等互联网大范围普及时，丽华快餐迅速建立了自己的电子商务系统。没有门店的丽华快餐，拥有了一家规模巨大的互联网门店。丽华快餐这种被逼出来的经营方式，这种融汇了餐饮网络营销特点的模式，节省了大量成本，扩展了餐饮业顾客渠道，终于让丽华快餐做大做强了。

丽华快餐优化了采购供应链，网络技术的运用使得它能更快速准确地控制自己的成本支出。借助网络平台而取消掉的门店支出则带来进一步的成本压缩。丽华快餐在节流方面已经走在时代前列。

丽华快餐向我们展示了它对餐饮网络营销更深层次的理解。网站不再是简单的展示平台，更是一个极佳的沟通平台。丽华快餐将其网站做成互动式订餐平台，将网络优势发挥到极致。

丽华快餐建立了网络订餐平台之后，它原本没有门店的"劣势"也在无形中被消弭了。丽华快餐的顾客群不再局限在区域内的过路客，它的顾客群已经覆盖到全国各地。有丽华快餐网络的任何地点，借助网络订餐平台，丽华快餐的顾客群被大大扩展了。

丽华快餐成功的奥秘还在于对网络新技术的不断学习与应用。QQ、MSN平台已经成为上班族非常熟悉的工具，而借助这两个平台推出的小I机器人是个非常新鲜的服务平台工具，丽华快餐首个推出了"订餐机器人"服务，又将其订餐业务延伸到了即时通信软件上。

在北京，丽华快餐每天能接到1万多个订餐电话。一年下来，丽华快餐仅在北京就卖出2000万盒，平均下来每个北京人都能吃上一份。在丽华快餐高速运转的背后，是强大的订餐系统和配送系统的良性互动。

可以预见，未来，会有更多类似的餐饮产品在网络上供人选择。餐饮企业应当参考这些试水网络营销的先锋企业，尝试成长。第一个吃螃蟹的人往往更容易吃到好螃蟹！

资料来源：http://blog.sina.com.cn/yemaozhong；http://www.lihua.com/2008/.

案例思考题：
根据以上案例，分析餐饮业如何运用网络进行营销。

本章复习思考题

1. 分析餐饮营销观念的演变及其特征。
2. 谈谈餐饮营销管理的任务。
3. 以某餐厅为例，谈谈如何进行餐饮营销策略组合。

4. 餐饮主题营销活动时机如何选择？

5. 宴会营销管理包含哪些内容？如何进行宴会营销？

6. 谈谈餐饮客户关系管理的内容。

7. 影响餐饮顾客满意度的因素有哪些？

8. 餐饮品牌的概念及特性是什么？

9. 谈谈我国目前餐饮品牌的发展现状。

10. 餐饮品牌的营销策略有哪些？

第七章　餐饮后勤管理

☞ **本章内容简介**

　　餐饮后勤管理主要包括：安全管理、卫生管理、设备用品管理。本章第一节主要探讨了厨房的安全管理工作；第二节从食品卫生、设备卫生、个人卫生、环境卫生等四个方面阐述了餐饮企业的卫生管理工作；第三节分别从餐饮企业的家具、服务器具、棉织品、烹调器具及餐具等方面较为详细地探讨了餐饮企业的设备用品管理工作。

☞ **本章学习目标**

　　通过本章的学习，学生将会认识到安全管理的重要性，餐饮企业必须建立各项安全保障措施，以防患于未然；认识到卫生管理在餐饮企业中不可忽视，通过建立各部门、各项卫生管理制度，杜绝食品安全问题的发生；另外，精心的设备及服务用品的管理，也是企业成本控制的重要举措。

餐饮企业的后勤部门是一个为餐厅运营服务的单位。有些企业称为餐务部或膳务部。后勤部门有其特定而必要的功能，对于餐饮营运来说是不可缺少的，尤其是大型餐厅或大型酒店的餐饮部。餐务部在大型酒店的餐饮部门是一个重要的组织，负责餐饮部所属各餐厅的一切物资供应与餐具的管理，并且负责对破损的餐具做汰旧换新的工作；减少餐厅经营物资和餐具的损耗及浪费，这样才能确保餐厅后勤支援的成功与餐厅营运活动的顺利。同时，负责一切安全、卫生等工作的管理。餐饮后勤管理主要包括：安全管理、卫生管理、设备用品管理。

第一节　安全管理

安全管理与餐饮企业的经营有着密切的联系，企业出现任何安全事故都会影响企业的声誉，从而影响经营。因此餐饮企业不仅要保证顾客的安全，还必须保护职工的安全。餐饮安全管理是指餐饮服务、加工、切配和烹调中的安全管理，安全事故常常是由于职工疏忽大意造成的。因此在繁忙的开餐时间，如果不重视餐厅和厨房安全事故的预防，摔伤、切伤、烫伤和火灾等事故极容易发生。因此预防生产安全事故的发生，必须使职工懂得各种安全事故发生的原因和预防措施，并且加强安全事故的管理。

另外，餐饮企业应设置安全部门，建立保安制度，以全面确保企业安全。

餐饮企业的安全事故主要是因操作引起或是厨房火灾引起。

一、因操作引起的安全事故

1. 切伤

在餐饮服务和生产的安全事故中，切伤发生率反低于跌伤和撞伤，造成切伤的主要原因是职工工作时工作精神不集中、工作姿势或程序不正确、刀具钝或刀柄滑、作业区光线不足或刀具摆放位置不正确等原因。同时，切割设备磨不锋利的刀具，也容易发生切伤事故。通常刀越钝，切割时越要用力，被切割的食品一旦滑动时，切伤事故就会发生。职工在工作时应精神集中，不要用刀具开罐头，保持刀具的清洁，不要将刀具放在抽屉中。厨师手持刀具时，不要指手画脚，防止刀具伤人，当刀具落地时，不要用手去接，应使其自然落地。职工在接触破损餐具时，应特别留心，在使用电动切割设备之前，应仔细阅读该设备使用说明书，确保各种设备装有安全防护设备，使用绞肉机时，用木棒和塑料棒填充肉块，绝不能直接按压，清洗和调节生产设备时，必须先切断电源，按照规定的程序操作。

2. 烫伤

烫伤主要由职工工作时粗心造成。营业时非常繁忙，职工在忙乱中偶然接触到热锅、热锅柄、热汤汁和热蒸汽等造成了烫伤。在服务中，服务姿势不正确和安全意识淡薄容易造成烫伤。预防烫伤的措施如下：①加强餐厅服务员和厨师的安全意识培训。②加强服务员服务技能的培训。③使用热水器的开关时，应当小心谨慎，不要将容器内的开水装得太满。④运送热汤菜时，一定注意周围的人群动态，并说："请注意!"⑤烹调时，炒锅一定要放稳，不要使用松动的手柄。容器内不要装过多的液体，注意锅柄和容器柄是否牢固，不要将锅柄和容器柄放在炉火的上方。⑥厨师打开热锅盖时，应先打开离自己远的一边，再打开全部锅盖。⑦将油炸的食物沥去水分，防止锅中的食油外溢而伤人。⑧经常检查蒸汽管道和阀门，防止出现漏气伤人事故。⑨厨师应随身携带干毛巾，养成使用干毛巾的习惯。

3. 扭伤

扭伤俗称扭腰或闪腰，职工搬运过重物体或使用不正确的搬运方法会造成腰部肌肉损伤。预防扭伤的措施有：职工搬运物体时，应量力而行，不要举过重的物体并掌握正确的搬运姿势；举物体时，应使用腿力，而不使用背力，被举物体不应超过头部；举起物体时，双脚应分开，弯曲双腿，挺直背部，抓紧被举的物体。

通常男职工可举起约22.5千克的物体，而女职工举起的物体重量是男职工的一半。

4. 跌伤和撞伤

跌伤和撞伤是餐饮经营中最容易发生的事故。在厨房中跌伤与撞伤多发生在厨房通道和门口处；潮湿、油污和堆满杂物的通道和职工没有穿防滑工作鞋是跌伤的主要原因。而职工在搬运物品时，由于货物堆放过高，造成视线障碍或职工在门口粗心是造成撞伤的主要原因，其他原因还有工作线路不明确、职工不遵守工作规范等。此外，在餐厅中顾客和服务员摔伤的原因主要是餐厅入口处有冰雪、地面潮湿、楼梯破损和照明不佳等原因。预防措施如下：餐厅门口处必须干净整洁，尤其不能有冰雪；必要时可放防滑的地毯，及时修理松动的瓷砖和地板，工作人员走路时，应精神集中，眼看前方和地面；穿防滑工作鞋和低跟防滑鞋，系好鞋带；保持厨房地面的整洁、干净；随时清理地面杂物；在刚清洗过的地面上，放置"小心防滑"的牌子。

职工运送货物时应用手推车，控制车上货物的高度，堆放的货物高度不可越过人的视线；职工在比较高的地方放货物和取货物时，不要脚踩废旧箱子和椅子，应使用结实的梯子；职工走路时应靠右侧行走，不能奔跑。出入门时，注意过往的其他职工。餐厅与厨房内的各种弹簧门应有缓速装置。餐饮服务区和生产区应有足够的照明设备，尤其应注意楼梯井。

5. 电击伤

电击伤在餐饮安全事故中占很少比例，但是电击伤的危害很大，应当特别注意。电击伤发生的原因主要是设备老化、电线有破损处或接线点处理不当、湿手接触电设备等。电击伤预防措施如下：厨房和备餐间中所有电设备都应安装地线。不要将电线放在地上，即便是临时措施也很危险；保持配电盘的清洁，所有电设备开关应安装在操作人员的操作位置上；员工使用电设备后，应立即关掉电源；为电设备做清洁时一定要先关掉电源；员工接触电设备前，一定要保证自己站在干燥的地方，手是干燥的；在容易发生触电事故的地方涂上标记，提醒员工注意。

表 7 - 1 为厨房伤害预防及救治措施。

表 7 - 1　厨房伤害预防及救治措施

跌伤的预防措施	1. 要求地面始终保持清洁和干燥
	2. 厨师的工作鞋要具有防滑性能
	3. 厨房行走的路线要明确，避免交叉，禁止在厨房里跑跳
	4. 厨房内的地面不得有障碍物
	5. 发现地面铺的砖块松动，要立即修理
	6. 在高处取物时，要用结实的梯子，并小心使用
扭伤的预防措施	1. 教会员工正确搬运物体的方法，即搬运重物前，要先把脚站稳，保持背挺直
	2. 从地面取物要弯曲膝盖，搬起时重心应在腿部肌肉上
	3. 搬物时不要超负荷，尽量使用推车搬运
烫伤的预防措施	1. 要求员工在使用任何烹调设备或点燃煤气设备时，必须遵守操作
	2. 使用蒸锅或蒸汽箱时，先关闭阀门，再背向揭开蒸盖。在使用烤箱或烤炉时，严禁人体直接接触
	3. 煮锅中搅拌食物要用长柄勺，防止卤汁溅出烫伤操作人员
	4. 容器中盛装热油或热汤时要适量，端起时要用垫布，并提醒别人注意，不要碰撞
	5. 清洁设备时要冷却后再进行，拿取放在热源附近的金属用具时应当注意。另外，要严禁在炒灶间、热源处戏闹
电击伤的预防措施	1. 请专家检查设备的安装和电源的安置，是否符合厨房操作的安全，不安全的应立即改正
	2. 所有电源设备必须有安全的接地线
	3. 培训员工学会设备的操作
	4. 要求在使用前对设备的安全状况进行检查
	5. 使用中如果发现故障，应立即切断电源，不得带故障使用
	6. 湿手切勿接触电源插座和电气设备，清洁设备要切断电源
	7. 厨房人员不得对电路和设备擅自进行拆卸维修，对设备故障要及时提出维修。发现漏电的设备要立即取走，维修后再用

续表

火灾的预防措施	1. 油锅加温时，作业人员切不可离开。要经常清洗设备，以防止积在设备上的油垢着火，串入排风道，造成火灾
	2. 要求使用煤气设备的员工一定要知道煤气的危险性。发现煤气灶有漏气现象，要立即检查，使其完全安全后再使用。煤气火突然熄灭，要关闭阀门，以防煤气外泄
烧伤与烫伤的现场救治措施	1. 迅速摆脱热源，远离热源现场
	2. 液体烫伤要立刻脱下浸湿的衣物，用干净冷水冲洗患处 10 分钟以上
	3. 身上衣物着火要马上脱下或用冷水、灭火器扑灭，亦可就地卧倒翻身滚动、跳入冷水中使火焰熄灭。不能用手扑打，更不能奔跑
	4. 皮肤无破损的局限点片状烧伤和烫伤，可涂搽獾油、清凉油和烧伤药膏等；皮肤破损的创面要保持清洁，一般不涂搽药物；面颈部烧伤，不宜包扎，以防水肿时影响呼吸，导致窒息
	5. 简单救治后，必须立即送医院处理
触电的现场救护措施	1. 应采取正确的方法迅速切断电源，如不能立刻断开电源时，则用绝缘体使带电体与人体脱离。绝对禁止用金属或潮湿的物体作为分离带电体的工具
	2. 触电者脱离电源后，应立即进行呼吸和心跳的检查。若触电者已失去知觉，但呼吸尚存，应将触电者放到通风的地方，静卧休息。若伤员昏迷且脉搏、呼吸、心跳全无，则必须马上实施人工呼吸和心脏按压进行急救
	3. 若触电者发生电灼伤（包括电弧烧伤和接触烧伤），则应仿照火焰烧伤的处理方法，创伤表面要尽快用干净纱布敷盖，减少污染，不要乱涂药物
	4. 在事故现场进行必需的处理后，应立刻送触电者到医院进行救治

二、厨房火灾引起的事故

厨房内常有各种电器、管道和易燃物品，是火灾易发地区，火灾危害顾客和职工生命，造成财产损失。因此厨房防火是非常必要的。厨房防火除了要有具体措施外，还应培训厨师及辅助人员，使他们了解火灾发生的原因及防火知识。

火灾发生的三个基本条件是火源、氧气和可燃物质。当这三个因素都具备时，火灾便发生了。厨房发生火灾的具体原因有许多，通常食用油极容易导致火灾，厨师在油炸食物时，由于某些食物中含有较多水分，造成油锅中的热油外溢，引起火灾。煤气灶具也容易引起火灾，当煤气灶具小的火焰突然熄灭时，煤气就从燃烧器中泄漏出来，遇到火源后，火灾便发生了。厨房中的电线超负荷工作常引起火灾。

火灾分为三种类型：A型、B型和C型。A型火灾是指由木头、布、垃圾和塑料引起的火灾。扑灭A型火灾适用的物质有水、干粉和干化学剂。B型火灾由易燃液体如油漆、油脂、石油等引起的火灾。扑灭B型火灾的物质有二氧化碳、干粉、干化学剂。C型火灾是指由电动机、控电板等电设备引起的火灾。扑灭C型火灾适用的物质与B型相同。

厨房常用的灭火工具有石棉布和手提灭火器。石棉布在厨房非常适用。当烹调锅中的食油燃烧时，可将石棉布盖在锅上中断火焰与氧气的接触以扑灭火焰，这样不会污染食物。手提式灭火器配有泡沫、二氧化碳和干化学剂等类型。灭火器应安装在火灾易发地区，而且要避免污染物品。要经常对灭火器进行检查和保养，应每月称一下灭火器的重量，检查灭火器中的化学剂，看其是否挥发掉。不同的手提灭火器，其喷射距离不同。例如，手提灭火器的喷射距离是2~3米，泡沫类手提灭火器的喷射距离是10~12米。

发现火灾应立即向上级管理人员报告，熟悉灭火器存放的位置和使用方法，经常维修和保养电器设备，防止发生事故。定期清洗排气罩的滤油器，控制油炸锅中的热油高度，防止热油溢出锅外。厨房内严禁吸烟，注意煤气灯的工作情况并经常维修和保养，培训职工有关防火和火灾知识。控制火势措施如下：使用灭火器灭火、发现火情时报告消防部门、切断电源。

表7-2、表7-3分别为保安方案表、员工安全培训内容。

表7-2 保安方案表

	一级保卫方案	二级保卫方案	三级保卫方案
1. 领导体制	总经理或副总经理	副总经理或总经理助理	保安部经理
2. 值班安排	全天候安排专人值班	全天候专人值班	全天候专人值班
3. 重点部位检查	全面检查	部分检查	个别检查
4. 宴会	1. 全方位设岗 2. 宴会前全面检验	1. 重点部位设岗 2. 宴会前重点检查	1. 附近岗位兼顾 2. 宴会前个别检查
5. 电梯	主宾全部行动时使用	主宾主要活动时使用	主宾个别行动时使用
6. 路线保卫	所有路口、要道设岗	主要路口、要道设岗	必经路口、要道设岗
7. 交通管理	增设指挥岗10个	增设指挥岗6个	增设指挥岗3个
8. 车辆	全面检查	重点检查	常规检查

表7-3 员工安全培训内容

培训类型	基本内容或方式	培训具体内容		
新进员工培训	1. 认识环境	(1) 餐厅的特性		
		(2) 安全工作的重要性		
		(3) 安全与秩序的关系		
	2. 消防工作	(1) 火的成因/火灾的种类		
		(2) 消防防护计划介绍	①消防防护的重要性	
			②火灾的危害	
			③灭火器材的操作（演练示范）	
		(3) 实地介绍消防设施	①各类感应器及其装设位置	
			②抽（送）风设备及其功能	
			③紧急照明设施、逃生指示灯、安全门、安全梯道等	
			④防火区隔	
			⑤消防栓	
			⑥发电机、水泵等	
		(4) 紧急逃生疏散规划		
	3. 消防编组	(1) 责任区规划		
		(2) 餐厅内部消防队简介		
		(3) 各前台部门任务编组——防护组		
	4. 员工安全卫生组织简介	(1) 防止职业灾害		
		(2) 各类场所的安全守则		
		(3) 各类工作的安全守则		
	5. 保安部工作简介	(1) 保安部的组织		
		(2) 保安警卫的职责及其与各部门的工作关系		
定期训练	室内课程	(1) 责任区的各项防护措施		
		(2) 应变能力		
		(3) 餐厅从业人员对顾客安全的责任		
		(4) 职业灾害的认识		
	室外课程	(1) 介绍认识各项消防设备，如消防栓位置、消防栓内部组件等		
		(2) 选择训练场地，要能方便地示范并让员工练习手提灭火器及伸缩水带的使用方法，员工都要能独立操作，以完成灭火训练		

第二节　卫生管理

卫生管理是餐饮经营不容忽视的内容，由于饮食卫生关系顾客的身体健康，关系到企业的声誉，关系到企业的营销，因此保证原料新鲜，避免病菌污染是餐饮经营的关键。餐饮卫生管理包括食品卫生管理、个人卫生管理和环境卫生管理。现代餐饮企业不仅为顾客提供富有营养和有特色的菜肴，更应该提供卫生的食品。美国餐饮管理协会对美国公民选择餐厅的调查显示，美国公民对各种餐厅的选择标准，首先是卫生，其次才是菜肴的特色、价格、餐厅地点、服务态度等。因此，卫生是餐饮企业的生命和形象，良好的卫生会为餐饮企业带来声誉和经济效益。

一、食品卫生管理

菜肴和酒水是人们直接食用的食品，必须卫生，富有营养。在餐饮企业，一份优质的菜肴和饮料可能色、香、味和形俱佳，但不一定是卫生的，很可能被病菌污染，会给顾客带来疾病，或造成食物中毒。病菌污染不仅降低了菜肴的营养，还会产生有害毒素，顾客食用了被污染的菜肴和饮料就会引起食物中毒。食品污染的方式有菌类污染、化学性污染、毒性动植物污染等。

1. 常见的菌类污染

（1）沙门氏菌属污染。沙门氏菌常寄生于牲畜和家禽的消化系统中，当它们被排出后，可引起一系列直接或间接感染。例如，顾客食用了被沙门氏菌污染的食物或水，排出病菌，再一次污染食物和水源。在食品原料中，常被沙门氏菌污染的有鸡蛋、肉类和家禽。它们通过食品原料本身，通过病人、昆虫的粪便、动物的爪子和毛以及通过菜刀、墩板等工具，甚至通过人们的手的接触，将病菌传播到菜肴上。顾客食用了带有沙门氏菌污染的菜肴，经过 48 小时的潜伏期就会出现腹痛、腹泻、头痛、发烧、恶心和呕吐等症状。

（2）葡萄球菌属污染。葡萄球菌常寄生在人的手、皮肤、鼻孔和咽喉上，也分布在空气、水和不清洁的餐具上。该病菌常通过厨房和餐厅的工作人员的咳嗽、喷嚏或手接触等方式将病菌污染在食品上。牛肉和奶制品是这类病菌繁殖最理想的地方。顾客食用了葡萄球菌污染的菜肴，经过约 16 个小时的潜伏期，会出现腹痛、恶心、呕吐和腹泻等症状。

（3）芽孢杆菌属污染。芽孢杆菌常寄生在土壤、尘土、水和谷物中，耐热力很强，能经受蒸煮存活下来，在15℃～50℃时繁殖力最强。容易受这种病菌污染的食物有面点、肉类菜肴、调味汁和汤类。顾客食用了芽孢杆菌污染的食物后，经过约 8~16 个小时的潜伏期会出现腹痛、腹泻、恶心和呕吐。

（4）霉菌污染。霉菌是真菌的一部分，在自然界分布很广。霉菌在粮食中遇到适宜的温度和湿度繁殖很快，并在食物中产生有毒代谢物。它除了引起食物变质外，还易于引起人的急性和慢性中毒，甚至使肌体致癌。霉菌种类繁多，主要有黄曲霉素和谷物霉素。黄曲霉素常污染含脂肪较多的花生、豆类及玉米、大米和小米等。这种霉菌的毒性稳定且耐热，在 280℃ 时才能分解。人们食用了黄曲霉素污染的食品容易造成急性或慢性肝脏损伤和肝功能异常或肝硬化，还可诱发肝癌。谷物霉素污染谷物，当储存中的谷物含有较多水分时，极容易发生霉变，产生黄色谷物霉素。谷物霉素的毒性很强，人们食用了一定量的谷物霉素可引起肾功能损坏和中枢神经系统损坏。

（5）原虫与虫卵污染。原虫也称为寄生虫。常见的危害人类健康的寄生虫主要有阿米巴原虫、蛔虫、绦虫、肝吸虫和肺吸虫等。阿米巴原虫通过水源、人的手及苍蝇等做媒介污染食物，顾客食用了阿米巴原虫污染的冷菜和西点会引起发烧、腹痛、腹泻，严重者便中带血脓，眼窝凹陷。蛔虫对人类危害很大，它在人体中汲取养料，分泌毒素，使人营养不良，精神不振，面色灰白，腹痛并且容易引起肠阻塞、阑尾炎、肠穿孔等疾病。一旦蛔虫进入人的肝脏和胆道，会发展为其他疾病。绦虫又称作囊虫。顾客食用囊虫污染的畜肉类菜肴会出现皮下结节，全身无力。当囊虫进入人体的脑、眼睛或心肌内会出现抽风、双目失明或心脏机能障碍。肝吸虫常寄生在动物或人体的肝脏内。人食用了被肝吸虫污染的生鱼或半熟的鱼会出现消瘦、腹泻、贫血和肝肿大等症状。肺吸虫常寄生在动物的肺部，虫卵随患者的痰及粪便排出，幼虫寄生在淡水蟹和虾内。顾客食用肺吸虫污染的、没有经过烹饪的或半熟的水产品会出现咳嗽、咯血、低热等现象，有时还会出现癫痫或偏瘫等。

2. 化学性污染

造成化学污染的原因主要来自餐饮经营的几个方面。使用含有锡、铅、锌、铜等金属元素的容器储存食物会造成中毒。在食品加工中，加入不符合卫生标准的食物添加剂、色素、防腐剂和甜味剂等，都会造成食品污染，如制作香肠使用的亚硝酸盐是致癌物质。如果误食了大量的亚硝酸盐会出现烦躁不安、呼吸困难、腹泻，严重者会出现呼吸衰竭。沾有化肥与农药的农作物原料，如果厨房清洗不彻底会造成急性中毒和积蓄中毒并危及人的生命。例如，食用残留过量的六氯环乙烷等有机氯农药的谷物、蔬菜和水果可引起肝、肾和神经系统中毒，食用残留过量的敌敌畏、敌百虫等有机磷农药的谷物、蔬菜和水果可引起神经功能紊乱。运输车辆在沾染有害物质后与食品原料接触，也会造成食物污染。

3. 毒性动植物污染

毒性动物主要指毒性鱼类和贝类。一些鱼肉和贝肉含有毒素，有的血液和内脏含有大量的毒素，顾客误食后，轻者中毒致病，重者危及生命。但是有些鱼类去掉内脏后可以食用。例如，鳕鱼的肝脏有毒，去掉它的肝和内脏后可以食用。但是河豚鱼的内脏和血液含有大量的毒素，其化学性质非常稳定，烹调后仍不能将其破坏。一旦毒素进入人的身体，将破坏人的神经系统，死亡率极高。毒性植物指那些含有毒素的水果和蔬菜。这些植物对人类危害很大，不可以食用。但是有些含有毒性的植物经过必要的加工处理后可以食用。例如，四季豆含有大量的皂素（毒蛋白），经烹制熟透，可以食用。而毒蘑菇含有胃肠毒素、神经毒素和溶血毒素等，食用后会发生阵发性腹痛、呼吸抑制、急性溶血和内脏损害，死亡率极高，不可食用。

4. 预防污染和有毒食品措施

餐饮卫生管理是饭店及餐饮业管理的首要问题，餐厅与厨房应根据各种不同的污染源采取不同的预防措施。餐饮菜肴的制作要经过多个环节，从食品原料采购、运输、加工至菜肴的烹调到销售，有多种原因和渠道会沾染病菌、寄生虫卵和霉菌。因此预防菜肴的生物性污染非常必要。这些措施有采购新鲜的、没有污染的和无毒的食品原料。做好食品原料运输的卫生管理，做好防尘、冷藏和冷冻措施。严格制订服务人员个人卫生标准，确保职工的身体健康。保持良好的工作环境和炊具卫生，餐具和酒具要消毒，按照食物储存的标准温度和方法，正确地储存各类食品，并做好速冻工作，避免食物遭受虫害。餐厅与厨房所有职工都应掌握预防食物中毒的知识并遵守卫生法规。水果和蔬菜在生长期会沾染化肥与农用杀虫剂，因此，预防菜肴的化学性污染必须认真清洗水果和蔬菜。生吃的水果和蔬菜还必须使用具有活性作用的食品洗涤剂清洗，然后消毒，再用清水认真冲洗。将可以去皮的水果和蔬菜去皮后食用。选择无毒物溶出及符合卫生标准的食品包装材料及容器包装食品。严格掌握硝酸钠和亚硝酸盐的用量，尽量用其他无毒的替代品替代它们。

另外，有些食品原料不可同时烹调和食用。如菠菜和豆腐同吃会破坏它们所含有的大部分营养。牛奶与橘子等酸性水果同吃，会影响消化吸收，还会产生腹胀、腹痛。韭菜与菠菜同食有滑肠作用，易引起腹泻。竹笋或茭白与豆腐同食易产生结石。茄子与螃蟹、黑鱼同食易中毒。

二、设备卫生管理

不卫生的生产和服务设备是常污染食品的原因之一，设备的卫生管理不容忽视。

洗涤、消毒餐具对保证顾客的健康有着重要的意义。餐饮设备应易于清洁，易于拆卸和组装。设备材料必须坚固，不吸水、光滑、易于清洁、防锈、防断裂、不含有毒物质。设备使用完毕或每天工作结束时应彻底清洁；清洁设备时应先去掉残渣和油污，然后将拆下的部件放入含有清洁剂的热水里浸泡，用刷子刷，再用清水冲洗，对于不可拆卸的设备应在抹布上涂上清洁剂，然后涂在设备上，再用硬毛刷刷去污垢，用清水清洗后，用干净布擦干。对于不同材料制成的用具和器皿应采用不同的清洁方法以达到最佳卫生效果和保护用具和器皿的作用。如用热水和毛刷冲洗大理石用具，然后晾干。用热水和清洁剂冲刷木制品，用净水冲洗，然后擦干。用热水冲洗塑料制品，用热水和清洁剂冲洗瓷器和陶器。清洗不锈钢制品时，先使用热水与清洁剂刷洗，然后用清水冲净，晾干。用潮湿的布擦洗搪瓷制品，然后擦干，不要使用去污粉。清洁刀具时，应注意安全，用热水和清洁剂将刀具洗净，然后用清水冲净、擦干，涂油。清洗各种滤布和口袋时应先去掉其残渣，用热水和清洁剂洗涤揉搓后，用水煮，冲洗，晾干清洁滤网、绞肉机和削皮机时，用清水冲掉网洞中的食物残渣，用毛刷、热水和清洁剂刷洗，用净水冲洗、擦干。清洗电器设备时，应关闭机器，切断电源，用布、小刀或其他工具去掉食物残渣，用热水和清洁剂清洗各部位，尤其应注意清洗刀具和盘孔，然后擦干。

消毒洗涤工作是一项要求细致严格的经常性工作，要注意合理组织、加强领导。对于不同的餐具设备要选择适宜的消毒方法，认真操作，保证质量。

表7-4为餐厅卫生管理标准。

表7-4　餐厅卫生管理标准

清洁卫生检查制度	1. 每天营业开始前半个小时要检查完毕，也就是中餐、晚餐第一批客人到来之前要检查完毕
	2. 严格按照餐厅的卫生标准进行检查，不抱任何侥幸思想
	3. 指定专人检查，可以采用轮岗制度，给予检查者相应的事务处置权，对于不符合清洁卫生标准的区域，检查员有权责令清洁员重做，同时，对于打扫彻底的清洁员可给予适当的奖励
	4. 检查的范围不仅是餐厅的摆设、地面等，还包括人员个人卫生状况的检查，以及食品的保质保鲜检查
	5. 除日常设定范围外，着重检查细微之处是否清洁打扫干净，如窗棱、屋角，甚至包括空调遥控器等
餐厅清洁卫生	1. 营业前要充分打扫地面卫生，随时清理地面上的空酒瓶、骨头等杂物；营业后彻底清除地面杂物，对地毯油污及时处理
	2. 在餐厅不引人注意的地方安置足够的防鼠、防蝇设备，并随时检查、清理，避免引起客人的反感

餐厅清洁卫生	3. 及时清理垃圾桶、烟灰缸，定期清洗窗帘。营业前后应彻底擦拭桌椅，切忌桌椅上有油腻感，及时更换清洗椅套，绝不能让客人产生"多久没换椅套?"的疑问
	4. 每次进餐完毕，必须更换台布，防止一张台布多次使用，以免影响饭菜卫生。餐巾要折成各种花形，按规定摆放，有污迹的餐巾不准上桌
	5. 客人进餐前后，要将洗净消毒的湿毛巾递给客人，避免毛巾因陈旧给人不卫生感
	6. 工作台、吧台要有防蟑螂的设施
洗手间清洁卫生	1. 马桶应保持清洁，要每天定时用洗洁精清洗两次，然后用纸巾擦干
	2. 定时对尿槽清洗，及时除掉尿液、水锈、水迹，及时添加樟脑丸和清洁丸
	3. 保持洗手间的空气流通，并每天定时喷洒空气清新剂
	4. 洗手盆定时清洁，并及时除掉堵塞的异物和水垢
	5. 保证洗手间内卷纸盒的清洁及卷纸的用量
	6. 定时清洁门、墙面、换风扇、墙头、墙角、玻璃镜面，保证无灰尘、无污迹
	7. 每天巡视，定期喷洒杀虫药物
厨房清洁卫生	1. 菜品原料的存放要生、熟分开，干、鲜分开，防止串味、变质。各种容器每次使用完毕要经严格消毒后各归其位
	2. 对菜品原料及时清理，防止变形、变味、变质等
	3. 菜品原料的清洗要荤素分开：蔬菜瓜果用洗洁精清洗，保证无泥沙、败叶；荤食（如腊肉）更要注意清洗干净
	4. 各种厨房用具用毕要立刻清洗干净，定期消毒
	5. 顾客用后的剩菜必须全部倒掉
	6. 厨房整体的环境要保证"日清日洁"，一日三次小清洁，一周一次大清洁
	7. 坚持每天清洗水箱、库房，做到无死角、无积水；各种盖布、盖帘每天清洗，抹布勤搓洗
	8. 定期请清洁公司来清洗厨房抽油烟机、排风扇、下水道等
	9. 紧闭纱窗、纱门，及时修补漏洞，严密防鼠、防蝇、防蟑螂及其他虫害
	10. 做到"五专"：专用厨房、专人操作、专用冷藏、专用器具、专用容器
	11. 餐具消毒后擦净，分类放入备餐柜或消毒柜；如有破损，应予报废，不得再次使用
个人卫生	1. 做到"四勤"：勤剪指甲、勤洗澡、勤理发、勤换衣服
	2. 做到"三要"：工作前后要洗手，大小便后要洗手，工作前要漱口
	3. 做到"五不"：在当班时间不掏耳、不刷牙、不抓头皮、不打哈欠、不抠鼻子
	4. 做到"两个注意"：当班前注意不食韭菜、大蒜和大葱等有强烈气味的食品；在顾客面前，咳嗽、打喷嚏须用手帕掩住口鼻，并转身背向顾客
	5. 操作间不得带入个人生活用品，如衣服、食品、烟酒、化妆品等，非工作人员不得进入操作间

防疫卫生	1. 每周检查一次紫光灭蝇灯，每天检查一次厨房门、窗的缝隙紧闭性，通风设备要求不能飞进和爬进爬虫
	2. 所有员工每年定期进行体检，预防疾病传播
	3. 凡倒掉的食物和垃圾应当在当天及时处理
	4. 不得出售变质或已超过保质期的食品和饮料
其他细节	1. 勿在室内花卉上留有尘土，残花败叶要及时清理
	2. 地毯上不得有污渍，如遇污渍应利用各种方法及时清理
	3. 走廊卫生应先扫后拖，但要注意尽量保持干爽，防止往来人员滑倒
	4. 员工不得化浓妆、染指甲，不得佩戴过多的首饰，厨师工作时一律要戴工作帽，鞋子要防滑，不准系着围裙上洗手间
	5. 服务员工作前洗手消毒，装盘、取菜、传送食品使用托盘、盖具
	6. 不用手拿取食品
	7. 取冷菜使用冷盘，热菜用热盘，面包、甜品用托盘、夹子，冰块用冰铲，保证食品的卫生安全，防止二次污染
	8. 服务过程中禁止挠头、用手捂口咳嗽、打喷嚏
	9. 餐厅内食品展示柜清洁美观，展示的食品新鲜，服务操作中始终保持良好的卫生习惯
	10. 厨师不能用围裙擦手，须知每一道菜品都要经客人的口、胃检验，厨师的清洁卫生马虎不得
	11. 洗手间最好贴上清洁工作考勤表，使客人切身体会到清洁工作的周到与体贴

三、员工卫生管理

按照国家和地方卫生法规，餐饮生产和服务人员每年应做一次体检。身体检查的重点是肠道传染病、肝炎、肺结核、渗出性皮炎等。上述各种疾病患者及带菌者均不可从事餐饮生产和服务工作。

为了防止病菌污染，必须管理好职工的个人卫生。试验证明不论在人体表层或是人体内部都存有病菌。由于职工的清洁卫生和健康状况对食品卫生起着关键的作用，因此个人卫生的管理是餐饮卫生管理的关键环节。因此，职工个人清洁管理应以培养个人的良好的卫生习惯为前提。

个人清洁是员工卫生管理的基础，个人清洁状况不仅显示个人的自尊自爱，也标志着餐饮企业形象。个人清洁应做到"五勤"、"三要"、"五不"和"两个注意"。"五勤"的具体内容是：勤洗澡、勤理发、勤剪指甲、勤刷牙、勤换衣服。"三要"的内容是工作前后要洗手、大小便后要洗手、工作前要漱口。"五不"的内容是在当班时间不掏耳、不刷牙、不抓头皮、不打哈欠、不抠鼻子。"两个注意"的内容是当班前注意不食韭菜、大蒜和大葱等有强烈气味的食品，在顾客面前，咳嗽、打喷嚏须用手帕掩住口鼻，并转身背向顾客。

需要提醒的是餐厅和厨房的员工手脚受伤时，应包扎好伤口，绝不能让伤口接触食物。

员工工作服应合体、干净、无破损、便于工作。在餐饮企业，厨师应备至少三套工作服、服务员至少备两套工作服，以便清洗更换。

四、环境卫生管理

环境卫生管理仍然是餐饮卫生管理不可轻视的环节，包括餐厅卫生管理和厨房卫生管理，涉及通风设施、照明设施、温度调节设施、冷热水设施、地面、墙壁、天花板等各方面。

1. 餐厅卫生管理

餐厅环境卫生是指餐厅的地面、墙壁、天花板、门窗、灯具，各种装饰品，包括挂面工艺品等。餐厅卫生主要包括环境、餐桌用具、服务桌、备餐间以及餐厅所负责的公共区的卫生。

餐厅地面不论采用何种材料，都应保持洁净，如大理石地面要天天清扫，打蜡上光，地毯应每天吸尘两至三次，一般水磨石地板每天必须冲洗，以保持干净、清洁。墙壁及天花板卫生要定期除尘，墙壁和天花板张贴的壁纸要定期用清水擦拭，保证清洁美观。门窗玻璃要每天擦拭。灯具及各种装饰品要定期彻底擦拭、清扫。每天开餐前应用干净的毛巾认真擦拭桌上服务用品，如调味架，必须每餐清洗，调味瓶不能有渍印，花瓶中的水要每天更换。每餐后要认真清理服务桌，桌面要干净，备餐用具要摆放有序，码整齐，特别注意消灭蟑螂，并经常更换垫布或垫纸。备餐室要餐餐整理，并保持备餐调料柜、家具柜的整洁干净、井然有序。餐厅公共区域一般是指附近的休息室、走廊等，要认真清扫。

2. 厨房卫生管理

厨房是生产饮食品的车间，厨房卫生直接影响产品质量和企业的声誉。因而厨房卫生管理是酒店经营管理的重要工作。凡在我国领域内从事食品生产经营的集体和个人，都必须遵守《中华人民共和国食品卫生法》。因此，厨房卫生管理的目标是保证厨房的环境、餐具、产品及工作人员个人卫生符合食品卫生法的各项要求，确保饮食产品的卫生，防止"病从口入"，以保证消费者的健康。

（1）厨房环境卫生。厨房必须严格按照国家规定的卫生要求设计和布局。厨房的设备设施很多，这些设备的设计与布局要合理，必须安装或坐落在能防止食品污染、便于清洁工作的地方。

厨房每日清扫不少于四次，保持干净、整洁，无食品原材料加工后的废料、下脚料堆积。地面整洁防滑，无油污积淀。墙面无灰尘蛛网，边角、下水地漏处无卫生死角。炊具、厨具、餐具每天洗涤消毒，保持清洁、明亮、无油污。案板、刀具定时煮沸消毒。各种盖布、盖帘、抹布每天清洗，专布专用。整个厨房各种机械设备与冰箱、橱柜定时或每天擦拭。室内无积水、无异味。

在生产过程中，必须保持厨房内外环境整洁，地面干净，四壁无蛛网，下水道疏通，消除苍蝇、老鼠、蟑螂和其他有害昆虫及各种微生物借以滋生的条件。并采取必要的防止食品污染的措施。

厨房必须建立打扫制度。厨房打扫可分为日常打扫、定期打扫、搬家式打扫。日常打扫是每天进行的打扫，一般在班前、班后进行。下一班应对上班打扫情况进行监督。交接班应包括厨房环境卫生情况的交接项目，不合乎要求的，由上班人员重新清扫。定期打扫是指三天、五天或一星期等定期进行的一次较全面的打扫。搬家式打扫将彻底打扫平时未打扫的死角，因工作量大，占用时间长，所以常与厨房的维修、改建、安装等工程配合进行。

（2）厨房操作卫生。厨房操作的卫生管理，包括两个方面的内容，一是具体操作过程中的卫生管理；二是严格执行食品卫生法的规定，禁止生产有害食品。

厨房操作中的卫生管理主要内容如下：①生熟食物和用具、盛器等要严格分开使用，不许混淆，以免交叉污染。②放熟菜的用具，切熟菜的砧板，不用时应以干净的纱布盖好，用时先消毒。③制作冷盘时，应按规定将用具消毒，做到"双刀"、"双磴"、"双碗"制。④尝味时应用汤匙，不能用手指或手勺直接送入口中。⑤存入冰箱的熟食，要生熟料分格存放，以避免交叉污染。⑥操作过程中禁止挠头，用手捂口咳嗽、打喷嚏。

厨房工作人员必须了解《中华人民共和国食品卫生法》禁止生产的12类食品：①腐败变质、油脂酸败、霉变、生虫。污秽不洁、混有异物或其他感官性异常的食品。②被有毒、有害物质污染的食品。③含有致病性寄生虫、微生物或微生物毒素含量超过国家限定标准的食品。④未经兽医卫生检验或不合格的肉类及其制品。⑤病死、毒死或者死因不明的禽、畜、兽、水产动物等及其制品。⑥容器包装污秽不洁、严重破损或运输工具不洁造成污染的食品。⑦掺假、掺杂、伪造，影响营养卫生的食品。⑧用非食品原料加工的制品。⑨超过保存期限的食品。⑩为防腐等特殊要求，国务院卫生行政部门或省市人民政府专门规定禁止出售的食品。⑪含有未经国务院卫生行政部门批准使用的添加剂的食品。⑫其他不符合食品卫生标准、卫生规定的食品。

（3）厨房冷荤间卫生。冷荤加工间单独配置。做到五专：专室、专人、专工具、专消毒、专冷藏。室内紫外线消毒，每餐消毒强度不低于 70/1W/cm。案板每天清洗消毒，刀具定时沸煮。熟食架、冰箱每天清洗，10 天用热水冲洗消毒 1 次；冰箱把手用消毒过的小方巾捆好。储存柜定期消毒。冷荤间员工穿专制工作服上岗，进入操作间前洗手消毒。各种食品、半成品，生、熟分开，荤、素分开，专柜存放，盖好保鲜纸。出售的冷荤食品每天化验，保证卫生。化验率不低于 95%。

（4）厨房饮用水卫生。厨房饮用水应透明、无色、无异味、无肉眼可见物。水龙头及开关把手始终保持清洁卫生。饮用水中不含病原微生物和寄生虫卵，每毫升水中细菌总数不超过 100 个，每升水中大肠杆菌群不超过 3 个。饮用水经过消毒处理，不用自然井水、河水。水质经加氯消毒，完全接触 30 分钟后，每升水中的游离氯含量不低于 0.3 毫克。

（5）虫害防治。厨房对外开放的门窗结构严密，缝隙不超过 1 厘米。所有管道入口和下水沟出入口安装金属网，网口洞隙小于 1 厘米，防止蚊蝇进人。厨房有防蝇、防鼠、防蟑螂与其他虫害措施，定期组织虫害防治工作，尽可能杜绝苍蝇、老鼠、蟑螂等虫害发生。

第三节　设备与餐具管理

餐饮企业的经营设备是指餐厅的家具、服务车、展示柜和酒精炉等。餐饮企业的经营设备和餐具既是餐厅经营和服务的必要工具，又是餐饮成本控制内容之一。因此必须认真管理。木材是餐厅家具最常见的材料，它们适合于各种家具。越来越多金属家具特别是铝合金、铜制家具运用到餐厅，铝制品轻、质硬、容易清洁，成本低。木面金属架餐桌非常实用，人造大理石和塑料台面清洁方便。选择餐厅家具应注意灵活性、服务功能、造型、颜色、耐用性、容易维修、方便储存和低碳环保等。

一、家具保养和管理

餐厅家具主要是指餐桌、餐椅、酒柜、服务柜、茶几、沙发和转盘等。通常，餐桌和餐椅必须根据餐厅的种类、级别和特色进行选择。餐桌有圆形和正方形，适用于任何餐厅。长方形餐桌适用于西餐厅，不适合中餐厅。餐椅常根据餐厅种类和级别有不同的式样、尺寸和颜色。酒柜是陈列和销售酒水的设施。服务柜里面装着服务用品和餐具，服务柜常是服务员分菜的地方。餐具柜的设计应尽可能小型、方便，根据需要可以在餐厅内移动，体积太大会占去更多的空间。

台面应使用防热材料，易于清洗。储放刀叉的抽屉按一定的顺序排列，为方便使用，刀叉等餐具的顺序要固定摆放。茶几和沙发常用于高级餐厅的顾客休息室。转台在中餐厅大圆桌上面摆设的，是可以转动的小餐台。以木头为原料制作的餐厅家具是餐厅最常用的家具。但是，一些餐厅也用木头和金属合成的家具。餐厅的家具是餐厅的最基本的经营设施，必须加强管理。严防餐厅家具受潮与暴晒，木质家具受潮后容易膨胀，因此切忌把湿毛巾、湿衣服等放在家具上。如果发现有潮湿的布件在家具上，应立即拿掉。见到餐桌和餐椅有水渍要及时擦干。家具受到阳光暴晒容易收缩。避免家具遭受阳光暴晒而变形、发生裂缝和色泽减退等。在有暖气设备的餐厅，家具的摆设不能靠近暖气片，以防止被烘干而破裂。定期为家具上光打蜡，一般木器家具都是刷过油漆的，为了保持家具色泽光亮，除了经常用干燥柔软的抹布擦拭家具，还需为家具定期上蜡打光。打蜡时先在家具表面上除尘，然后涂一层薄薄的白蜡，用洁白的绒布反复擦拭，直至光亮。经常调节室内空气，保持室内通风。房间久闭，门窗不通风，湿度过大或在雨季会使家具发霉，木板家具还会脱胶变裂。餐厅应适时地打开门窗进行通风。家具必须轻拿轻放。搬家具时，一定要两人搭配好才能搬动，切忌一人在地板上生拖硬拉。不要将家具碰撞墙壁、门窗和地板，防止碰碎家具的镜子和玻璃面。

二、服务车保养和管理

餐厅服务车包括运输各种餐具和菜肴运输车、开胃菜车、切割车、牛排车、甜点车、烹调车、酒水车和送餐车等。服务车不能装载过重的物品，餐厅使用的服务车都是轻便和灵活的，因此应当专车专用。由于车轮较小，使用时，速度不能过快。如遇地面不平或餐厅内地面有异物，服务车极容易翻倒。为了保证餐厅服务质量，必须正确地使用服务车和不断地进行保养。每次使用完服务车一定要用洗涤剂认真擦洗，镀银的车辆应定期用专用银粉擦净。

（1）餐具和菜肴运输车常用于宴会的摆台和撤餐具等。

（2）开胃菜车用于餐厅的开胃菜的陈列和推销，车上常放少许冰块保持菜肴的凉爽。

（3）切割车用于通过烧烤等方法制作的菜肴，如烤乳猪、烤牛肉、烤鸭等的展示和切割，用酒精炉或交流电加热，切板下是热水箱，一端有一个放置热盆的地方，第一层架子不要放任何东西，多余的餐具、盆子等放在底下一层，在上酒精炉前一定要保证水箱里装足了热水。要及时打扫干净，可用银粉擦净，并彻底抹掉沾在车内的残屑。

（4）烹调车有各式各样，适合于不同的菜肴烹调和销售。例如，煮粥车、蔬菜车、小笼蒸车等。牛排车用于牛排的展示和烹调，是烹调车的一个种类。

（5）甜点车是餐厅推销蛋糕、派、布丁及其他甜点和水果的小车。一个由厨师精心布置的甜点车非常有吸引力。

（6）酒水车用于咖啡厅和西餐厅，它包括烈酒车和咖啡车等。酒水车主要用来陈列和销售开胃酒、各种烈性酒和餐后甜酒。备有相应的酒杯和冰块等，相当于一个餐厅内的流动小酒吧。咖啡车是餐厅推销咖啡的小车。车内展示几种顾客最欢迎的咖啡豆，车上装有小型煮咖啡的装置，该装置将咖啡豆煮成咖啡只需1分钟。有时，咖啡车上还装有酒精炉，可以制作爱尔兰咖啡。

（7）送餐车是餐厅服务员向客房运送菜肴和酒水的服务车。为了运送热菜肴，一些送餐车还装有保温设备。

图7-1为餐具服务车。

图7-1　餐具服务车

三、棉织品与地毯的保养和管理

餐厅的棉织品是指台布、餐巾、毛巾、台裙、窗帘等。这些棉织品是餐厅经营和服务的必需品。地毯是饭店和餐饮企业常用的设施，尤其是高级餐厅。铺有地毯的餐厅显得非常雅致。目前，许多大众餐厅和快餐厅不铺地毯，给顾客明快的感受。

（1）餐厅棉织品使用后一定要及时清洗，妥善保管，换下来的潮湿布件应及时送走，如果来不及送的，应晾干过夜，否则，易于损坏。晚餐和宴会后换下的台布要刷去残羹杂物放在橱内过夜，以防虫鼠咬破，第二天清晨应立即送洗衣房。

（2）棉织品应轮换使用，这样能减轻布件的破损和避免久放发脆。

（3）地毯要精心保养，每天用硬扫帚或吸尘器扫除纸屑、吸掉灰尘，定期清洗。

四、保温锅的保养与管理

餐厅里通常配有各式不锈钢保温锅用于自助餐，其主要的规格有 80 厘米 × 45 厘米长方形保温锅，也有 45 厘米 × 45 厘米的正方形保温锅，还有直径 40 厘米的圆形保温锅。酒精保温锅分为三层，上面一层放菜肴，中间一层放水，下面一层放燃料。保温锅可以保持菜肴原有的热度，从而保证菜肴的质量。保温锅必须正确使用与保养。保温锅的热源是固体燃料，所以在操作时应慎重。在操作时先在保温锅内放上足够开水，将装有菜肴的盘放上，盖好锅盖，然后才可以点燃固体燃料，随时掌握燃料的燃烧情况。待要熄火时，固体燃料一般用盖子盖好即可。用后要认真擦洗。在装有水的一层结出水垢，应及时清除。

五、餐具保养和管理

餐具是餐厅营销和服务不可缺少的器皿，它反映了餐厅的特色、餐厅的风格。同时，对美化餐厅和方便服务都具有一定的作用。

1. 瓷器保养和管理

瓷器是餐厅服务和营销常用的器皿。瓷器常常可以衬托和反映餐饮产品的效果。通常，瓷器餐具都有完整的釉光层。餐盘和菜盘的边缘都有一道服务线，以方便服务。顾客评价菜肴讲究色、香、味、形、器。瓷器必须和餐桌的其他物品相辉映，也要与餐厅气氛相协调。当今，顾客越来越喜欢欣赏瓷器的色彩。因此瓷器餐具要有完整的釉光层。骨瓷（Bone China）是一种优质、坚硬昂贵的瓷器，图案都是烧在釉里面，饭店和餐饮企业使用的骨瓷可以加厚订做。瓷器应该堆放在架子上，不要堆得太高，高度便于放入和取出，要用台布覆盖，避免落入灰尘，每次使用完毕要洗净消毒，用专用抹布擦干水渍，然后分类，整齐放在碗橱内，防止灰尘污染。在搬运碗碟等瓷器时，要装稳托平，防止碰撞。

图 7-2 为某餐饮企业餐具破损警示栏。

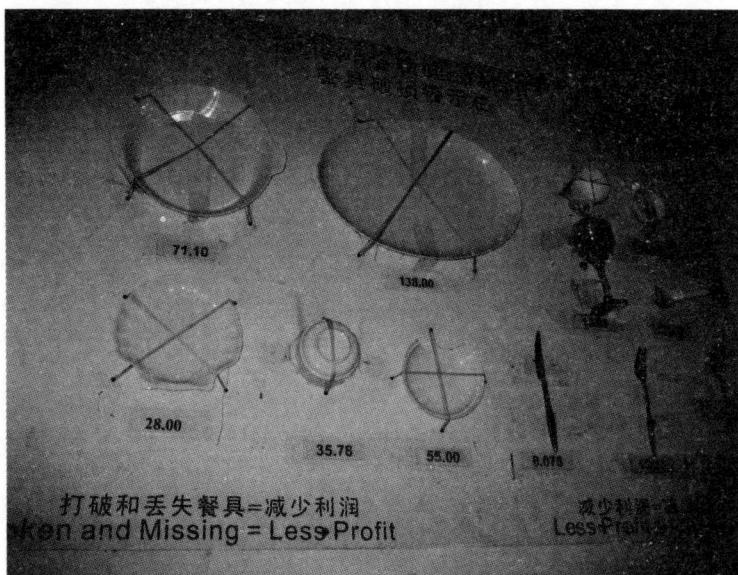

图 7-2 某餐饮企业餐具破损警示栏

2. 玻璃器皿的保养和管理

玻璃器皿主要是指玻璃杯。玻璃杯是餐厅销售酒水的基本工具，不同的玻璃杯体现了不同特色的酒水。玻璃器皿要求经常清点，妥善保管。各种水杯、酒杯用过后都要用干净布巾擦干水渍，保持杯子透明光亮，操作要轻，擦干后的杯子要扣在盘子内，依次排列，安全放置，较大的水杯和高脚杯要有专用木格子或塑料格子存放，小的杯子放在特制小格子内。存放杯子时，切忌重压或碰撞以防止破裂。有损伤和裂口的酒水杯应立即拣出，扔掉，保证顾客用餐安全。

3. 银器的保养与管理

银器是指金属餐具和服务用具，包括使用不锈钢、镀金金属和镀银金属制作的餐具。各种银器使用完毕必须细心擦洗，精心保养。凡属贵重的餐具，一般都由餐饮后勤管理部门专人负责保管，对银器的管理分出种类并登记造册，餐厅使用的银器需要每天清点。大型宴会上使用的银器数量大、种类多，更需要认真的清点。在营业时间结束时，尤其在倒剩菜时，应防止把小形的银器倒进杂物桶里。同时，对所有的银器餐具和用具要定期盘点，发现问题应立即报告主管人员并且认真清查。认真储存银器，理想的储放容器是盒子和抽屉。将每种刀叉分别放在一个特定的盒子或抽屉中，每个盒子或抽屉可垫上粗呢布以防止滑动和相互碰撞而留划痕和印记，但要定期换洗，保持卫生。其他金属器具应编号，放在仓库货架上，高度应方便服务员放置和取用。有些餐厅甚至将贵重的银器和其他金属器皿装在碗橱中上锁保管。

表7-5为厨房设备工具的管理，表7-6为西餐厨房主要工具和设备。

表7-5　厨房设备工具的管理

厨房选购设备时应注意的事项	1. 明确购置目的：厨房设备购置必须有计划和具体明确的目的。购置设备一般应以满足目前需要为原则，在制定设备购置计划时，除了应考虑设备的购置成本，还应考虑到将来设备过时所造成的损失、设备的维修保养费用以及一旦菜单调整所引起的设备闲置等问题
	2. 根据具体需要决定设备需求：估计设备需求应分三步进行：①根据餐厅标准菜谱规定的烹调加工方法，列出所需的各种设备；②根据操作需要确定各种设备的性能要求；③根据生产规模确定各种设备的规格和数量
	3. 设备投资效益：在计划设备购置时，应考虑：①设备的购置成本；②安装费用；③维修保养费用；④贷款利息；⑤操作人员工资；⑥能源费用等。在选择时，既要对同类设备的价格进行比较，也要对不同型号的设备进行比较，要了解设备性能以及各自的优、缺点，以选择先进可靠、价格合理的最优设备
	4. 设备性能和质量：要根据具体需要考虑设备的性能及其质量。设备的投资越大就越要注意设备的性能和质量
	5. 安全与卫生：厨房设备必须安全、卫生。因此，在选购时要了解设备是否有安全防护装置和防止食物污染措施，如自动报警、自动切断电源、自动灭火、消声隔音、排污等装置
	6. 外表和式样：设备的外表和式样应该实用美观，应与整个设施相协调。厨房设备造型讲究实用、简洁、便于清扫、结实和美观，制作材料科学合理。选购设备时还要注意各种设备的规格是否配套，式样是否统一
主要烹调用具	1. 炒勺：又称镂子、炒瓢，有生铁锅、熟铁锅之分，规格不一，直径一般有10~30寸。烹调菜肴一般用熟铁锅，有京锅、小耳锅、大耳锅；生铁锅传热较慢，适宜煮饭、蒸食物
	2. 手勺：用于搅拌菜肴、加调味品，以及菜肴出锅装盘的工具。呈圆形，直径约3~4寸，带木把长柄，规格通常有2两、5两、7两三种
	3. 手铲：用于烹制、搅拌、盛装菜肴和米饭的工具。有铜制、铁制、不锈钢制、铝制四种，烹制菜肴用的手铲规格较小，铲饭用的则较大
	4. 漏勺：有铁制、不锈钢制两种，是浅底宽口带柄的勺子。中间有许多小孔，直径约6~10寸，为烹制菜肴时滤油及从汤锅内取料的工具
	5. 笊篱：有铁丝、铜丝及竹丝制三种，直径约4~12寸，用途与漏勺基本相同。但其竹柄较长，便于在大耳锅、蒸汽锅内捞取食物
	6. 网筛：用细铜丝编成的圆形网筛，有不锈钢框，其网眼有粗细之分，细眼网筛用于滤汤汁等，粗眼网筛用于过滤液体调味品，二者均可用于筛面粉等原料

主要烹调用具	7. 铁叉、铁筷：铁叉用于在沸汤中捞取原料，有单叉头、双叉头两种，有的叉头呈钩形以防原料滑脱。铁筷用一尺多长细铁条或不锈钢条制成，用于在锅中划散细碎原料，通常在不适宜使用手铲、手勺时使用
	8. 蒸笼：用于蒸制菜肴、面点，有竹制、不锈钢制两种，规格大小不一，其大者直径在 40 寸以上，小者仅数寸
	9. 刀具：中餐厨房常用刀具有批刀、切刀、斩刀等，以及各种雕刻食品的刀具和模具，用于加工、切配和造型各种食品
炉灶的种类	1. 炒灶：炒灶火眼较阔，炉芯似喷水龙头，可喷出多支火焰，炉芯四周装有高出灶面的圆形生铁圈，圈上有 2 ~ 3 个缺口，以便火焰上窜及空气流通。通常以液化石油气为燃料，采用电子打火，电动鼓风，每小时热耗量为 4 万大卡。灶面砌以瓷砖或红砖，便于冲洗，现代化厨房中都用不锈钢灶面。炒灶适用于炸、熘、爆、炒等旺火速度的烹调方法
	2. 炮台灶：灶台由铸铁制成，使用液化石油气，每小时的热耗量约 5 千大卡，适用于煎、烧、炖、焖等烹调方法
	3. 汤灶：火眼在灶的中层，设有搁汤锅的架子，汤锅为不锈钢或铝制的桶，适用于吊汤、煮、氽等烹调方法。使用液化石油气，每小时热耗量约 5 千大卡
	4. 烤炉：烤炉呈圆形或腰鼓形，炉身由顶盖、上托、中托和下托组成，中空，上托两侧设有轨道式铁架，有活动铁钩，供挂烤原料之用。在炉的腰部（中托）有可开关的长方形小门，以便放进原料及观察控制火力大小。炉底（下托）安装液化石油气盘管的排废油、污水小孔。顶盖有一小门，便于观察烘烧食物的熟度和色泽。这种烤炉专门用于挂烤食物，如烤鸭、叉烧、烤鹅、明炉鸭等
	5. 蒸汽灶：蒸汽灶一般由不锈钢底座、蒸汽管、蒸笼组成。蒸笼有竹制和不锈钢制两种，气压可以调节，适用于蒸制各种菜肴和馒头、包子、米饭等，也可用于保温
	6. 电热烘烤箱：规格型号较多，占地面积 1.5 ~ 3 平方米，最高箱温 350℃，每小时产量 75 ~ 125 公斤。内分 4 ~ 8 层，一次用盘 8 ~ 16 只，每小时耗电 12 ~ 15 度。适用于加工各种糕点食品，如各式面包、蛋糕、馅饼等，也适用于加工烘烤各种菜肴，如煨鸡、烤猪排、烤鸡、烙鱼等。具有工效高、耗电少、散热均衡、操作方便的优点，既能自动控制温度，又能调节不同的底面火，所烘烤食品色、香、味、形俱全
常用机械设备	1. 拌粉机：有立式、卧式及可倾式之分，用不锈钢材料制成。用于拌和各种糕点、面包、饼干等制作原料；也可拌颗粒或粉状原料。其工效高，搅拌均匀，是主食及面点制作必不可少的设备之一
	2. 搅拌机：外形尺寸大小不一，一般每桶可加工 25 公斤，时间 5 ~ 10 分钟，通常用于打蛋、打蛋白、打奶油及提糖等食品加工
	3. 绞肉机：由不锈钢放料盘、转轴、刀片、圆形多孔铁板、轴头等组成，用于绞各种肉末、鱼、虾、肉馅等。操作简单，工效高，每分钟能绞肉、鱼等原料六七斤

常用机械设备	4. 切片机：可切肉片、榨菜片、鱼片、土豆片等，省时省力，操作方便，效率高，每分钟可切肉片3.5公斤，切土豆片2.4公斤左右，能提高工效3倍左右
	5. 锯骨机：可加工锯割各种带骨原料，如火腿、大排、子排、脚爪、冰冻牛肉、猪肉等食品原料
	6. 切碎机：由不锈钢制底座、圆形盛料桶一只、刀片一副、有机玻璃盖一只以及一根转动轴等组成，转速分快挡、慢挡。可加工肉末、面包粉、洋葱末、栗茸等食品原料。操作方便，功效高，清洗方便
	7. 电热、蒸汽保温快餐台：用于各类热菜肴的保温，能保持餐温不低于60度
	8. 蒸饭车：有用电和用蒸汽两种，适用于蒸饭、蒸馒头、蒸菜等，有箱内温度及压力安全防护装置
	9. 不锈钢夹层蒸锅：蒸锅内胆由不锈钢制成，外壶为钢板，规格大小不一，有80升、300升等，可分倾式和定式两种，采用蒸汽传热加温。用于煮烧各种稀饭、煮菜、制豆沙、烧煮鸡、鸭肉等，并可熬汤
	10. 不锈钢保温出菜台：采用蒸汽保温或电热保温，用于餐具、菜肴保温

表 7-6　西餐厨房主要工具和设备

	名称	用途
西餐常用烹调工具	肉豆蔻擦板	把肉豆蔻擦成粉状
	冰淇淋刮匙	舀冰淇淋
	土豆泥夹	夹土豆泥用
	汤勺	钢或铝制撇汤、舀汤用，口子比沙司匙要大
	沙司匙	撇沙司、舀沙司用
	奶酪擦板	擦全硬或半硬奶酪
	撇沫勺	把汤面浮沫去掉，也用于烹调过程中取食试味
	网勺	油炸食物时，翻动和捞取油炸的食物
	牛排钳	用来钳取、翻动烤肉
	苹果去核刀	用于除去苹果核
	水果去心刀	用来除去小水果，如橄榄、葡萄、话梅等果核
	肉针	用于大块肉食煮烤时捆扎，以防变形，以及串烤菜肴
	塑料刮板	用于从锅里刮取沙司
	巴黎勺	用于将水果等挖舀成球形，如把西瓜等挖舀成一粒粒西瓜瓤
	斩刀	斩带骨原料
	切刀	切无骨原料
	片蛋刀	用于将煮熟鸡蛋切成片状
	普通切刀	用于普通切割

名称	用途
切菜刀	专切蔬菜
割肉刀	切割烤肉
面包锯刀	切面包片和三明治片
卸肉刀	剔骨、切肉
旋转刀	把土豆等根茎类蔬菜切成椭圆形
牡蛎刀	开牡蛎壳
剔骨刀	剔骨
柚子刀	割取柚子肉
削皮刀	削根茎类蔬菜皮
肉棍	拍打肉块，使其组织松散，便于成熟
黄油刷	用于把黄油刷到蛋糕盘、盆上
骨锯	锯大骨
量杯	量取液状原料
裱花头子	用于裱花（刀油和菜泥等）
裱花袋	装裱花原料
磨刀棒	磨刀用
打蛋器	打蛋、打沙司，使其更软、滑嫩
肉叉	烤肉时叉肉用
锅（各种规格）	用于烧、烤、煮、炒等烹调
桶（各种规格）	用来盛原汁和沙司，也可用来煮食物
烤架	用于烤肉、禽类食物
烤盘	用于烤饼、大蛋糕及其他点心
面粉筛	筛面粉
漏板	沥有汁、有油食物
鱼勺	平底有孔，用于水中捞鱼
圆形蛋糕盘	盛装或支撑蛋糕
漏斗	用于把液体灌入小口径盛器
锥形滤器	过滤汤和沙司
柠檬夹	榨柠檬汁
罐头刀、机	开罐装食物
模具（各种规格）	用于食物造型，如布丁模、成包模
花雕刀	把土豆等蔬菜切成各种形状和各种规格
臼和杵	将香料和调味品捣成泥浆

注：表格左侧分类依次为"西餐常用烹调工具"、"常用小型烹调设备"、"大型设备和机械"。

名称	用途
糖度测量仪	测度的耐高温仪表，点心间用
打浆器	制汤、泥、浆时用
烹鱼锅	长方形、有盖、带有漏盘，便以捞取烹煮的配料而不破损鱼
高压锅	使用高压蒸汽蒸制食物
烤面包器	烤面包片
华夫夹	制作华夫饼的专用模型
煎锅	煎饼、煎吐司，制作炒、煎、炸等菜肴
紫铜锅	搅拌蛋白、白脱奶油、熬糖
小型沙司锅	熬制沙司、糖
微波炉	烹制和回热食物
油炸炉	油炸食物
冷藏箱，室	低温储存食品原料以使保鲜
冷冻室	冷冻储藏食品原料
对流烤炉	温度均匀，可烘烤各种食物
热盘柜、箱	使盘、碟保暖，用于厨房、餐厅盘碟加热保温
发酵箱	面团发酵
热水槽	食物保温
托盘车	运送食物
铁排烤炉	烤制食物，如牛排、鱼排等
点心炉	烘制各色点心
翻斗炒锅	大批量生产用的大平锅，可以倾斜以便食物起锅
翻斗煮锅	大批量生产用的大煮锅，可以倾斜以便食物起锅
大型蒸汽锅	密封式高压蒸汽烹制，比一般锅烹制速度快得多
不锈钢西餐灶	灶面有若干大小火眼，用于制作煎、烧、焖等西式菜点，下层设烘箱，用于菜肴烘烤和保温
平板炉	用煤气或电作燃料，炉面是一块金属平板，平板加热后，可烹制菜肴如肉蛋、腊肉等
和面机	将面粉拌匀，揉成面团
切片机	可将土豆等蔬菜切成均匀一致的线、条、丁、块等
片肉机	将生、熟肉块按要求切成片
土豆削皮机	削土豆皮（大批量加工）
冰淇淋机	制冰淇淋
滚磨机	把杏仁磨成浆制杏仁冻
多功能搅拌机	装上不同的配件可有不同的功能，搅拌各种原料

（表格左侧纵向文字：大型设备和机械）

案例

厨房"五常法"管理

中餐业的管理历来是经验型管理，尤其是厨房管理，更是"大师傅"说了算，再加上从业人员流动频繁，文化素质较低，缺乏管理意识，即使是一项很好的管理方法也很难贯彻到每一个操作岗位并长期坚持。餐厅的安全、卫生、品质、效率、形象等也难以保证，经常会发生问题，甚至威胁到餐厅的生存。"五常管理法"（简称"五常法"）就是新近应运而生的诊治餐饮企业上述积弊的一剂良药。

"五常法"的要义是：工作常组织，天天常整顿，环境常清洁，事物常规范，人人常自律。

"常组织"是指判断出完成工作所必需的物品并把它与非必需的物品分开，将必需品的数量降低到最低程度，并把它放在一个方便的地方。

"常整顿"是指研究如何提高工作效率，采取合适的储存方法和容器，决定物品的"名"和"家"，旨在用最短的时间取得或放好物品。

"常清洁"是指清洁检查和卫生程度是由整个组织所有成员一起来完成的。每个人都有负责清洁、整理、检查的范围。

"常规范"是指以视觉、安全管理和标准化为重点，维持透明度和视觉管理，包括利用创意，从而获得和坚持规范化的条件，提高办事效率。

"常自律"是指创造一个具有良好氛围的工作场所，持续地、自觉地执行上述"四常"要求，养成遵守规章制度的习惯。

"五常法"看似简单，却蕴涵着深刻的管理思想和企业文化，在厨房管理中值得借鉴。

案例思考题：

请运用"五常管理法"为所在学校餐厅或所在企业餐厅厨房制定一套管理制度。

本章复习思考题

1. 食品安全管理的措施有哪些？
2. 如何做好餐饮企业卫生管理？
3. 简述如何预防餐饮企业安全事故的发生。
4. 简述餐饮企业棉织品与地毯的保养和管理。
5. 简述餐具的保养和管理。

第八章　餐饮企业质量管理

☞ **本章内容简介**

餐饮企业质量管理是餐饮企业参与市场竞争和获得可持续发展的基石。本章主要从产品质量管理、服务质量管理和全面质量管理三方面来探讨餐饮企业的质量管理。内容主要有餐饮企业质量管理的概念、内容和原则、餐饮服务质量管理的内容、服务质量控制方法、餐饮企业全面质量管理的特点和内容。

☞ **本章学习目标**

学生通过本章的学习，正确把握餐饮企业质量管理的内涵，了解餐饮企业产品质量管理和服务质量管理的内容和特点。能够以全面质量管理的思想为指导，制定餐饮企业的质量管理的体系和具体实施办法。

随着经济全球化趋势的日益加深，企业之间的竞争由区域性竞争向全球性竞争发展，质量的市场作用与地位也日益重要，质量管理已成为企业竞争的重要工具。餐饮企业质量管理是餐饮企业争夺市场和获得可持续发展的基石。

第一节　餐饮企业质量管理概述

餐饮企业产品具有满足顾客有形的物质需求和无形的精神需求的双重特性。餐饮企业产品质量是指餐饮企业产品和服务的适用性，也即餐饮企业产品适合顾客需求的程度。现代餐饮企业质量管理已成为重要的管理战略之一。

一、餐饮企业产品质量的相关概念

1. 质量

ISO9000：2000 标准给出"质量"（Quality）的定义是："一组固有特性满足需求的程度"。其中"固有的"是指事物本来就有的，尤其是那种永久的特性。"特性"是指"可区分的特征"，它可以是固有的或赋予的，定性的或定量的。有各种类别的特性，比如物理的、功能的、感官的、生理的、行为的、时间的等。固有特性是指产品中本来就有的、天然存在的、永久的特性；赋予特性是指产品形成后因不同需要所赋予的特性。定量特性是指用数字或条码表达和衡量的特性；定性特性是指无法用数字或条码表达和衡量，只能用文字描述或感知体会的特性。"要求"是指"明示的、通常隐含的或必须履行的要求或期望"。"满足要求的程度"是指在满足规定的要求和达到预期的使用目的方面的客观情况，是固有特性的客观表现或反映，而不是人们的主观评价。

2. 产品质量

ISO9000：2000 标准中，"产品"（Product）被定义为"过程的结果"，并指出有下述四种通用的产品类别：

（1）服务（如物流）。

（2）软件（如信息系统）。

（3）硬件（如设施设备）。

（4）流程性材料（如水、电、气等）。

"产品质量"可以归结为："过程的结果"所具有"一组固有特性满足要求的程度"。产品质量特性是指"产品、过程或体系与要求有关的固有特性"，如重量、尺寸、颜色等各种客观特性；不包括人为赋予的特性，如便宜、漂亮、可爱等主观评价。服务产品的质量特性除服务的功能性、安全性、时间性外，还包括服务提供的文明程度、服务接受者的舒适程度和满意程度。过程的质量特性存在于产品的开发、设计、生产、制造、销售、服务等活动之中，各项活动的质量特性决定过程的质量特性。体系的质量特性存在于体系的资源构成、技术水平、组织结构、人员职责等各项要素之中。体系的质量特性中最重要的是体系的运行效率和体系的质量保证能力。

3. 餐饮企业产品质量

餐饮企业产品主要是服务产品。因此，餐饮企业产品质量是指餐饮企业提供的服务产品满足顾客需求的能力与程度。餐饮企业服务产品质量是服务过程和服务结果的质量总评价，是有形产品和无形产品的质量综合，也即产品适合顾客需求的程度。由于不同顾客对餐饮企业产品质量的要求不同，因此质量具有相对性、时间性和空间性的概念。所谓相对性，是指质量适应顾客需求的程度因人而异，产品相对于价格、成本或餐饮企业等级可能是优质或一般。时间性是指随时间的变化，顾客对餐饮企业产品质量要求有所不同，由于科学技术的进步，人们生活水平的提高，顾客对产品质量会提出不同或更高的要求，因此餐饮企业产品质量具有时间的动态性。空间性是指顾客对餐饮企业产品质量要求因地域环境而异。此外，产品质量常以一定的技术指标来表示，即质量标准或技术标准。餐饮企业产品质量建立在满足顾客的需求上，使产品性能和特征总体具有满足特定顾客需求的能力。餐饮企业产品质量的实质是满足顾客需求的程度，顾客需求是确定产品质量高低的标准。

二、餐饮企业质量管理的相关概念

1. 质量管理

ISO9000：2000 标准中，质量管理的定义是"在质量方面指挥和控制组织的协调的活动"。这类活动通常包括制定质量方针和质量目标、质量策划、质量控制、质量保证和质量改进。

2. 餐饮企业质量管理

餐饮企业质量管理是确定和建立质量方针、质量目标，建立质量体系并在质量体系中通过质量政策、质量控制、质量保证和质量改进等手段来实施餐饮企业全部管理职能所有活动的总称，包含了以下几个子概念：

（1）质量方针（Quality Policy）。质量方针是由餐饮企业的最高管理者正式发布的，也是该餐饮企业总的质量宗旨和方向。质量方针就是企业的质量政策，是餐饮企业总体经营方针的重要组成部分，是企业内部员工必须遵守的质量准则和行动纲领，为建立和评审质量目标提供了框架。

（2）质量目标（Quality Objective）。质量目标是指在质量方面所追求的目标，是餐饮企业根据质量方针的要求，在一定时期内质量方面所要求达到的具体、定量的预期成果。质量目标需要与质量方针和持续改进的承诺相一致，其实现是可测量的。质量目标的实现对产品质量、运行有效性和财务业绩都有积极影响。

（3）质量策划（Quality Plan）。质量策划是指致力于制定质量目标并规定必要的运行过程和相关资源以实现质量目标的活动。餐饮企业质量策划包括产品策划、生产服务过程策划以及资源策划、质量计划编制、质量评估分析和质量改进等各个环节的策划。

（4）质量控制（Quality Control）。质量控制是指餐饮企业致力于满足质量要求，通过明确标准、测量绩效、纠正偏差的活动，以保证组织及其过程按照质量策划的途径有效地运行，实现质量目标。

（5）质量保证（Quality Assurance）。质量保证是指餐饮企业通过开展一系列有计划的、系统的活动，用事实让顾客真正了解该企业产品的质量和管理水平、技术水平以及生产服务各环节，使顾客或其他相关方能够确信企业提供的产品、服务和体系的质量能够满足规定的质量要求。

（6）质量改进（Quality Improvement）。质量改进致力于增强满足质量要求的能力。餐饮企业质量改进的目的是通过提高整个餐饮企业的活动和过程的效率和有效性，通过纠正措施、预防措施减少失误，为该企业和顾客提供更多的收益。质量改进是通过产品和质量管理体系运行的各个过程改进来实现的，它涉及餐饮企业生产服务过程的各个阶段、环节、职能、层次。

三、餐饮企业质量管理的对象与内容

1. 质量管理的研究对象

质量管理是研究和揭示质量形成和实现过程的客观规律的科学。随着社会的进步、经济的发展，质量管理大致经历了质量检验阶段、统计质量管理阶段和全面质量管理阶段。在质量检验阶段，质量管理的研究对象是产品质量，侧重对产品质量的事后检验。在统计质量管理阶段，质量管理的研究对象拓展到质量的过程控制，开始转向质量的预防性控制。进入全面质量管理阶段，质量管理的研究对象扩大到组织管理中所有可以单独描述和研究的对象，除了产品质量，还包括组织、体系、人力以及组合系统的质量。

2. 质量管理的研究内容

质量管理研究的内容主要包括以下几个方面：

（1）质量管理的基本概念。所有学科都有一套专门的、特定的概念，组成一个合乎逻辑的理论概念，这是学科理论体系存在的基础。当然也包括质量管理，如质量、质量方针、质量目标等。质量管理的基本概念及相关术语，一般以国际标准化组织（ISO）颁布的 ISO9000 族标准为准。

（2）质量管理系统理论。质量管理系统理论是指导质量管理实现的理论基础。目前，比较有影响的质量管理系统理论有"PDCA 循环理论"、"全面质量管理理论"、"零缺点管理理论"、"六西格玛管理理论"、"顾客满意理论"等。

（3）质量管理工具与方法。质量管理活动的展开一定要借助工具和方法。常用的工具有排列图、因果分析图、直方图、控制图等。此外，还有朱兰三部曲、QC 小组、质量数据的统计处理方法、质量检验与抽样检验、方差与回归分析和时间序列分析等质量管理工具和方法。

（4）质量管理体系。建立科学有效的质量管理体系才能保证质量管理活动的有效开展。质量管理体系的建立与完善包括了质量管理体系的策划与设计、质量管理体系文件的编辑、质量管理体系的运行监控、质量管理体系的审核以及改进等内容。

（5）质量管理基础工作。基础工作的准备有利于质量管理的顺利开展。这些基础性工作包括质量管理的标准化、质量管理的定量化或评价指标改进、质量信息管理以及质量教育和培训等。

（6）质量管理的微观管理与运行。企业在开展微观的质量管理过程中涉及质量设计、质量策划、质量控制、质量评价、质量保证、质量改进等过程。这些过程的改进和完善都能促进企业质量管理总体水平的提高。

（7）质量管理的宏观管理与发展。质量管理水平的提高依赖于良好的质量管理环境。从我国具体国情出发，研究建立适合我国经济体制和政治体制的质量管理组织体制和质量管理法规。当然在研究过程中也要研究各国质量管理理论和模式，取长补短，融合提炼成具有中国特色的质量管理体系。

3. 餐饮企业质量管理的研究对象与研究内容

（1）研究对象。餐饮企业质量管理的研究对象就是餐饮企业产品生产和提供的过程与结果，以及设计产品生产和提供过程的所有有关的包括直接或间接关联的部门，甚至还包括影响餐饮企业管理的外部环境和因素。

（2）研究内容。餐饮企业质量管理研究内容包括餐饮企业质量管理的基本原理、基础理论与管理方法，管理体系的建立、运行、测评与改进（质量评价体系、质量保证体系和认证体系），餐饮企业的质量控制与管理，顾客关系管理（包括顾客满意、顾客价值、顾客投诉与处理）和质量经济性分析。

四、餐饮企业质量管理的八项原则

质量管理中的八项原则来自对过去一个世纪中全球先进企业质量管理发展的

经验和教训的总结，也是对戴明、朱兰等质量管理先驱们的管理理念的进一步提炼。同样这八项质量管理原则也可以运用于餐饮企业管理。

1. 以顾客为关注焦点

餐饮企业依存于顾客。因此，企业应理解顾客当前的和未来的需求，满足顾客要求并争取超越顾客期望。以顾客为中心是餐饮企业全面质量管理的一个最基本的概念。从顾客角度出发来考虑问题是管理餐饮企业的一个基本立场，也是餐饮企业进行其他活动的出发点和前提。明确顾客对餐饮企业活动的满意度以及尚未被满足的需求，是餐饮企业面临的最大的挑战。因此餐饮企业必须做到以顾客为焦点。以顾客为焦点要求采取以下行动：

（1）了解顾客的需求和期望。

（2）确保餐饮企业的目标与顾客的需求变化联系起来。

（3）确保顾客的需求变化能在和顾客交流活动中得到表现，并制定和采取满足需求的措施。

（4）管理好顾客关系。

（5）确保兼顾顾客和其他相关方的利益。

2. 领导作用

领导者要确定餐饮企业的宗旨和方向，创造并保持使员工能充分参与实现企业目标的内部环境。领导作用就是要在组织中形成一种上下共同奋斗的状态。这就要求为企业的发展确定一个方向、一个目标，然后将餐饮企业的目标分配到各个部门、各个岗位上，使每个人都清楚自己的工作是如何与组织的目标相联系的。全面质量管理与传统做法的最大区别就在于全面质量管理的战略计划除了包括企业内部员工还包括竞争者。企业与顾客、供应商及竞争者之间建立起了一种全新的关系网络，目的在于获取新的竞争优势、新的市场和新的机会。发挥领导作用可以在以下几个方面采取措施：

（1）全面考虑各方的需求，包括顾客、所有者、员工、当地社区以及整个社会。

（2）为企业勾画一个比较清晰的规划图。

（3）设定一个具有挑战性又切合实际的目标。

（4）在餐饮企业内部创造并坚持一种共同的价值观，并为企业树立职业道德榜样。

（5）为员工提供所需要的资源、培训及在职责范围内的自主决定权。

（6）激发、鼓励并承认员工的贡献。

3. 全员参与

任何企业都是人的集合。餐饮企业属于以服务为主的企业，更是如此，只有使所有员工充分参与，才能使他们的才干为组织带来最大的收益。餐饮企业者必须要通过适合的管理，如奖励措施，来激发员工的热情和主动精神，使员工懂得并愿意高效地工作，从而极大地促进企业的彻底转变。实现全员参与可以采取的措施包括以下几个方面：

（1）使员工了解他们在企业中的重要性。

（2）识别影响他们工作的制约条件。

（3）在解决问题时，应让员工作主并承担问题的责任。

（4）针对每个人的目标，评价其业绩。

（5）给予员工适当的培训，提高员工的能力、知识和经验。

（6）创造条件让员工自由地分享知识和经验。

4. 过程方法

通过将活动和相关资源作为过程进行管理，可以更高效地得到期望的结果。过程就是指为顾客创造价值的从开始到结束的一系列的活动。20世纪20年代休哈特提出将过程控制作为质量管理的一个基本信条。之后，戴明进一步发展了休哈特统计过程控制的思想，提出了著名的PDCA循环，朱兰在其《管理突破》一书中提出了过程改进的概念。在20世纪80年代，随着那些领先的公司跨入迅速改进的活动中，过程管理的必要性也越来越明确。包括餐饮企业在内的所有企业都是一系列过程的组合，顾客就是根据这些过程的输出来认识某一个企业。要满足顾客的需要，为顾客提供价值，就要成功地管理这些过程，必须采取一种团队的方式，团队成员要具有新的技能，具有对企业的战略、目标和竞争者的新的认识，还要具有完成工作必需的新的工具。过程方法包括以下内容：

（1）利用已形成的方法确定取得期望结果所必需的关键活动。

（2）在管理关键活动时规定明确的职责和义务。

（3）了解并测量关键活动的能力。

（4）规定组织内各职能部门之间关键活动的接口。

（5）管理上应注意一些改进关键活动的因素。

（6）评价风险、后果及对顾客、供方及其他相关的影响。

5. 管理的系统方法

将相互关联的过程作为系统加以识别、理解和管理，有助于提高餐饮企业内各组织的有效性和效率。质量管理的基本思路就是通过建立、实施和改进质量管理体系的方式来实现质量改进、成本的降低和生产率的提高。质量、成本和生产率是"果"，而体系则是"因"。具体而言，就是要明确顾客和其他相关方的需求和期望；建立组织的质量方针和质量目标；确定实现质量目标必需的过程及过程间的相互关系和利用；明确职责和资源需求；规定测量过程的有效性和效率的方法；应用这些测量方法确定每个过程的有效性和效率；确定防止不合格并消除不合格产生的原因的措施；最终建立持续改进质量管理体系。

系统方法包括以下内容：

（1）建立一个高效的实现组织目标的体系。

（2）明确体系内各过程的相互关联。

（3）关注并确定在体系内特定过程应如何运作。

（4）通过测量和评价持续改进体系。

6. 持续改进

餐饮企业的一个永恒目标就是通过持续改进达到提高总体业绩。在当今严峻的竞争环境下，餐饮企业为了生存就必须不断地改进。有关改进的各种方法已经日益为人们所熟悉，如跨职能团队、QC 小组、新点子建议制度、过程改进小组等。推行持续改进可采取以下内容：

（1）在整个餐饮企业内部采用不断更新的方法来推行持续改进。

（2）为员工提供关于持续改进方法和工具的相关培训。

（3）把改进落实到每个员工。

（4）为持续改进规定指导和质量目标。

（5）公布改进结果，承认员工的努力，并对员工通报表扬和奖励。

7. 基于事实的决策方法

管理者的正确决策建立在把握事实的基础上。以事实为依据来决策，这就是质量管理的最主要特征之一。为此就要求组织必须有一个用于测量（搜集）、加工和分析数据的有效系统。对于当今餐饮管理者来说，获取所需的信息是一件耗时、耗资且充满困难的事情。例如，"顾客到底想要什么？我们对他们的需要满足的程度如何？"等。获取信息的一个关键步骤是测量。此外，选择的对象如何测量一样重要。测量过程是由收集数据及展示结果所需要的各个步骤构成的。归根结底，测量就是为了餐饮企业作出更好的决策，采取更明智的决定。基于事实的决策要求做到以下内容：

（1）明确收集信息的对象、渠道和职责。

（2）通过分析，确保资料和信息的准确度和可靠性。

（3）通过对事实的分析、过去的经验和理性判断作出决策并采取行动。

8. 与供方互利的关系

对于餐饮企业，外购产品和服务在成本中占据着很大的份额。这些外购产品和服务的质量在很大程度上影响着餐饮企业的成品质量。当供应商被视为与顾客追求共同目标的伙伴时，也即与供应商关系建立在合作和信任的基础上时，供应商关系才能成为一种互利共赢的关系。建立互利的供方关系所采取的措施包括以下内容：

（1）识别并选择关键供方。

（2）在建立与供方的关系时，眼前利益和长远利益都要考虑到。

（3）与关键伙伴共享专门技术和资源。

（4）创造一个畅通和公开的沟通渠道。

（5）确定联合改进活动。

（6）激发、鼓励和承认供方的改进及成果。

第二节　餐饮企业服务质量管理

质量管理是餐饮企业可持续发展的内容之一。餐饮服务质量是餐饮企业的生命线。为顾客提供一个舒适、美好的就餐环境是做好餐饮服务质量的第一步，服务质量控制则是保证质量的重要措施。

一、营造优良的餐饮服务环境

餐饮服务环境是指就餐者在餐厅等消费场所用餐时所处周边的境况。从专业角度看，这些境况大致包括餐厅的面积、空间、档次、风格、光线与色调、温度、湿度、声音等诸多方面。就餐者到餐厅就餐，在享用餐厅提供的美味佳肴和优良服务的同时，还从周围的环境获得相应的感受。因此，搞好服务管理的第一步，就是向就餐者提供一个舒适、美好的就餐环境。

1. 影响餐饮服务环境的因素

（1）餐饮企业的市场定位。不同的顾客对就餐环境的要求是不一样的。餐饮企业首先应该了解并确定自己的顾客类型，根据他们的要求来布置餐厅，确定环境的基调和主题。

（2）营业场所的建筑结构。餐厅等营业场所在建筑结构方面有各种样式，布置安排时必须因地制宜。服务设施的安排、服务路线的设计都要考虑到与现有的建筑结构相协调。

（3）餐饮企业所提供的服务类型。不同的服务方式，对环境布置、安排的要求是不一样的。例如，不同的餐别如中餐和西餐，它们无论对装潢、气氛，还是对家具、餐具都有不同的要求。又如，不同的服务方式如美式服务、法式服务、俄式服务等，其餐厅布置和餐具选择都各不相同。

（4）餐饮企业的档次和规格。尽管餐厅的档次和规格由很多因素决定，但经营者在心目中必定有自己在市场上的位置，应谨慎地选择目标市场，如从消费水平看，是吸引一般消费者还是中等水平消费者或是高水平消费者。有了这样一个目标，将有利于投资决策，也就从某种程度上决定了餐厅的布置与安排。

（5）餐饮企业所处的地点和位置的影响。不同类型的餐饮企业对位置的选择是不一样的，布置与安排也不相同。例如，咖啡厅通常要靠近大厅，一般用自然采光，在布置上要求简洁、明快、色彩活泼；餐具简单实用、家具轻巧。

（6）企业的资金能力。毫无疑问，这是决定餐饮企业布置、设备选择的主要因素之一。资金能力不强，则会束缚餐厅应有能力的发挥。

在上述的六条影响服务环境布置与安排的因素中，资金能力的大小、营业场所的建筑结构与餐饮企业的市场定位三项因素最为重要。餐饮经营、管理人员应根据具体情况，分清主次，把握好餐饮服务环境的布置与安排。

2. 餐饮服务场所的光线与色调

（1）餐厅的光线。

第一，光源的形式。在餐厅中大致有三种光源：自然光源（阳光）、人工光源、自然光源与人工光源混合形式。人工光源分为电灯光源和烛光光源。餐厅采用何种形式的光源，受餐厅档次、风格、经营形式与建筑结构的制约。饭店中的餐厅多用混合光源照明，在咖啡厅、快餐厅中，自然光源的比重大些；而在高档宴会厅和法式餐厅中，人工光源的比例会大些，要利用不同的光源形式，营造不同的就餐氛围。

第二，光线的强度。一般而论，越是高档的餐厅，光线的强度相对较弱；反之，餐座周转率较高的餐厅普遍使用光照度较强的配置。平均来说，餐厅一般照明为 75～100 勒克斯，餐桌上的光照度为 300 勒克斯。当然许多餐厅已普遍使用调压开关，来调节灯光亮度。

第三，电灯的类型。餐厅中使用较多的电灯是白炽灯和日光灯两类，从餐厅使用效果看，日光灯宜用在快餐厅等大众消费的场合；而豪华餐厅基本使用白炽灯，因为日光灯极易使菜肴产生色偏差，这种偏差会使就餐者的食欲大打折扣。

（2）餐厅的色调。不同的色彩给人不同的感受。通常人们将色彩分为冷、暖两大类别。暖色调使人觉得紧凑、温暖；冷色调可使空间显得比实际要大并产生凉爽之感。因此，餐厅在运用色彩时，应根据餐厅的风格、档次、空间大小，合理地运用好色调，墙壁、天花板、地面等颜色要注意合理地搭配，产生预想的效果。以下是有关餐厅用色的建议：

第一，豪华餐厅。宜使用较暖或明亮的颜色，夜晚当灯光在 50 勒克斯时，建议使用暗红或橙色，地毯使用红色，可增加富丽堂皇的感觉。

第二，正餐厅。此类餐厅，需要有"增进食欲"的色彩，如橙黄、水红、青莲等。

第三，快餐厅。此类餐厅的设计特点，是以明快为基调，因此灯光、墙壁等物，以乳白色、黄色等暖色调为宜，给人一种清新、舒畅的印象。

以上几种餐厅的基本色调只是一般规律而已。另外，餐厅中装饰或装饰物如盆景、艺术画、窗帘、花卉等的合理运用能增加餐厅的情趣。餐桌的形状、色调，同样也是餐厅布置的一部分，其基本色调不宜与餐厅基色太接近，不然颜色会相互"同化"，也不能太突出，以选用中间色调为宜，加上白色台布，显得明亮，并能衬托出桌面上的菜肴。因此，餐厅的基调，灯光的强弱以及图画和其他饰品，都必须协调，不可太刺眼，要使光线、色彩安排得恰到好处，与餐厅经营主题相契合。选择颜色时，应避免使用墨绿色、暗紫色、灰色及黑色。

（3）餐饮服务场所的温度调节。餐厅中如能四季如春，则不仅使顾客愿意停留其间用餐，而且也为员工提供了一个良好的工作环境。表8-1可作为全国大部分地区夏季经营时室内外温湿度等对比调节的参考。

表8-1　夏季餐厅内外温湿度的对比

室外温度（℃）	建议餐厅内的室内温度（℃）	建议餐厅内的相对湿度（%）
25	23	65
26	24	65
28	24	65
30	25	60
32	26	60
35 或以上	28～29	60

二、餐饮服务质量控制

促使餐厅的每一项工作都围绕着给顾客提供满意的服务来展开，是进行餐饮服务质量控制的目的。

1. 餐饮服务质量的特点和内容

餐饮企业提供的产品是通过固定的有形设施和餐饮工作人员热情周到的无形服务相结合来体现其价值的。在有形设施上，要为顾客提供优美、舒适的就餐环境，质价相符的精美膳食；在无形服务上，则在"情"字上下工夫，做到热情、友好、好客、相助。有形设施为顾客提供基本物质基础。要提供一流水平的服务，则只有通过餐饮工作人员娴熟的服务技术和良好的服务理念去实现。

（1）餐饮服务质量的特点。服务是无形的，无法像有形产品那样定出一系列数量化的标准。但可以根据顾客对餐厅服务的共同的、普遍的要求对服务质量的特点进行分析，进而有针对性地采取相应措施。加强管理，实现优质服务。一般认为，服务质量有下述四个显著特性：

第一，综合性。餐饮服务是一个精细复杂的过程，而服务质量则是餐饮管理水平的综合反映。它的实现有赖于餐饮计划、餐饮业务控制、设备、物资、劳动组合、餐饮服务人员的素质、财务等多方面的保证。

第二，时效性。餐饮产品生产与消费几乎同时进行，短暂的服务时间对餐饮工作人员的素质是一个考验。在一定时限内高质量地做好服务工作，不仅反映了餐饮服务质量的效率，同时体现了质量的高低。

第三，关联性。从餐饮产品生产的后台服务到为顾客提供餐饮产品的前台服务有众多的环节，而每个环节的好坏都关系到服务质量的优劣。餐饮工作人员只有通力合作、协调配合、发挥集体的才智与力量，才能够保证实现优质服务。

第四，一致性。一致性是指餐饮服务与餐饮产品的一致性。质量标准是通过制定服务规程这个形式来表现的，因此服务标准和服务质量是一致的。即产品质量、规格标准、产品价格与服务态度保持一致。

（2）餐饮服务质量的内容。餐饮服务质量包含两方面的内容，即餐饮企业的设施条件和服务水平。根据市场需求配备和增添新的设备，美化就餐环境和营造良好的就餐气氛是提供餐饮服务和提高餐饮服务质量的物质基础。服务水平则是餐饮服务质量的集中体现。餐饮服务水平主要包括礼节礼貌、服务态度、清洁卫生、服务技能技巧、服务效率等方面。

第一，礼节礼貌。餐饮企业员工的语言、行为、表情、着装等要能展现员工的精神风貌，体现出对顾客的尊重，传达企业的文化。

第二，服务态度。在餐厅工作中，要体现良好的服务态度就应做到以下几点：①微笑，问好。②对顾客能采用恰当的称呼。③主动接近顾客，但要保持适当距离。④遇到顾客投诉时，要虚心听取。⑤提供针对性服务。⑥关注细节服务。

第三，清洁卫生。餐饮部门的清洁卫生工作要求高，体现着经营管理水平，是服务质量的重要内容，必须认真对待。首先要制定严格的清洁卫生标准，这些卫生标准包括以下内容：①厨房卫生标准。②餐厅卫生标准。③餐饮工作人员卫生标准。其次要制定明确的清洁卫生规程和检查保证制度。清洁卫生规程要具体地规定设施、用品、服务人员、膳食饮料等在整个生产、服务操作程序的各个环节上为达到清洁卫生标准而在方法、时间上的具体要求。

在执行清洁卫生制度方面，要坚持经常检查和突击相结合的原则，做到清洁卫生工作制度化、标准化、经常化。

第四，服务效率。餐饮工作人员的服务技能和服务技巧是服务效率的基础，也是服务水平的基本保证和重要标志。服务效率是服务工作的时间概念，是提供某种服务的时限。它不但反映了服务水平，而且反映了管理的水平和餐饮工作人员的素质。它是服务技能的体现。

消费心理表明，就餐顾客对等候是最感到头痛的事情。等候会抵消在其他服务方面所做出的努力，稍长时间的等候，甚至会让所有努力前功尽弃。为此，在服务中一定要讲究效率，尽量缩短就餐顾客的等候时间。缩短候餐时间让顾客高兴而来、满意而去，餐厅也能提高餐位利用率，增加营业收入。部门有必要对菜食烹制时间、翻台作业时间、顾客候餐时间做出明确的要求和规定，并将其纳入服务规程之中。在服务人员达到一定的时限标准后，再制定新的、先进合理的时限要求来确定效率标准。餐厅应该把尽量减少甚至消灭等候现象作为服务质量的一个目标来实现。

2. 餐饮服务质量控制的基础

要进行有效的餐饮服务质量控制，必须具备三个基本条件：

（1）建立服务规程。餐饮服务质量的标准就是服务过程的标准。服务规程即餐饮服务所应达到的规格、程序的标准。为了提高和保证服务质量，我们应把服务规程视为工作人员应该遵守的准则，视为内部服务工作的法规。餐饮服务规程，必须根据住店顾客和来店用餐者的生活水平和对服务要求的特点来制定。西餐厅的服务规程不仅要符合西餐文化，也要考虑市场需求，并结合具体服务项目来制定标准服务规格和程序。

餐厅的工种很多，各岗位的服务内容和操作要求都不相同。为了检查和控制服务质量，餐厅必须分别对零点、团队餐和宴会以及咖啡厅、酒吧等的整个服务过程制定出迎宾、引座、点菜、走菜、酒水服务等全套的服务程序。

管理人员的任务，主要是制定和控制规程。特别要注重抓好各套规程即各个服务过程之间的薄弱环节。一定要用服务规程来统一各项服务工作，从而使之达到服务质量标准化，服务岗位规范化和服务工作程序化、系列化。

（2）收集质量信息。餐厅管理人员应该知道服务的结果如何，即顾客是否满意，从而采取改进服务、提高质量的措施；应该根据餐饮服务的目标和服务规程，通过巡视、定量抽查、统计报表、听取顾客意见等方式来收集服务质量信息。

（3）抓好员工培训。企业之间服务质量的竞争主要是人才的竞争、员工素质的竞争。很难想象，没有经过良好训练的员工能有高质量的服务。因此，新员工上岗前，必须进行严格的基本功训练和业务知识培训，不允许未经职业技术培训、没有取得一定资格的人员上岗操作。必须利用淡季和空闲时间对员工进行培训，以提高业务技术，丰富业务知识。

3. 餐饮服务质量控制方法

（1）反馈控制。所谓反馈控制，就是通过质量信息的反馈，找出服务工作在准备阶段和执行阶段的不足，采取措施加强预先控制和现场控制，提高服务质量，使顾客更加满意。信息反馈系统由内部系统和外部系统构成。内部系统是指信息来自餐饮工作人员和经理等有关人员。因此，每餐结束后，应召开简短的总结会，以不断改进服务质量。信息反馈的外部系统，是指信息来自顾客。为了及时得到顾客的意见，餐桌上可放置顾客意见表，也可在顾客用餐后主动征求顾客意见。顾客通过大堂、旅行社等反馈回来的投诉，属于强反馈，应予高度重视，保证以后不再发生类似的质量偏差。建立和健全两个信息反馈系统，餐厅服务质量才能不断提高，更好地满足顾客的需求。

（2）监督检查。对服务质量进行监督检查和对员工进行长期不懈的培训是搞好餐饮质量管理的两大法宝。

餐饮服务质量监督的内容如下：

第一，制定并负责执行各项管理制度和岗位规范。抓好礼貌待客，优质服务教育。实现服务质量标准化、规范化和程序化。

第二，通过反馈系统了解服务质量情况，及时总结工作中的正反典型事例并及时处理投诉。

第三，组织调查研究，提出改进和提高服务质量的方案、措施和建议，促进餐饮服务质量和经营管理水平的提高。

第四，分析管理工作中的薄弱环节，改革规章制度，整顿纪律，纠正不正之风。

第五，组织定期或不定期的现场检查，开展评比和优质服务竞赛活动。

餐饮服务质量的内容涉及礼节礼貌、仪表仪容、服务态度、清洁卫生、服务技能和服务效率等方面，餐饮企业可将其归纳为服务规格、就餐环境、仪表仪容和工作纪律等项，并分别赋予具体的细则，并加以量化。通过这种可量化的检查结果，发现存在的问题，及时予以纠正。

（3）建立需求调研机制。服务质量的高低取决于顾客满意程度的高低，而顾客满意度的高低取决于顾客需求是否得到有效满足。因此，研究服务质量的控制方法，首先要研究了解顾客需求的基本方法。为此，餐饮企业应建立科学周密的需求调研机制，了解顾客需求，并对顾客的需求保持高度的敏感，既要发现和识别顾客的需求，又要对顾客的需求做出敏捷的反应，并努力记住顾客的需求。要想了解顾客的需求，必须持有主动、真诚、持续地倾听顾客意见的态度，因为顾客的需求是不断变化的，顾客也很少会主动地把他们的想法告诉你，只有你主动、诚恳地征求和倾听他们的意见，他们才会给你指点迷津。餐饮企业要想及时准确、全面地了解掌握顾客的需求，应建立科学的调研机制，多层次、全方位地收集顾客的意见，其途径主要有现场征询、设置意见书、问卷调查、专项访问、暗访等。

第三节 餐饮企业全面质量管理

一、餐饮企业全面质量管理的概念及特点

1. 餐饮企业全面质量管理概念

全面质量管理（Total Quality Management）在 ISO9000：2000 标准中的定义是：一个组织以质量为中心，以全员参与为基础，目的在于通过让顾客满意和本组织所有成员及社会受益而达到长期成功的管理途径。全面质量（Total Quality）不仅指产品质量，还包括过程质量、体系质量；不仅是固有质量特性，也包括赋予质量特性。餐饮企业全面质量管理，是餐饮企业以质量为中心，以全员参与为基础，以一整套质量管理体系、技术和方法提供最优服务的系统的管理活动。

2. 餐饮企业全面质量管理的特点

（1）拓宽管理跨度，增进餐饮企业内部各组织纵向交流。

（2）减少劳动分工，促进跨职能团队合作。

（3）实行防检结合，以预防为主的方针，强调企业活动的可测度和可审核性。

（4）最大限度地向下委派权利和职责，确保对顾客需求的变化做出迅速而持续的反应。

（5）优化资源利用，降低各个环节的生产成本。

（6）追求质量效益，实施名牌战略，获取长期竞争优势。

（7）焦点从技术手段转向组织管理，强调职责的重要性。

（8）不断对员工实施培训，营造持续改进的文化，塑造不断学习、改进与提高的文化氛围。

二、餐饮企业全面质量管理的内容

餐饮企业全面质量管理的内容可以归纳为"五全"，即餐饮企业全方位质量管理、全过程服务质量管理、全人员质量管理、全方法质量管理以及全效益质量管理。

1. 全方位质量管理

全方位质量，指的不仅是餐饮企业要提供给顾客满意的产品质量，还包括工作质量等在内的广义的质量，因为工作质量是产品质量的保证。餐饮企业全方位质量管理是指为顾客提供服务的餐饮企业的所有组织的各个方面的管理。餐饮企

业全方位质量管理的目标就是顾客满意。以顾客满意为目标，以市场为基础，通过对市场的调查和顾客需求的了解来规划餐饮企业产品的质量目标，制定质量标准；对企业为顾客提供服务的组织进行管理，以最终达到质量目标。餐饮企业全方位质量管理的内容包括以下几个方面：

（1）向顾客提供高质量的食、宿、行、游、购、娱、健身、会议等各方面的服务。

（2）通过市场的调研与分析，开发具有特色、满足顾客需求的新产品，并提高经济效益。

（3）在设施改进和服务质量提高的基础上，通过业务部门和公关部门的宣传，创造企业良好的口碑，带来更多的客源，提高竞争力。

（4）通过与其他行业的业务合作，为顾客提供更加多样的服务项目。

（5）通过专业教育和岗位培训，提高各级管理人员和服务人员的专业水平和服务水平。

（6）通过对企业各环节的管理，提供高质量、高效率的餐饮企业产品。

2. 全过程质量管理

任何产品的质量都有一个产生、形成和实现的过程。质量实现的过程是由多个相互联系、相互影响的环节组成的，每一个环节都不同程度地影响着最终的质量状况。为了保证和提高质量就必须把影响质量的所有环节和因素都控制起来。餐饮企业产品的质量不仅体现在服务顾客的瞬间，更体现在产品形成的全过程。餐饮企业全过程质量管理包括从产品的预备阶段、服务阶段到服务后阶段所采取的具有相关性和连续性的管理。

（1）餐饮企业预备阶段的质量管理，是指餐饮企业在接待顾客前的各种准备工作的质量管理。例如，宴会的预订、餐厅酒水和菜肴原料的采购和储藏、采购供应等方面的质量管理工作。

（2）餐饮企业服务阶段的质量管理，是指在接待顾客过程中的各项工作的质量管理。例如，预订服务、菜肴生产、餐厅服务、收银离店等服务的质量管理。

（3）餐饮企业产品服务后阶段的质量管理，主要是指通过顾客意见卡、留言簿、投诉信、座谈会以及其他各种方式所征集到的顾客接受产品后的意见和反馈。分析这些反馈以便研究提高餐饮企业产品质量的方法与手段，从而在将来的质量计划中提出更高的标准。

3. 全人员质量管理

餐饮企业产品质量的好坏是餐饮企业各项工作的反映。餐饮企业所有组织、员工的职能的有效发挥程度都影响着产品的质量。因此餐饮企业全人员质量管理是指对所有影响产品质量人员的素质管理和质量管理，它贯穿于餐饮企业各层次人员。餐饮企业的质量计划、目标落实每个人，使企业上下各层次人员对质量计划和质量目标有统一的认识，以便使所有人员为实现企业目标共同努力。虽然餐饮企业全人员质量管理强调人人参加质量管理，但不同岗位对人员的职能要求不同，其质量责任自然也不同。在执行全人员质量管理时要根据各个岗位的要求制定不同的职位质量责任。

4. 全方法质量管理

目前经常使用的方法有：PDCA 循环、朱兰三部曲、质量管理小组活动（QC 小组）、数理统计数与方法、价值分析方法、运筹学方法、老七种工具（分层法、排列图法、因果分析图法、直方图法、控制图法、散布图法和系统调查分析表法）、新七种工具（关联图法、系统图、KJ 法、矩阵图法、矩阵数据分析方法、过程决策程序图法和网络图法）、ISO9000：2000 族标准方法和六西格玛管理法。由于影响餐饮企业产品质量的因素众多，因此餐饮企业的全方法管理是指在餐饮企业的质量管理中根据产品质量问题产生的原因采取有选择性和针对性的管理技术和方法提高产品质量的目的。

5. 全效益质量管理

全面质量管理强调让顾客满意，让本企业成员和社会受益，谋求长期的经济效益、社会效益和环境效益。因此餐饮企业全效益质量管理是指餐饮企业产品既要讲究经济效益，又要讲究社会效益和环境效益，是三者的统一。餐饮企业实施服务全效益质量管理的目的既要提高包括顾客、企业员工、企业和社会在内的以质量成效为核心的整个社会的经济效益，又要提高企业、企业所在社区的社会效益和环境效益。餐饮企业所进行的经营管理活动属于市场行为，只有在获得一定的经济效益的基础上，餐饮企业才能生存和发展。其提高餐饮服务质量的目的在于获得更大的经济效益。但是在创造经济效益的同时还必须兼顾社会效益和环境效益。创造社会效益和环境效益既有利于社会发展和生态环境的保护，也有利于提高餐饮企业的知名度和美誉度，创造口碑，能够为餐饮企业带来更多的客源。

案例

全面质量管理的典范：里兹·卡尔顿饭店

里兹·卡尔顿饭店管理公司是一家闻名世界的饭店管理公司，其主要业务是在全世界开发与经营豪华饭店。总部设在美国亚特兰大。与其他的国际性饭店管理公司相比，里兹·卡尔顿饭店管理公司虽然规模不大，但是它管理的饭店却以最完美的服务、最奢华的设施、最精美的饮食与最高档的价格成了饭店之中的精品。

里兹·卡尔顿饭店的成功与其服务理念和全面质量管理系统密不可分。里兹·卡尔顿饭店的服务理念都来源于这个品牌的创始人凯撒·里兹先生，他的服务理念对美国豪华饭店的发展提供了一整套新的观念。里兹·卡尔顿饭店在其服务理念的指导下，于1992年，作为饭店业中的第一个也是唯一的一个获得了"梅尔考姆·鲍尔特里奇国家质量奖"。这项奖是在美国国会授权下，以美国前商业部长命名，由美国国家技术与标准学会设立的最有权威的企业质量奖。

质量管理始于公司总裁、首席经营执行官与其他13位高级经理，无论总经理还是普通员工都要积极参与服务质量的改进。高层管理者要确保每一个员工都投身于这一过程，要把服务质量放在饭店经营的第一位。高层管理人员组成了公司的指导委员会和高级质量管理小组。他们每周会晤一次，审核产品和服务的质量措施、宾客满意情况、市场增长率和发展、组织指示、利润和竞争情况等，要将1/4的时间用于与质量管理有关的事务，并制定"新成员饭店质量保证项目"来保证其市场上的质量领先者的地位，高层管理者确保每一个新成员饭店的产品和服务都必须满足集团的顾客的期望。这一项目始于一个叫"7天倒计时"的活动，高层经理亲自教授新员工，所有的新员工都必须参加这项活动，公司总裁向员工们解释公司的宗旨与原则，并强调100%满足顾客的需求。100%满足顾客是里兹·卡尔顿高层管理人员对质量的承诺。具体来说，公司遵循下列五条指导方针：

（1）对质量承担责任。

（2）关注顾客的满意。

（3）评估组织的文化。

（4）授权给员工和小组。

（5）衡量质量管理的成就。

里兹·卡尔顿饭店全面质量管理的黄金标准如下：

（1）信条。对里兹·卡尔顿饭店的全体员工来说，使宾客得到真实的关怀和舒适是其最高的使命。

（2）格言。"我们是为女士和绅士提供服务的女士和绅士。"这一座右铭表达了两种含义：一是员工与顾客是平等的，不是主人和仆人，或上帝与凡人的关系，而是主人与客人的关系；二是饭店提供的是人对人的服务，不是机器对人的服务，强调服务的个性化与人情味。

里兹·卡尔顿饭店将其服务程序概括为直观的三步曲，它们是：

（1）热情和真诚地问候宾客，如果可能的话，做到使用宾客的名字问候。

（2）对客人的需求做出预期和积极满足宾客的需要。

（3）亲切地送别、热情地说再见，如果可能的话，做到使用宾客的名字向宾客道别。

里兹·卡尔顿饭店全面质量管理的基本准则为具有里兹特色的服务战略——注重经历，创造价值。

全面质量管理使里兹·卡尔顿在竞争中处于有利位置，同时，它在营销方面也不甘落后，采取一些有效的营销战略，使其经营管理更加面向顾客，它强调顾客的特殊活动，并通过其富有创造性的营销活动为顾客创造价值。

里兹·卡尔顿饭店通过对质量的严格管理取得了成功，它那枚由凯撒·里兹先生亲手设计的徽章走向世界。今天，里兹·卡尔顿的管理者正雄心勃勃地策划着未来。

资料来源：http：//www.arsa.com.hk/show/2005 - 7 - 13/20057131022169S894.htm.

案例思考题：

1. 根据以上案例分析，里兹·卡尔顿饭店管理公司全面质量管理的措施有哪些？

2. 里兹·卡尔顿饭店管理公司的质量管理对餐饮企业制定质量管理制度有何启示？

本章复习思考题

1. 谈谈餐饮企业质量管理的含义。
2. 简述餐饮企业质量管理的对象与内容。
3. 餐饮企业质量管理的原则是什么？
4. 以某一文化主题餐厅为例，谈谈如何营造良好的就餐环境。
5. 如何进行有效的餐饮服务质量控制？
6. 餐饮企业全面质量管理的内容有哪些？

第九章 餐饮信息系统管理

☞ **本章内容简介**

本章阐述了餐饮管理信息系统的基本内容，分析了餐饮业务流程重组的过程与具体实施，对餐饮信息系统的开发与设计做了较详细的介绍，重点阐述了信息技术在餐饮企业内部管理的应用和电子商务在餐饮行业中的应用现状。

☞ **本章学习目标**

学生通过本章的学习，了解餐饮业信息化管理的必要性和意义，掌握餐饮信息化管理的内容，理解餐饮企业的业务流程重组过程，灵活掌握电子商务在餐饮业中的应用。并且能够将信息化管理引入餐饮企业的管理实践中，并能够运用信息化相关知识为企业管理提供决策。

第一节　餐饮管理信息系统概述

民以食为天，餐饮业在中国传统行业中始终占据着主导地位。随着生活水平的提高和生活方式的转变，人们对餐饮业的需求也在不断变化，餐饮业竞争日趋白热化，通过信息化手段改善经营管理已成为餐饮业内的共识，成为一些企业制胜的法宝，餐饮行业内信息化建设之风也逐步兴起。向信息技术要现代科学管理，向现代科学管理要效益，是餐饮业求生存、求发展的必由之路。

一、餐饮业信息化管理的必要性和意义

1. 餐饮业信息化管理的必要性

虽然我国餐饮业高速发展，但餐饮业在日常经营管理中仍普遍采用手工管理方式，整体科技含量低。在餐饮企业规模不断扩大，并且越来越多地采用连锁经营模式的情况下，手工管理无论是在工作效率、人员成本还是提供决策信息方面都已经难以适应现代化经营管理的要求，制约了整个餐饮业的规模化发展和整体服务水平的提升，成为餐饮业进一步发展的"瓶颈"。要想避免手工管理的弊病，实现管理方式的升级，在餐饮企业中建立一套计算机为信息管理系统不失为一种非常有效的方法。餐饮企业只有在技术手段上通过不断的革新和管理制度上不断的创新，才能始终赢得顾客的信任，才能长久维持顾客的忠诚度。餐饮企业的经营活动就会呈现出在保证服务质量的同时大幅度降低成本的局面，或者是在稍许增加成本的情况下大幅度增加收益的状况。采用先进的技术手段，使餐饮企业营销策略的选择性增强，具有了更加灵活的销售手段。因此，在餐饮企业实施信息化管理是必要的。

2. 餐饮业信息化管理的意义

餐饮信息化管理是指针对餐饮企业的每一个环节采用信息手段进行整合，从预订、接待、点菜、菜品上传到厨房分单打印、条码划菜、收银、经理查询、管理层掌控、信息分析、财务状况等实现全方位计算机管理信息系统化。

（1）提高效率，节约成本。通过计算机传单、分单，准确、实时汇总数据，无延迟，大大提高了上菜速度，在宝贵的用餐时间内提高了翻台率。由于省去了大量的人工传单、分单、汇总数据、手工划菜等过程，从而减少了上述工作的服务人员；账台收银不需要计算、复核价格；前厅、厨房全部电脑控制，保证一致，不需要人员手工核对，各种营业报表可以即时得到。

（2）辅助营销。通过信息管理，可以记录餐饮企业方方面面的数据。例如，某段时间畅销或滞销的菜品、营业额、翻台率、顾客历史档案等各类营业数据，

可以动态实时地反映出整个企业的运营状况，从而对企业的营销和管理起到很重要的辅助决策作用。管理者还可以充分运用日积月累的营业数据，如菜品销售、口味、客流、天气、顾客资料等信息，进行经营决策，带来更多管理效益。经授权的管理人员可以监控、查询各连锁店的经营状况，有效指导分店经营。

（3）提高服务质量。智能流程管理不会出现因服务员忘记落单、下错单或厨房丢失单导致顾客点好的菜迟上、错上、漏上的情况；系统自动传单、记账，服务员可以腾出时间更好地为顾客服务；电脑结账打单，缩短了顾客的等待时间。

（4）堵住管理漏洞。用计算机控制菜价、折扣，营业情况一目了然，避免了传统方式下收银稽核情况的弊端，如果餐饮企业是由几个股东经营的，则可以避免股东间产生不必要的猜疑和误会。厨房、收银、财务共享同一份营业账单数据，杜绝了传统餐饮管理中的掉单、飞单的漏洞。根据菜肴销售数量、标准配方表、实际原料消耗情况，了解每天的标准成本与实际成本的差异，及时发现问题、解决问题。

（5）促进企业管理制度的规范化和标准化。计算机系统的实施促使所有工作人员必须按照统一的标准执行操作，这就要求企业先要制定一套科学合理的管理制度。这种制度的建立和执行能够促进管理方法的变革，提高企业的整体管理水平，使餐饮企业的管理水平迈上一个新的台阶。

（6）辅助管理者决策。通过餐饮的信息化系统，餐饮企业总经理可以查询营业收入统计、员工业绩统计、人均消费额、翻台率等，系统可以用图形或表格形式进行各种分析，如财务状况分析、营销决策分析、营业收入分析等。能对餐饮企业的经营起到全面的辅助决策作用。

餐饮管理系统是为适应现代餐饮管理而产生的。它运用先进的互联网技术和移动传输技术，帮助企业建立起安全灵敏的信息反馈体系。特别是跨地区、跨国度的大型连锁餐饮企业建立支持远程决策的系统，可以实现异地连锁店向总部自动上传汇总销售数据等功能，更可以使企业管理决策者远程查询分店的销售数据，随时了解各分店的情况，然后通过系统发出指令，进行有效和高效的经营与管理。

案例

御香苑的信息化提升管理

北京宣武区广安门，御香苑肥牛火锅店，下午5点，离晚餐时间还早，但是店内的空位只零零星星剩下几个。一位顾客说，在这家店里吃晚餐，一般需要提前订座位。在北京，御香苑火锅店的生意大部分都不错。

1994年，王建华在广安门开了第一家肥牛火锅店，十几年过去了，当初270平方米的火锅小店已经发展成为拥有3000多名员工，规模化、专业化、国际化的农业产业集团——御香苑控股集团。王建华的肥牛事业包括了畜牧养殖、加工和餐饮连锁的完整产业链，在全国拥有餐饮门店33家，包括14家直营店和19家加盟店。

组织机构的迅速拓展对御香苑的管理提出了更高的要求。为了满足管理的需要，御香苑从2005年开始全面启动信息化的建设，当年7月董事长王建华力排众议投入近100万欧元与德国CSB公司合作，引进具有国际先进水平的ERP生产管理系统。王建华事后回忆说："当时很多人不理解，但这一改造将御香苑的牛肉安全标准提高到了世界先进水平。"

实施ERP系统改造后，御香苑实现了集团的人、财、物的统一管理，使公司的管理水平和质量标准上升到一个新的平台。在集团信息化成功改造之后，如何进一步实现"从农场到餐桌"的全程质量管理，让餐厅管理也能与集团ERP系统相对接成为王建华的主要考虑目标。

经过多方面考察，御香苑引入了本土软件企业普照天星公司。"中国的餐饮企业起点较低，必须结合企业发展阶段打造'合体'的解决方案才能适应企业的发展。"普照天星董事长刘洪说。创业初期的普照天星曾经与美国IBM公司合作开发了"天子星"餐饮系统，但很快发现中西餐饮的管理理念难以融合。

改造后，御香苑收获的是实实在在的成效。"最明显的是顾客的退菜率降低了，从原来的5%降到现在的不足1%。"传统的纸质点菜方式，经常会出现服务员点错菜或传错菜的情况，信息化改造后，服务员免去了跑厨房送单的环节，工作量和出错率都明显降低。

"财务方面也杜绝了'跑、冒、滴、漏'。"御香苑集团饮食部门经理樊东说。在信息化改造前，御香苑的每个餐厅都要配备一个审单员，对餐厅的资金、成本等进行把关，改造后这个岗位也撤销了。"光此一项一年节约了成本，就可以抵消信息化改造的投入。"

因为是循序渐进的改造，所以改造过程的磨合时间很短。仅用了3个月时间，御香苑的单店毛利率水平就提高了3%。樊东分析3%的利润主要来自于信息化改造后实现了精确管理从而降低的成本。"根据库房进销存、收入、支出等电子账，管理人员可以精确地算出每天的成本。"樊东对信息化改造非常满意，现在他只要坐在办公室里面对各种数据报表进行分析，就可以准确把握餐厅的经营动向。"甚至可以将成本精确到调味品，如酱油、味精等的消耗，并把它们控制在一个合理的范围。"

每天10点前，御香苑的全部门店经理都要将财务数据报送到总部，这也是年度考核的主要基础指标。"集团会根据数据计算出准确的现金流，制定战略计划，实现精细管理。"王建华说。

资料来源：庄光平．经济日报，2009 - 2 - 5.

二、餐饮管理信息系统的内容

餐饮信息管理实际上就是一套围绕餐饮企业日常运行与管理的计算机管理系统，与一般的企业信息化管理类似，这套系统本身就是面向餐饮企业的企业综合资源计划管理系统，管理的核心是企业的人、财、物。不同之处在于，系统本身更具有行业特色，围绕餐饮企业的流程特点形成独特的解决方案。

1. 人、财、物的管理

餐饮信息管理对于"人"的管理，主要体现在两个方面：内部员工与客户。对于内部员工管理，包括工资管理、考勤及考核。相应的，系统包括员工薪酬管理、考勤管理以及绩效管理三个部分。在初始阶段，信息化管理系统一般不将薪酬和考勤纳入管理体系，主要进行员工绩效管理。随着餐饮信息化的发展，系统会涵盖所有涉及内部员工的管理，功能将更加全面和细致。在客户管理方面，餐饮企业通过实施客户管理系统，达到对客户消费形态的分析，以针对性地实施客户管理（如客户关怀等），最大限度地留住老客户，争取新客户。客户管理一般会围绕有卡客户进行。但随着客户管理的深入，系统应能支持对无卡客户的管理，以达到"挖掘"客户资源的目的。

餐饮信息管理对于"财"的管理，集中体现在对销售数据的后台处理与分析。其内容主要包括销售统计、销售分析、财务审计。销售统计完成对日常经营销售的管理，如日报表、阶段报表、月报表等，属于账目管理范畴。通过报表企业管理者很容易掌握前台的销售情况，从而得到对财产的控制；销售分析是对销售数据的再加工，通过表格或图形等方式显示餐厅的销售特征，如菜品排行榜、日（月）客户流量、日（月）销售收入分析等。通过相关分析数据，企业管理者可以分析销售的特点，找出其中的问题，从而改进不足，以提高餐厅的运行效率。财务审计主要完成对经营过程中的打折、免单、去零、红冲、退菜等一些涉及收入金额的行为的审核管理。通过财务审计，可以进行追溯，从而达到对经营过程的有效控制。

餐饮信息管理对于物的管理，主要体现在物资的进销存，实际上就是一套融采购管理（入库、供应商管理、账款管理）、销售（通过配菜卡与前台销售联动）、盘存为一体的物流管理系统。物流管理的输出便于物流流转过程的各种数据单据的查询与分析等。对于连锁企业还涉及综合配送管理等。

2. 模块设置

一般来说，一套餐饮管理信息系统应该具备以下几个模块：

（1）预订管理系统。以不同颜色的图标按餐厅布局实时显示每个台位的使用状态，如预订占用等，同时可查询预订占用台位的顾客信息，该系统还有客户资料的管理、临时账户的管理、当班预订查询以及套餐的设定功能，可以有效防止因值班人员的变化而出现重复订座的现象。

（2）接待管理系统。该系统有给顾客分配台位、开单、制作点菜卡等功能，登记顾客台位等基本信息。可实时显示各个餐厅每个台位的使用情况。

（3）手持点菜系统。由服务员直接通过手持 POS 上传机输入到点菜卡。按顾客点菜（酒水）、临时加菜（酒水）以及菜品的制作方法等进行输入。菜谱可随时更新下载。

（4）数据上传/打印系统。所点菜品及酒水可以通过任何一台 POS 上传机上传至服务器，并实时自动上传至厨房，分单打印。所有点完的菜品及酒水都可以在任何一台 POS 上传机上打印出留台单、结账查询单等。

（5）厨房分单打印系统。接到上传数据后系统自动打印条码菜单到不同的厨房区域，厨师按菜单要求制作菜品。

（6）条码划菜（出菜）系统。制作完成的菜品随同打印的条码价签送至传菜部门，传菜部人员通过条码扫描器扫入该菜的价签。条码划菜之时，系统将自动更改相应顾客点菜记录中的此菜品的完成状态，达到全面跟踪菜品的效果，减少传统手工划菜的出错及可能性。同时，系统还将重新核实客户的就餐位置是否改变，如果改变，系统将提示传菜人员并可重新打印出一张新的价签，以供传菜使用。这样可以避免因顾客在点完菜之后变更就餐位置而出现的差错。扫描之后，传菜员根据条码菜单所记录的桌面位置将菜品送至顾客用餐处。

（7）临时加菜（酒水）系统。临时加菜及酒水，可使用手持点菜 POS 上传机记录后上传至系统，同时相应的厨房或吧台则可自动打印出菜品（酒水）价签，并记录到顾客账单。这样加菜、减菜不必换单，在计算机上略加调整即可。

（8）收银结账系统。顾客用餐完毕结账时，服务员只需到就近的 POS 上传机上打印出顾客的详细账单，以供查询结算用。该系统支持现金、支票、礼券、信用卡、会员卡等多种付款方式，支持挂账、免单、多种折扣方式。开单功能可在同一台位设定多个账单。折扣、服务费等可逐笔、任选或整单操作，以适应各种情况。设定税金、及时功能自动分时段、分价格计时计费。此外，该系统还具有外卖功能，可对外卖及结账等操作单独管理，也有转单，可将任选的账项转入其他账单（或新单）。

（9）会员管理系统。可自由定义打折比率与折扣计算公式。支持储值卡、优惠卡、打折卡等多种卡的计费方式。可实时查询记录会员基础信息以及消费情况。支持互联网功能，可通过互联网对异地会员信息进行查询并对其消费进行管理。

（10）厨房备餐系统。厨房和备餐间可设置工作站点或远程打印机，通过收银系统或点菜系统的点菜项目，根据其各自预先设定的厨房，可自动地显示/打印在相应的站点上，包括餐厅、台位、菜项、数量、特殊要求等，并可查询其配料表、成本卡等，也可接收发来的催菜信息或厨房向相应站点发送的信息，该系统的账单成本功能可解决套餐、自助餐等非制定菜项的成本管理问题。

（11）库存管理系统。库存管理系统可直接对一级库、二级库物资进行管理。可以根据出入库数据计算出消耗的实际成本、理论成本。库存管理可处理直入厨房的原料，如鲜活品等，并可进行不同厨房的调拨。自动库存核减功能可在点菜后由系统自动根据此菜的配料表核减相应原料的库存数量，使库存反应更加及时、准确。系统自动进行库存上限报警和下限报警。

总的来说，以上所针对餐饮企业的人、财、物的综合管理必须基于一套前、后台运行系统才能完成，同时，就连锁企业而言，这种管理又必须具有扩展性，以实现集团旗下连锁店的统一综合管理。

三、餐饮企业信息化存在误区

1. 企业领导人对信息化内涵的认识不够

餐饮企业信息化虽然是一个老生常谈的话题，但近年来随着计算机及网络技术的快速发展，信息化建设也为餐饮企业赋予了更多的内涵。当前，对于企业信息化建设，一些餐饮企业的领导者还存在一定的误解，以为用计算机进行收银、点单就是信息化了，而事实上，餐饮信息化远非如此。很多餐饮企业在如何进行信息化管理、通过管理实现什么期望、如何结合企业自身的发展方向等很多方面都非常盲目，目标性不强。

2. 对信息化建设期望值过高

餐饮企业将信息化建设看成是无所不能，认为企业进行了信息化建设，营业额就会成倍上涨，企业老板就可以高枕无忧，完全没有去考虑投入风险的存在。很多系统的选择主要依靠老板对信息化应用的想象，所以盲目投资、重复投资现象相当严重。

3. 信息化建设本土化不足

有不少餐饮管理者往往会迷信或者轻信所谓国际化公司、国际化产品的诱惑，想当然地认为国际化公司的实力雄厚，产品和服务一定会比本地公司强，结果付出了惨痛的代价。因各个国家的情况都不同，有些连锁企业的管理者照搬外国的管理模式，如把国外的餐饮业软件拿来，以为可以学到它们的管理精髓，但实际情况大相径庭，如国外软件通常会有的排班系统，在中国就行不通，国外餐饮业员工多是计时工，而中国餐饮业员工多是固定工，根本不需要用计算机来排班，用计算机排出的班非常不人性化。还有的一些用于其他行业的 ERP 软件，在其他行业用得很好，而在餐饮业却无法应用，据调查，主要原因还是对中国餐饮业了解不深造成的，餐饮业本身人员信息化的应用水平不高，而且一线员工多是每天要做大量体力劳动，据统计一个传菜员每天要跑十几公里以上，而服务员有的要站 8 小时以上，如果用其他行业的管理标准来要求他们，要用 ERP 软件填写许多统计报告，这无疑对他们是不公平的。

第二节　餐饮业务流程重组

餐饮业在信息化建设时，会发生一些意想不到的问题，如餐饮企业的原有流程会影响到信息系统的实施，或者发现原有的流程有不合理的部分等，这就需要进行流程重组。

一、业务流程重组的定义

业务流程重组（Business Process Reengineering，BPR）是国外管理界在全面质量管理（Total Quality Management）、准时生产（Just In Time）、工作流程管理（Work Flow Management）、团队管理（Work Team）、标杆管理（Benchmarking Management）、精益生产（Lean Production）、敏捷制造（Agile Manufacturing）、并行工程（Concurrent Engineering）、供应链管理等一系列管理理论与实践全面展开，并在这些理论获得成功的基础上产生的，它是对已运行 200 多年的专业分工及组织分层制的一次大幅度改进。特别是 20 世纪 90 年代以来，知识经济和经济一体化浪潮席卷全球，企业外部环境复杂多变，市场竞争日趋激烈，管理领域的变革与创新层出不穷，管理理论界也在不断探求适应企业需要，反映时代特色的、新的管理范式，如学习型组织、虚拟管理、知识管理、网络管理、公司再造、柔性组织等。20 世纪 90 年代初美国管理学者哈默和钱皮提出的企业业务流程重组是当前国内外管理学界和实业界最热门的话题之一。

1993 年，迈克尔·哈默（Michael Hammer）与咨询专家詹姆斯·钱皮（James Champy）合著并出版了《企业重组——经营管理革命的宣言书》。在该书中，作者指出 BPR 的定义为："BPR 就是对企业的业务流程（Process）进行根本性（Fundamental）地再思考和彻底性（Radical）地再设计，从而获得在成本、质量、服务和速度等方面业绩的显著地（Dramatic）改善。"在这个定义中，"根本性"、"彻底性"、"显著性"和"流程"是应关注的四个核心内容。

1. 根本性

根本性是指在企业再造的过程中,企业领导者必须就公司自身以及公司的运营方式自问一些根本性的问题。在这一过程中,必须要跳出传统的框框,针对切实的需要来开展业务流程重组。

2. 彻底性

彻底性就是彻底的翻新,它是指对事物追根溯源,对既定的现存事物不是进行肤浅的改变和调整修补,而是抛弃所有的陈规陋习以及忽视一切规定的结构与过程,创造发明出新的工作方法;它是对企业进行重新构造,而不是对企业进行改良、增强或调整。

3. 显著性

显著性意味着流程再造不是取得较小的改善,而是要取得业绩上的突飞猛进,如大幅度地降低成本、减少时间、提高质量等。

4. 流程

哈默和钱皮认为,大多数企业领导人在工作中通常不以流程为导向,他们通常只注意到局部的业务,而对流程的整体视而不见。

二、业务流程重组的原则

业务流程重组能够为企业创造优化的业务流程,提升企业的核心竞争力,在业务流程重组过程中的工作重点,就是要消除价值传递链中的非增值活动和调整核心增值活动。这里要遵循的原则如下:

1. 清除

应该发现并消除非增值活动,如过量生产或过量供应、等待时间、运输、转移和移动、不增值或失控流程中的加工处理环节、库存与文档、缺陷、故障与返工、重复任务、信息格式重排或转移、调停、检验、监视和控制等。

2. 简化

在尽可能清除了不必要的活动之后,应该对剩下的必要活动进行简化,如程序和流程、沟通流程、技术分析流程和问题区域设置流程等。

3. 整合

经过简化的任务需要进一步整合,以使之流畅、连贯并能够满足顾客需要。如为实现面向订单的单点接触的全程服务,由一位员工独立承担一系列任务的工作任务整合;为了高效优质地满足顾客需要,组建单个成员无法承担的系列任务的团队;整合顾客和供应商的资源等。

4. 自动化

在完成了流程与任务的清除、简化和整合的基础上,充分运用和发展信息技术的强大功能，实现以流程加速与提升顾客服务准确性为目标的自动化。

三、餐饮业的业务流程重组（BPR）过程

餐饮业业务流程重组的步骤一般如下：

（1）如实地描述现有的业务流程（这是绝对必要的第一步）。

（2）找出现有业务流程的症结和原因所在。

（3）提出一个理想的业务流程或解决方案。

（4）先着手改进不需要信息技术支持的业务流程。

（5）实施企业资源规划（ERP）。

（6）改进需要 ERP 系统支持的业务流程。

国外学者 Willima J. Kettinger、James T. C. Teng、Subashish Guha 三人对流程重组的方法、技术和工具做了大量的工作，他们不仅仅关注变革本身，而且纵深关注了从流程的规划直到流程的切换与流程的评估等。Guha 等在诸多方法基础上提出，整个过程的生命周期可以分为六个阶段。裴金林把 BPR 项目实施设想成一种多层次的立体结构，即整个 BPR 实施体系由观念再造、流程再造和组织再造三个层次构成，其中，流程再造为主导，而每个层次内部又有各自相应的步骤过程，各层次也交织着彼此作用的关联关系。综合后，餐饮企业流程重组的程序见图 9 - 1。

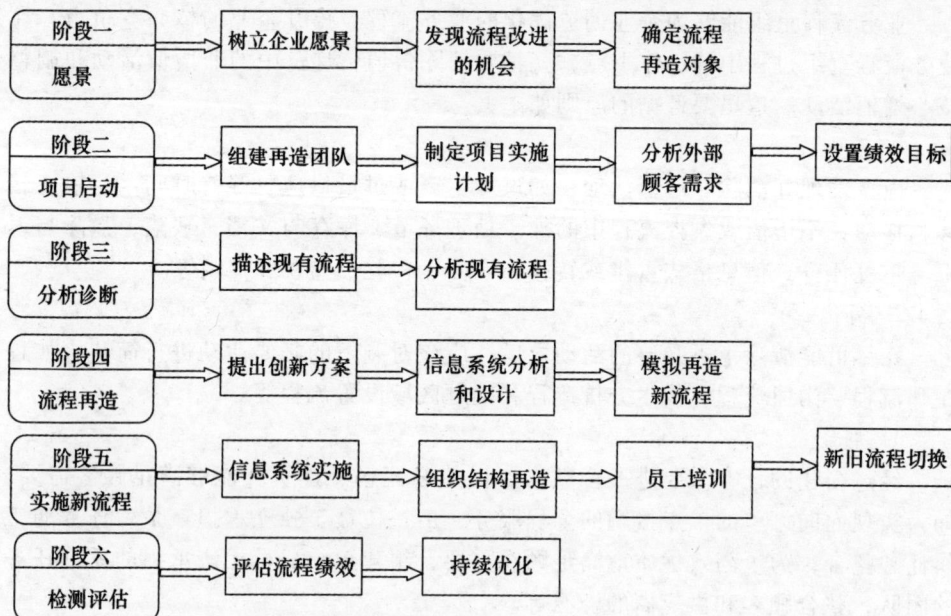

图 9 - 1　餐饮企业流程重组的程序

四、餐饮业 BPR 案例分析

1. 树立企业的愿景

四川某酒楼投资 4000 多万元兴建的综合性川菜酒楼，建筑面积达 6000 多平方米，营业面积为 4000 多平方米，其中地上三层为川菜酒楼、茶坊，地下一层为停车场，该店于 2003 年 9 月开业。该酒楼特色如下：

（1）建筑特色。外观采用目前世界领先的索拉式点接驳玻璃幕墙，给人以简洁、大气、明亮的感觉，内部有两部世界上著名的芬兰通力无机房观光电梯。一楼有 300 平方米的接待厅，宽敞、舒适，装修设计典雅、清爽，突出庭院景观。

（2）室内布置。各个楼层均陈列了不同的艺术品、艺术画及雕塑，体现了中国四川从改革开放起的变化。

（3）菜品特色。以川菜为主，粤菜为辅，并融入客家菜、杭州菜等多家菜系。

（4）信息系统。采用了全国先进的餐饮信息管理系统，点菜、传菜、预订、收银等信息全部联网。

因此，从硬件设施来说，该酒楼无疑是同行中的佼佼者，但酒楼自开业以来，营业状况并不如意，一方面是因为餐饮行业竞争激烈，另一方面则是因为软件即管理跟不上，因此企业流程再造愿望强烈。此次流程重组，有两个目的：一是对原有流程进行优化与改进，二是建立一套规范的现代企业管理制度。

该酒楼共有三层：一楼大厅可容纳散客 300 人，宴席最多 400 人；二楼有小厅及 10 个 VIP 采光包间，小厅可容纳散客 90 人，宴席最多 150 人；三楼设有茶坊、7 个棋牌包间，茶坊可容纳散客 80 人。

酒楼的价值链见图 9-2。

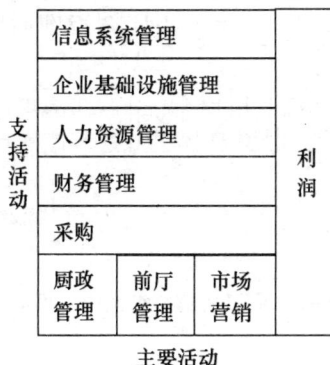

图 9-2　酒楼的价值链

通过价值链分析可以看出，该酒楼价值链的主要活动有三块：厨政管理、前厅管理及市场营销，即这三部分的流程是对企业影响较大的高位势流程。由于酒楼采用了先进的硬件设施，与传统的业务处理流程区别较大，使得某些流程不能完全与之相适应，因此，厨政管理与前厅管理绩效相对较低，且酒楼90%的工作人员都集中在这两个部门，因此，这两块是流程再造的重点对象。

2. 组建团队

流程再造的总负责人是集团董事长，对整个流程再造项目提供必要的支持与方向控制。

流程再造总监由该酒楼副经理担任，直接领导流程负责人，对再造活动进行协调，为再造活动准备各种基础设施，同时负责流程再造成果的实施推进与组织再造。

流程负责人由局外的管理人员担任，作为企业外部人员，不受既得利益的约束，不受思维定式的影响，往往能够一针见血地指出流程的顽疾与弊病，并能够超脱地勾勒出新流程的模样来。

顾问由资深的管理专家担任，由于管理专家往往理论知识扎实、实践经验丰富，因此，能够对该酒楼流程再造项目给予很多指导性意见。

3. 分析诊断

现主要以后厨业务流程分析为例。

（1）后厨组织机构。餐厅后厨组织结构已经采用了团队管理方式（见图9-3），各菜组分工明确，所有员工均划分到各菜组，这是比较可取的。但因为各菜组过于独立，也造成了后厨资源无法充分共享。

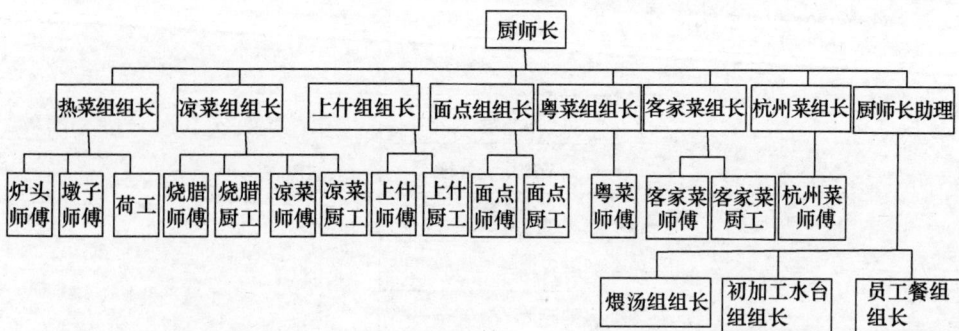

图9-3 酒楼后厨组织结构（再造前）

（2）后厨业务流程。后厨业务流程见图9-4。

```
┌──────────┐
│  顾客点菜  │
└────┬─────┘
     ↓
┌──────────┐
│  厨房出单  │
└────┬─────┘
     ↓
┌──────────┐
│  墩子切配  │
└────┬─────┘
     ↓
┌──────────┐
│  荷工打荷  │
└────┬─────┘
```

┌────────┬────────┬────────┬────────┬────────┐
│ 凉菜师傅 │ 热菜师傅 │ 粤菜师傅 │ 面点师傅 │ 汤煨师傅 │
└────────┴────────┴───┬────┴────────┴────────┘
                      ↓
              ┌──────────┐
              │ 荷工传递 │
              └────┬─────┘
                   ↓
              ┌──────────┐
              │ 传菜部传菜 │
              └────┬─────┘
                   ↓
              ┌──────────┐
              │   客 人   │
              └──────────┘

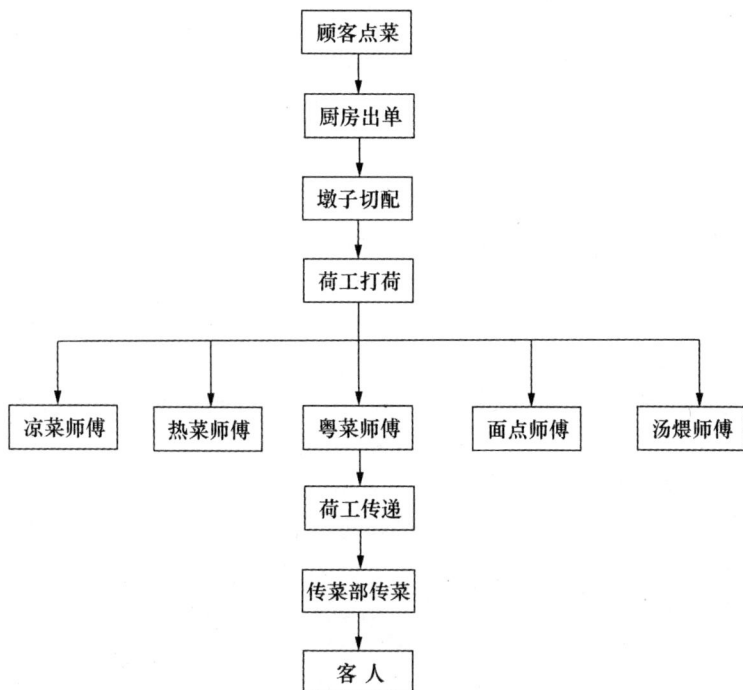

图 9-4　后厨业务流程

第一，顾客点菜信息一旦录入 PDA 信息系统，系统便会自动将菜品分类，并在厨房相应的菜组终端机上出单。

第二，各菜组的墩子接到单子以后，会将原材料及时分档、整理及切割，然后将半成品传递给荷工。

第三，荷工打荷后将半成品传递给相应的菜组师傅。打荷是厨房工作的一项重要工序，它衔接炉灶组和墩子组。一方面，荷工作为炉灶组师傅的助手，负责汤料处理、浆糊调制、调整出菜秩序等工作，让炉灶师傅将更多的精力用于菜肴的制作；另一方面，荷工帮助墩子厨师进行菜肴的配分，独立进行装饰原材料的切割，成菜装盘、装饰。这是菜肴包装的重要环节，是理顺厨房工作的基本保障，是厨房分工细化的结果。

第四，各菜组师傅开始烹调，烹调过程是确定菜肴色泽、口味、质地、形态的关键，是形成菜品风味、风格的核心环节，是厨房技术实力的根本体现。

第五，菜品烹调完毕，由荷工将成品菜传递给传菜部，传菜部再将相应的菜传递到相应的顾客座号。

（3）分析流程。经分析可知，在该流程程序中需要改进的问题如下：

第一，厨房各菜组终端机同时出单，大家都凭经验把握烹调与出菜的时间，导致出菜秩序混乱。

第二，所有师傅分别隶属于各个菜组，各菜组师傅之间无沟通。

第三，荷工分别隶属于各个菜组，各菜组荷工之间无沟通，无法达到资源共享。

第四，墩子分别隶属于各个菜组，各菜组墩子之间无沟通，无法达到资源共享。

这四点便是后厨在出菜速度与出菜秩序上出现问题的主要原因。

4. 后厨业务流程再造

后厨的核心流程便是后厨的出菜程序，上菜秩序混乱、上菜速度慢等后厨所暴露出来的问题也基本上是由出菜程序所决定的。改进方案如下：

（1）将原隶属于各个菜组的墩子组合成切配组，设置切配组长（头墩）一名，切配组长负责后厨所有切配任务的分配与协调，同时，切配组长也统一掌控后厨所有原材料的申购及验收。

（2）将原隶属于各个菜组的荷工组合成打荷组，设置打荷组长（荷王）一名，打荷组长负责后厨所有打荷任务的分配与协调，同时，原由传菜部来通知各组走菜的任务交由打荷组长根据顾客订单来统一调配走菜秩序。

（3）仍以菜组作为团队来开展工作，各个菜组的工作由各菜组师傅负责统筹安排。但墩子由切配组长来进行统一管理，荷工由打荷组长进行统一管理，达到资源的充分共享。

通过改进，可以达到如下效果：

第一，由于切配组长与各菜组组长对墩子的双重控制，可以提高切配效率，有效控制原材料成本，同时，也有利于墩子之间技术的交流与进步。

第二，由于打荷组长与各菜组组长对荷工的双重控制，可以提高打荷效率，提高走菜速度，同时，由于由荷王对各菜组走菜秩序做统一控制，可以有效防止走菜秩序紊乱的现象。

第三，由打荷组组长统一控制走菜秩序，因此，传菜部工作量减轻，有效提升传菜效率。

经过改进，节省了荷工判断走菜秩序及传菜部判断走菜秩序两个检查程序，这两个程序的节省有助于传菜效率的提升。改进后，经测定，后厨走菜速度为：叫单由荷王及时标注起菜时间，5分钟内开始走菜，30分钟内完成本桌台所有菜品的走菜。小吃、煨汤在叫起后15分钟时走菜；加单：蒸菜类20分钟内上菜，蒸鱼类30分钟内上菜，其余类10分钟内上菜。

5. 后厨组织结构再造

墩子组设置组长一名（头墩），荷工组设置组长一名（荷王），二人均由厨师长直接管理。各菜组组长、荷王、头墩共同管理所有的荷工、墩子。同时，为达到对各菜组组长的统一管理，原煨汤组组长划归厨师长直接管辖。

改进后的后厨组织结构见图 9 – 5。

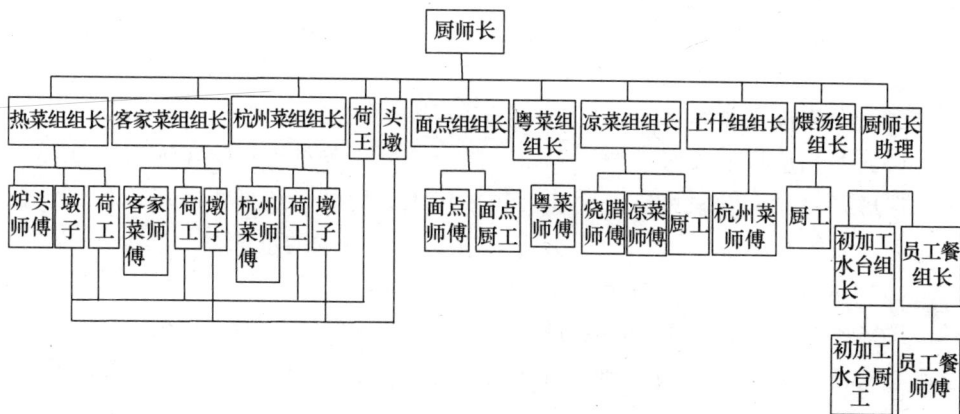

图 9 – 5　酒楼后厨组织结构（再造后）

6. 监测评估

经过此次流程再造，该酒楼在原有基础上得到明显改善，主要表现在以下六个方面：

（1）流程得到改进，协调流畅，服务效率提高，员工人数减少，由原来的235 人减少到再造后的 211 人。

（2）各类操作得到进一步的标准化与规范化，顾客满意度提高。

（3）作业时间标准化，使酒楼管理更为有序与可控。

（4）餐厅环境受到严格控制，顾客满意度提高。

（5）菜品质量与服务质量得到有效的监督与控制，顾客满意度提高。

（6）集团及酒楼组织结构更为科学合理，富有弹性。

第三节　餐饮信息系统的开发与设计

与一般的工程项目相比，餐饮管理信息系统的开发涉及环节比较多、业务关系比较复杂、管理因企业的规模与经营方式不同而千差万别，目前还没有一套较规范的公认的运行管理标准。为此，本节列出一般餐饮管理系统的典型需求。

一、餐饮信息系统的开发与设计的基础工作

1. 餐饮管理信息系统的需求分析

（1）基础信息是餐饮管理系统得以运行的数据基础。基础信息包括酒店房间信息、菜品信息、酒水信息、货品信息、仓库信息、供货单位信息、员工信息。

（2）具有满足顾客接待、开单、点菜及结账的服务。

（3）数据应该能及时维护。例如，整个接待业务过程：顾客进店—总台登记—选房（台）—开设账户—明确折扣或优惠。此外，还可能出现转台、并台等业务，如何处理好转台、并台业务，是接待程序开发的重点。

（4）具有库存管理的功能。出入库管理是库存管理的核心部分，实现货品的出入登记。货品出入库登记中的货品信息、仓库信息、供货单位或收货单位信息都是从已有的基本信息中通过下拉列表选择的，这样可以减少出错，提高效率。

（5）系统提供强大的数据统计、查询、分析、报表生成以及打印等功能。例如，库存数据分析是餐饮库存管理中的统计部分，可以使管理人员更加清楚直观地了解各种货品的库存情况。用户可以通过货品名称或仓库名称来模糊查询相应货品或仓库的库存现状，系统同时提供短缺货品和超储货品报警。

（6）具有员工管理的功能，系统在员工进入公司时就为员工建立人事档案，人事档案的管理由公司经理级人员完成。人事档案应该包括员工进入公司的时间、员工级别、员工的基本工资、员工所在部门和员工其他基本信息。员工到公司上班时应先登录到公司的系统签到，离开公司时登录系统签离。如果办事外出或者出差应由上级领导确认考勤情况。

（7）系统客户端运行在 Windows 平台下，服务器可以运行在 Windows 平台或者 Unix 平台下。

（8）系统应该有一个较好的图形用户界面。

（9）系统应该有很好的可扩展性。

同时，餐饮管理信息系统应该具有一个在线订餐网站，让顾客足不出户地订位和订餐。该网站开发的目标是充分利用网络信息技术，实现客户与商家的网络交互、订餐、审核、完单以及客户管理、菜单管理、订餐资料管理。为发展网络订餐和订餐的信息化管理奠定基础。

2. 餐饮管理信息系统的需求

餐饮管理信息系统的需求可以从餐饮服务、库存管理和员工管理三个方面来阐述。

（1）餐饮管理。餐厅的主要角色是后台管理员、前台操作员和餐厅的顾客。后台管理员拥有餐饮管理系统的所有权限（包括后台数据库的维护），前台操作员只拥有前台餐饮服务的操作权限，不能维护后台数据库。系统管理员也是其中一个管理人员，这不影响本系统的功能。

餐饮管理信息系统中的实体主要包括客户信息（Customer）、预订（Engage）、入座（Enter）、餐饮服务（Meals）和离开（Leave）。可以用类图将上述实体以及它们之间的关系表示出来，见图9-6。

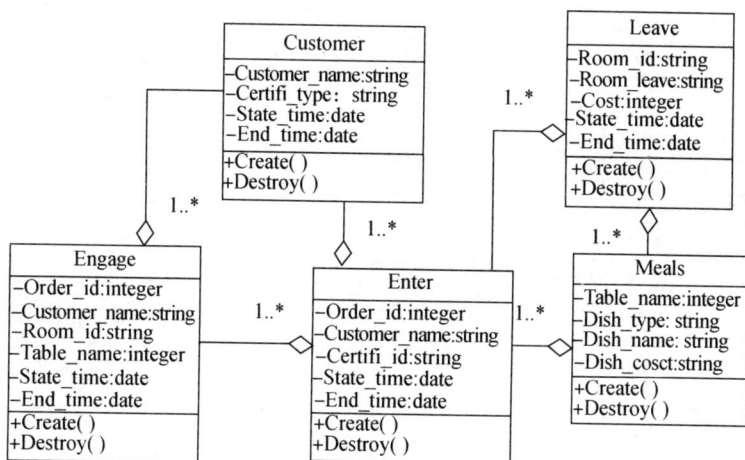

图9-6 餐饮管理的类图

（2）库存管理。库存管理中的角色主要是普通用户（包括信息设置员、出入库登记员等）和系统管理员。

库存管理系统中的实体主要包括货品（Product）、仓库（Depot）、供货单位（Feeder）、收货单位（Customer）、货品入库（Stock）、货品出库（Sell）等。可以用类图将上面这些实体以及它们之间的关系表示出来，见图9-7。

（3）员工人事工资考勤管理。员工人事工资考勤管理的对象是员工、各级管理者（包括领班、部门经理和总经理）和系统管理员。员工和各级管理者是系统的用户，而系统管理员是系统管理者。

人事/工资/考勤管理系统中的实体主要包括人事资料（Person-info）、考勤信息（Attend-info）、部门信息（Depart-info）和工资信息（Wage-manage），可以用类图将它们之间的关系表示出来，见图9-8。

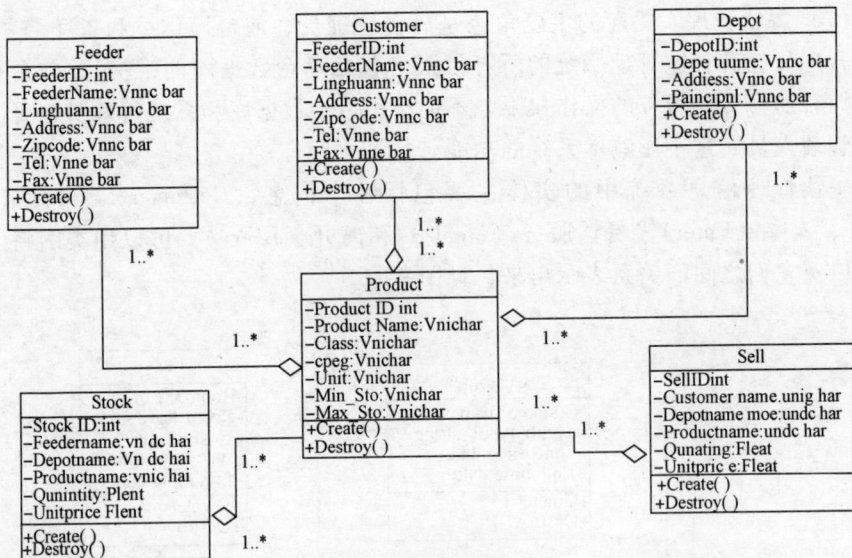

图 9-7 库存管理的类图

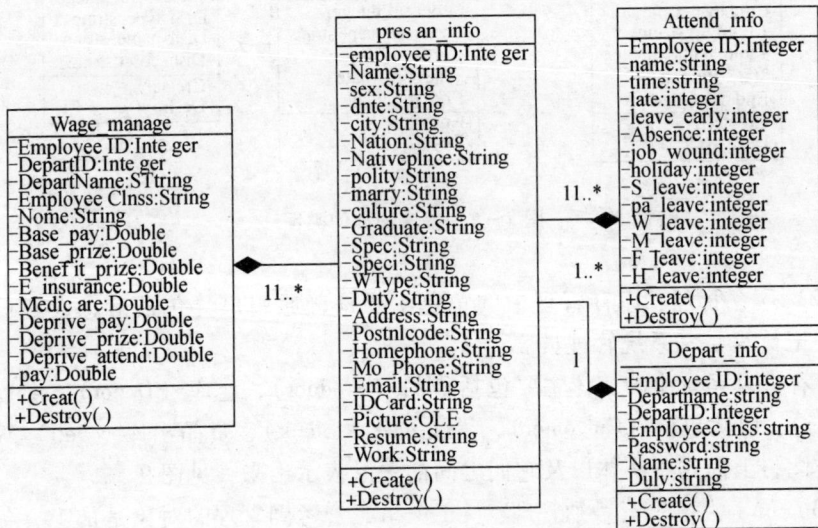

图 9-8 人事、工资、考勤管理的类图

图 9-6、图 9-7、图 9-8 资料来源：章牧. 旅游电子商务［M］. 北京：中国水利水电出版社，2008.

二、餐饮管理信息系统的模块构成

一个餐饮管理系统，最重要的是门店运营层的开发与建设，并可划分为前台接待子系统、点菜子系统、厨房管理子系统和收银管理子系统等功能模块。

1. 前台接待子系统

前台接待子系统是实现对客户资料的登记和餐桌座位的合理安排，即当顾客来到后，可以立刻对目前的餐桌情况进行查询和搜索，并提供多方面的选择，还可以接受餐桌和宴会的预订与查询，主要以数据库为依据提供包房、餐桌的空闲情况，实现一定的智能选择，并将客户信息和安排的餐桌信息传送给点菜子系统。主要包括：①客户管理模块，主要进行客户资料登记、查询；②餐厅餐桌管理模块，主要实现餐厅餐桌查询和安排；③预订模块，主要实现餐厅餐桌查询和预订。

2. 点菜子系统

点菜子系统是利用无线 PDA 掌上电脑将菜谱以图文并茂的形式提供给用户，方便客户对菜式的查询，特别是服务员可以通过这个系统将客户所点的菜式立刻输入电脑，改变传统的手写点菜方式，并且能够通过无线网络将客户所点菜式信息快速传送到厨房和收银。实现规范化和现代化的管理。该系统包括：①菜式查询模块。主要提供菜式的基本信息、菜式配方表等信息。②点菜模块。用于协助顾客的点菜，并把点菜信息传送到收银和厨房管理子系统。③转台并台操作模块。④增菜、退菜处理模块。⑤顾客评价模块，用于提供给顾客对就餐的评价，主要包括对就餐环境、服务质量、菜式质量的评价，特别是对菜式质量的评价，是菜式营销分析的主要依据。

3. 厨房管理子系统

厨房管理子系统通过接收点菜信息，自动进行分单并传递到各个厨房，从而便于相关人员合理安排菜肴的切配和烹调，并且可以根据原材料的使用情况进行分析，从而更好地掌握菜品的利润，调整销售策略和菜品的研发策略。其中包括：①分单模块。用于将顾客菜单进行自动分单。②数据分析模块。用于对原材料的分析统计。③业绩分析模块。用于对厨师和各级厨房服务人员的业绩统计分折。

4. 收银管理子系统

收银管理子系统不需要收银员输入菜单，系统会根据各点菜端口所点的菜点自动生成收银明细和结算金额，收银员只需要选择结算方式（现金、银行转账、记账、支票、签单等）和输入优惠卡号（如果结算顾客有优惠卡），系统会自动显示应收金额、折扣金额、实收金额、服务费和结算总额，并打印账单或发票。通过此系统的运用，可以杜绝收银人员人为因素所造成的误差，同时大大减少收银人员的工作量，从而提高收银效率，减少收银人员数量，节约人力成本。另外，还应提供查询功能，能够查询客户消费明细、收银明细记录等，包括：①查询功能模块。用于查询客户消费明细等。②结账系统模块。用于生成账单等。

第四节 餐饮电子商务

中国历来有"民以食为天"的传统，餐饮业作为我国第三产业中的一个支柱产业，一直在社会发展与人民生活中发挥着重要作用，具有生产加工、饮食品零售和劳动服务的综合性。但是，目前我国餐饮业总体仍处于散、小、弱的状态，90%以上的餐饮企业为小企业，2007年规模最大的100家餐饮企业营业额仅占整个餐饮市场的8.5%。餐饮业具有超大规模的市场，但整个行业盈利公司只有40%左右，另外30%只是勉强保本，而剩下的30%就是亏损。因此，更新经营方式，拓展大众市场，建全餐饮业的"软硬"件设施，发展餐饮信息渠道是我国餐饮业应探索的主旋律。

一、餐饮电子商务的含义

1. 餐饮电子商务的定义

电子商务是一种商务活动的新形式，是以现代信息技术手段，如数字化通信网络和计算机装置等工具，进行商品交易的过程，包括三个部分 Intranet、Extranet、Internet。餐饮电子商务，是电子商务在餐饮业的应用，通过现代网络信息技术手段实现餐饮商务活动各环节的电子化，包括通过网络发布、交流餐饮基本信息和餐饮商务信息，以电子手段进行餐饮宣传促销、开展餐饮售前售后服务；进行电子餐饮交易；也包括餐饮企业内部流程的电子化及管理信息系统的应用等。

2. 餐饮业与电子商务的适应性

餐饮是我们生活的重要部分，同时，电子商务的发展对我们生活工作影响越来越大。餐饮业与电子商务的适应性表现在以下几个方面：

（1）餐饮业和电子商务都是服务经济。服务业的显著特点就是经营方式灵活，一切以客户为中心。电子商务是典型的现代服务业，企业经营理念以顾客为中心，以人为本，强调顾客体验，以顾客高满意度为追求目标。餐饮业在现代社会比任何其他行业都精通服务，强调客户服务和关怀，在现在强调低碳经济背景下，餐饮业强调的是绿色营销，要求餐饮企业加强技术改造，在引进环保设备的同时，积极开展餐饮电子商务，充分发挥电子商务的绿色环保、受众面广及与其他旅游服务配套的特点，达到环保效益、社会效益与经济效益的统一。

（2）餐饮业是个"大"的"小"行业。大就大在民以食为天，小就小在它遍及大街小巷，就餐方式多样，经营机制灵活，价位丰俭由人，个性化特点体现得非常充分。电子商务是一种柔性化定制、个性化服务的生产方式，二者具有经济学意义上的同构性。特许经营、连锁店、品牌效应、电子物流配送等都是电子商务的强项，正因为餐饮的分散，才特别适合于网络的聚集，所以餐饮业不仅适合发展电子商务，而且有可能成为最先赢利的行业。

（3）电子商务平台有利于餐饮企业客源的聚集。中国餐饮市场是基于人口规模形成的市场，13亿人口的食品消费，形成了全球最大的餐饮市场。而电子商务非常方便地将散落在各个地方的客源聚集起来。

（4）餐饮业是个性化的生产服务体系。电子商务是一种个性化服务的生产方式，而餐饮业长期以来就是个性化的生产服务体系，所以餐饮业不仅是适合发展电子商务，而且是有可能最先赢利的行业，能较好地解决满足餐饮的个性化需求与实现餐饮业运作规模的矛盾。

二、餐饮业电子商务目前存在的问题

餐饮业虽然与电子商务有很多天然的适应性，但在发展电子商务时也存在不少问题。

1. 餐饮业缺乏复合型人才

在新经济时代，信息技术革命引发生产力、生产关系和生产方式的变革，正在形成新的文明范式。在这样大背景下，餐饮业发展电子商务势在必行，但这需要既懂餐饮管理又懂电子商务的复合型人才。由于餐饮业从业人员的素质不高，对信息技术的应用能力有待提高，因此需加强餐饮从业人员的信息素养，加快复合型人才的培养。

2. 餐饮业缺乏科学和标准的生产体系，内部信息化管理有待加强

电子商务首先强调的就是技术含量和标准化建设，国外著名的快餐连锁经过上百年的探索已形成标准化的工作流程和方法，中餐因菜品的多样化和特色化服务很难实现标准化管理，这使中餐企业的成本控制很难实现；虽然餐饮业的电子化在业内逐步扩大，然而，电子化的内部管理方式在餐饮业内还没有处于主流地位，许多餐饮企业还处于手工及半手工的状态，没有真正通过计算机系统来实现改造流程、强化管理、降低成本、堵漏节流，就更不可能借助信息技术优势对供应链的采购端进行有效优化以实现财务指标表现的改善。

3. 餐饮企业网站推广力度不够，网络营销不到位

目前很多餐饮企业拥有独立的网站，但网站的规划设计不合理，网站的推广工作力度不够，不懂得如何利用网站进行网络营销，网站维护不得力，缺乏品牌和知名度。有的餐饮企业是加盟到平台网站，但没有充分利用网络平台进行网络营销，因此投入电子商务的效果不佳。

三、餐饮电子商务定义和形式

1. 由第三方建立的餐饮综合性网站

由第三方建立的餐饮综合性网站主要功能是发布信息,主要是介绍饮食文化、营养保健、各家菜系、有名的餐厅等,如中华美食网(http：//www.zhms.cn),主要包括美食食谱、饮食咨询、美食视频、美食专题、餐厅餐厅、食品企业、美食博客、食尚社区等内容。中国吃网(http：//www.6eat.com),由东方美食和香港绿满家餐饮管理咨询公司联袂打造,包括餐饮管理咨询服务、免费餐饮资料下载、餐饮人才招聘和个人求职、菜谱大全、餐饮管理论坛等内容。这类平台类餐饮网站逐渐在改变单向信息传播,增加了餐饮博客、餐饮社区等 Web2.0 的形式,加强与网民的互动。

2. 有店铺形式的餐饮企业建立的网站

据不完全统计,到 2006 年,餐饮业的网点已经达到了 400 多万户。这种各自为政的小而全的网站在企业宣传等方面起到一定作用,但有些只是以介绍为主,不存在网上交易。但也有些餐饮企业的网站已经真正开展 B2C 业务,并且取得了很好的效果。例如,青岛勇丽餐饮管理公司(http：//www.yonglee.com.cn/),该公司于 2002 年开始进军网上订餐市场,开展"E 餐及时送"业务,建设网上订餐系统。至今,该公司的"E 餐及时送"已发展成为拥有 20 辆送餐车队伍,每天的营业额在 1 万 ~6 万元的中型餐饮公司。

3. 无店铺形式的餐饮企业电子商务

这种餐饮业的电子商务经营模式适合没有常规餐饮营业店面的企业或个人。运用这种模式最著名的是丽华快餐(http：//www.lihua.com/)。丽华快餐开创国内"无店铺经营"模式,专营快餐"外送"。该公司自 1993 年创建以来,送餐规模不断扩大,覆盖范围不断推广,送餐量排名全国第一,在北京、上海、广州、深圳、大连、南京、郑州、长沙等全国 11 个大中城市拥有 80 余家快餐配送连锁店。

4. 餐饮业电子商务门户网站

餐饮业电子商务门户网站主要由第三方建立操作,实现网上订餐。这种类型网站主要让用户通过网络实现对餐厅查询及餐厅的菜谱查询和预订服务,企业对通过网上预订的客户给予相应的折扣,如饭统网、中华订餐网、无忧订餐、易丁网、食神网,等等。其中饭统网(http：//www.fantong.com/)是中国第一家免费预订餐厅、免费提供优惠折扣的专业权威餐饮网站,目前已经成长为全球最大的中文综合性餐饮门户。

5. 连锁餐饮企业的电子商务

这种形式发展得较为成熟,从原料采购到网络营销,如百胜必胜客餐厅的网站有网上订餐、下载优惠券等服务。

相比之下，第一类网站主要是介绍性的，网站建立较容易、成本低，但收效甚微，占目前餐饮业电子商务的60%；其他几类网站具有电子商务的实质，对电子商务技术与管理能力要求高，但只占大约40%。复杂的消费群体、不同的饮食习惯、就餐地点的空间限制等因素制约了餐饮行业信息化的实现。由此可见，我国开展餐饮业电子商务仍任重而道远。

四、餐饮业运用电子商务的具体措施

餐饮企业在开展电子商务前，先必须提高产品和服务质量。好的产品和服务质量是开展电子商务的基础，如果一旦企业在管理和信誉上出现一点问题，它将直接影响企业的生存，因为互联网具有放大效应，一点点失误就会迅速扩大，传播范围之广、速度之快、影响之大是传统行业所无法想象的。所以电子商务要求零缺点服务、零缺点管理。

1. 创新营销方式的运用——网络营销

网络营销贯穿于企业电子商务应用的始终，是电子商务的核心内容，是指通过有效利用计算机网络这一现代技术最大限度地满足顾客需求，以达到开拓市场、增加赢利能力、实现企业市场目标的过程。由于计算机技术日新月异，网络营销的工具也推陈出新。

（1）社区营销。Web 2.0时代来临，网络社区无疑成为继门户和搜索之后中国互联网未来发展的又一个热点。而基于其独特的用户群和黏性的服务，网络社区强大的营销价值也正日益被发掘。通过网络社区这一平台的搭建，企业可以更大范围搜索消费者和传播对象，将分散的目标顾客和受众精准地聚集在一起，利用新的网络手段扩大口碑传播，获得更为精准的营销推广效果——真正网罗分众、汇聚目标群体、演绎精准营销。

因此，餐饮业的特点决定了客户大部分是本地的客源，餐饮业进行社区营销可以充分利用本地区的社区网站，如成都的第四城社区网站，与相关的论坛频道合作推广餐饮企业，增强客户的认同感。

（2）博客营销。博客营销是指利用博客的方式，通过向用户传递有价值的信息而最终实现营销信息的传播。它是一种基于个人知识资源（包括思想、体验等表现形式）的网络信息传递形式。因此，开展博客营销的基础问题是对某个领域知识的掌握、学习和有效利用，并通过对知识的传播达到营销信息传递的目的。博客营销的价值主要体现在企业市场营销人员可以用更加自主、灵活、有效和低投入的方式发布企业的营销信息，直接实现企业信息发布的目的、降低营销费用和实现自主发布信息等。

餐饮企业开展电子商务可以通过博客传递出企业的信息，增强客户的黏性。博客可以由领导本人或者员工来写。为了让客户对食品安全放心，可以通过博客发布餐饮的生产过程；为了增强客户对餐饮企业的认同，可以增加餐饮营养方面的知识传递；为了增强与客户的感觉交流，要经常回复博客。

（3）加入团购网。根据艾瑞咨询集团发布的《2010年第二季度我国电子商务核心数据发布》，团购网站访问量增加，5月美国团财网月度访问用户规模最高，达190.6万人。团购网就是团购的网络组织平台，互不认识的消费者借助互联网的"网聚人的力量"来聚集资金，加大与商家的谈判能力，以求得最优的价格。拥有商户或消费者资源的网站相继推出团购服务，市场竞争日益加剧，随着用户对团购接受程度的提升，团购将成为电子商务企业营销推广的重要渠道之一。目前团购网业务量比较大的是餐饮，餐饮团购主要通过餐饮优惠券、餐饮打折、免费餐饮等方式开展。但餐饮企业在进行团购业务时，切记控制人数，如果企业接待服务能力没有达到团购的人数，影响将会更差，而且网络具有放大效应，结果可能会更糟。另外服务质量、产品质量不能因为团购而降低。

2. 网上订餐服务

餐饮企业运用电子商务最主要的形式就是网上订餐。最早开展网上订餐服务的是美国食品网（www.food.com）。其在1999年已服务全美的1.3万家餐饮企业，拥有70万人的网上消费者。网上订餐优势明显，订餐服务直观、低成本、互动性强、方便快捷，可以节省时间和电话费，有利于培养顾客的忠诚度和进行客户关系管理。目前我国网上订餐模式有网上订位（饭统网）、第三方网上订餐（中华订餐网、3797网）、自营网上订餐（青岛勇丽快餐公司）、QQ订餐（QQ粥铺）。对于很多社会餐厅和有特色的餐饮企业来说，QQ订餐模式是一个不错的选择，它是一种非常简单的网上订餐模式，通过QQ、MSN等网上即时通信工具收到订单后进行配送，餐饮企业可以有店铺，也可以没有店铺；可以建网站，也可以不建网站，方式十分灵活，运营成本低，同时，也能够取得较好的经济效益。

3. 开展移动电子商务

餐饮业还可以利用移动终端，开展移动电子商务。移动电子商务（M－Commerce）是由电子商务（E－Commerce）的概念衍生出来的。现在的电子商务以PC机为主要界面，是"有线的电子商务"；而移动电子商务则是通过手机、PDA及掌上电脑等无线终端进行的B2B、B2C或C2C的电子商务。无论何时何地都可以开展业务。移动商务将决定21世纪新企业的风貌，也将改变生活与旧商业的形态。移动电子商务无线网络方面的常见应用包括医院、物流、酒店餐厅、旅游娱乐等。例如，现在有些餐饮企业采用的无线点菜收银系统（Mobile POS），运用 PDA 手持终端的便利性为餐饮业提供更方便、更快捷的客服品质。除此之外，餐饮企业可以建立短信平台，在特定的时间对特定的用户群发送特定的短信增值服务，精准营销效果显著。另外，可以增加移动支付设备接入，提供移动支付的功能。

电子商务在餐饮企业运用得越深入，就要求企业构建信息系统，进行信息化管理，这样才能大大提高餐饮企业的工作效率，降低其经营成本，提高其服务质量，进行客户关系管理，从而使餐饮企业不断提升其综合竞争力，使其在短时间内以较低的成本走上标准化、规范化、高效化和现代化的轨道。

随着新经济时代的到来，电子商务在餐饮业的应用将越来越广泛和深入，餐饮企业应积极地应对，采用多种电子商务形式，积极拓展网上业务，提升企业的综合竞争力。不同类型的餐饮企业，企业规模大小不一，经济实力各异，可以灵活地采用各种网络营销方式，积极开拓网络市场，为企业增加客源。电子商务的应用可以促使餐饮业向低成本、科学化的现代餐饮业发展。

五、电子商务对餐饮业发展的影响

1. 电子商务为餐饮业的不断创新提供动力

电子商务新型商业模式的使用，给餐饮企业带来了巨大的发展空间，也给企业的创新注入了无限的动力。

（1）改变着企业的营销理念，促使充分利用网络资源，积极寻找新的客户、开发新产品满足市场需要，最终实现客户需求的满足和企业利润最大化。

（2）新的销售手段的运用。充分利用网络信息搜索功能，帮助企业订制来源于网络的企业目标客户信息数据，并针对潜在客户资源进行主动的重点开发。

（3）电子商务推动了餐饮组织的创新。例如，有些餐饮企业开始尝试将网上业务与网下业务进行结合。

2. 电子商务促进现代信息技术的使用，促进餐饮企业管理水平的提高

电子商务促进了先进的流通经营与管理技术的快速推广，加快了餐饮企业的信息化建设，也为进一步发挥电子商务的功能打下坚实的基础。一些餐饮企业将先进的技术引进餐饮业，如利用自动控制设备能高效控制产品的生产加工过程等，大大提高了烹饪技术的现代化水平，有效提高了餐饮业的竞争实力。

3. 电子商务中供应链技术的运用可以大大降低餐饮企业的采购成本

通过采用电子商务模式，保证了餐饮物料的选购品种更加丰富，渠道更加广泛，信息灵通，价格更有优势；利用第三方物流确保企业的配送（含分拣、保鲜、运输等）低成本高效率实现，同时，企业内部在产品的温度技术、保质期、物料需求的预测、进发货时间等方面的管理，都有了安全、稳定、绿色的保障。

实现电子商务的一体化服务，将会更加有利于餐饮企业的做大做强，增强餐饮企业的竞争力。

4. 电子商务有利于企业品牌建设

电子商务在加强餐饮行业的网络化建设的同时，也促使部分餐饮网站的建立，通过企业自己的网站广泛开展宣传、广告、订购、咨询、投诉等服务，能将企业的宣传、营销手段提上一个新的台阶，有利于提升企业形象和加强餐饮业品牌建设。

电子商务作为新经济发展引领者，在现在和将来的经济社会发展中起着重要的作用。根据 2010 年 7 月 15 日中国互联网络信息中心（CNNIC）发布的《第 26 次中国互联网络发展状况统计报告》，截至 2010 年 6 月底，我国网民规模达 4.2 亿人，互联网普及率持续上升增至 31.8%。手机网民成为拉动中国总体网民规模攀升的主要动力，半年内新增 4334 万人，达到 2.77 亿人，增幅为 18.6%。互联网商务化程度迅速提高，全国网络购物用户达到 1.4 亿人，网上支付、网络购物和网上银行半年用户增长率均在 30% 左右，远远超过其他类网络应用。根据艾瑞咨询集团发布的《2010 年第二季度我国电子商务核心数据发布》，电子商务整体市场交易额规模稳定增长，环比增长 10%，达到 1.1 万亿元。电子商务作为一种建立在信息技术平台上的先进的商务活动方式，无疑有着良好的发展前景。因此，餐饮企业在资金力量允许和发展战略需要的情况下，涉足电子商务，开拓新的领域，不失为一种很好的选择。

案例

饭统网——让预订改变生活

领先的在线餐饮服务供应商饭统网（www.fantong.com）隶属的北京锋讯在线信息技术有限公司 2003 年成立于北京，是中国第一家免费提供餐厅预订服务、免费提供餐饮优惠折扣服务的在线餐饮综合服务企业，致力于为中国亿万消费者提供优质餐饮预订服务，打造中国餐饮行业的时尚风向标。饭统网覆盖中国 60 个主流城市，每日为数万消费者提供免费订餐服务，包括在线餐饮预订服务、电话预订服务、手机短信和 WAP 平台的餐饮、搜索与预订服务和多种主流即时通信工具的餐饮预订服务，7×24 小时实时响应，满足消费者任意时刻的订餐需求，同时，是国内唯一一家可以提供中英文双语餐饮预订服务的网站。

让预订改变每个人的生活！作为权威的在线餐饮服务网站，饭统网拥有中国 80 个主流城市 50 万家餐厅第一手信息，可为消费者提供实时准确的餐饮服务信息。截至 2009 年 12 月，饭统网成立 6 年多来已累计为 1600 多万消费者提供了餐饮预订服务，累计订单超过 350 万张，为中国餐饮行业累计贡献消费额高达 15 亿元以上。

网站优势如下：

优势一：市场"钱"景巨大

2008 年中国餐饮市场上半年零售额已达 1.2 万亿元。中国商务部曾预测 2008 年全年人均餐饮消费支出将达 1158 元，同比增长 23.9%。2010 年中国餐饮业零售总额预计将达 2 万亿元。依托互联网等信息技术的"餐饮预订"行业尚处潜力无限的初级阶段，选择此时进入该行业，并将抢占先机，飞速成长。

优势二：利润回报高

饭统网地方站拥有六大盈利模式：返佣、会员、广告专题、营销方案、团餐、企业合作。投入几万元，利润百万元，几十倍近百倍利润回报。详见"利润分析"。

优势三：创新：传统经济 + 互联网

"传统经济 + 互联网"模式是新经济领域创业的新浪潮，国内国外成功的实例不胜枚举。饭统网作为中国第一家免费预订餐厅、免费提供优惠折扣的专业权威餐饮网站，"餐饮 + 网络"将成为投资者新一轮的投资的最佳选择。

优势四：饭统网坐拥中国餐饮行业和互联网产业多项第一

(1) 中国第一家餐饮预订服务企业。

(2) 中国最先赢利的餐饮预订企业。

(3) 中国最大的互联网餐饮服务企业。

(4) 中国拥有最多可订餐城市的餐饮预订服务提供企业。

(5) 中国唯一一家可提供中英文双语餐饮预订服务的网站。

优势五：资本雄厚

2008 年 7 月，饭统网获得日本亚洲投资等四家海外机构共计 400 万美元风险投资，奠定了饭统网进军资本市场与海外上市的坚实基础。

优势六：专业高效团队

公司治理结构与组织结构优越，有管理层、技术团队、市场推广团队、销售团队、客服团队和加盟营运团队，丰富的互联网企业和多年全国市场营运成功经验。

优势七：超低加盟门槛

只需要具备基本的计算机操作知识，就可轻松加盟信息齐全、功能完备的饭统网地方分站。饭统网总部提供完备的系统培训，从技术到业务、从市场到服务，给予全程"保姆式"支持，真正让加盟者做到"会走路就能做市场，会说话就能卖广告!"

优势八:成功复制

饭统网成立 5 年来,曾经用不到 1 年时间成功树立在北京市场的绝对领先优势并实现赢利,并且迅速席卷全国,目前已覆盖上海、广州、天津等中国 60 个主流城市。让预订改变每个人的生活!饭统网已被中国亿万食客所牢记。

资料来源:http://baike.baidu.com/view/155766.htm.

案例思考题:

1. 网上预订有哪些形式?请分析其各自的优劣势。
2. 根据以上案例分析餐饮网络预订的条件和客源市场定位。

"小肥羊",每一盘羊肉背后的信息化

"小肥羊"的发展历程,离不开信息化在背后的支持。标准化管理,全流程控制确保了企业产品的标准化,在每一盘羊肉、每一个锅底的背后,都离不开基于 IBM SOA 架构和 RIF 解决方案的信息系统的支持。

"小肥羊"的第一家店面于 1999 年 8 月亮相包头,在传统涮羊肉的基础上进行了大胆革新,开创"不蘸小料涮羊肉"的全新风格。此后,"小肥羊"凭借其独创的特色火锅和连锁化经营战略,在短短的几年时间中迅速成长为全国大型餐饮连锁企业。目前,"小肥羊"公司在全国拥有 330 多家火锅连锁店,并在美国、日本、加拿大和印度尼西亚等地拥有 16 家国际连锁火锅店,年销售收入在 50 亿元以上。

在 2008 年 3 月国家信息化评测中心对外发布的"中国企业信息化 500 强"名单中,"小肥羊"再次入围,并成为连续 3 年入围的唯一一家中餐企业。做餐饮信息化难,做中餐信息化更是难上加难,特别是"小肥羊"这样的高速成长的连锁企业,信息化如何保障企业发展?在"小肥羊"为广大消费者提供的"一盘肉、一锅汤"的特色产品背后,计算机信息系统扮演着怎样的角色?

1. 标准化管理,全流程管控

2004 年可以说是"小肥羊"的信息化元年,也是在这一年,李颖风(信息中心总监)"加盟"了小肥羊,开始了公司整体的信息化规划。开始的阶段是没有经验可循的,中餐的信息化本来就是一片处女地,虽然有 KFC 这样的西式快餐连锁企业的成功经验,但是西式系统的复杂程度远远无法达到中餐的复杂程度。

要实现建立一个全国连锁的联网的餐饮信息系统的目标,李颖风发现其实当时的市场上没有可以直接拿来采用的餐饮连锁企业系统。最终"小肥羊"选择了北京普照天星科技有限公司（以下简称"天子星"），不过，"天子星"餐饮连锁企业管理系统也需要针对"小肥羊"的具体需求进行二次开发。双方的技术人员组成项目组，针对"小肥羊"的业务流程进行了长达8个月的整体开发，在此后的两年半的时间中，"小肥羊"在全国的店面将这套系统全面推广开来。

截止到目前，"小肥羊"大约有300家的门店已经全部纳入到"天子星"餐饮连锁企业管理系统中来。这样管理部门从原料到成品、从库房到餐厅，都能够对成本实行严格控制，而且从开单、上菜、收银到财务，可以做到全流程监控。

在针对连锁店店面管理的"天子星"系统上线的同时，2005年，"小肥羊"开始采用了金蝶的ERP系统。"小肥羊"的物流信息系统进入统一的升级阶段，到目前基本上实现了信息化操作。通过一套连锁店供应链管理系统将整个公司的信息流、资金流、物流统一起来，已实现物流总部与各分拨中心实时进销存管理。

2. IBM RIF架构解决连锁行业"锁而不连"问题

企业对信息化建设需求的认识总是逐步深入，企业IT系统的问题，其实归根结底是解决管理的问题。在"天子星"系统推广的同时，传统的软件架构很难去满足这种大型连锁集团的管理，信息化的下一步问题也显现出来：单独的餐饮系统做到的是将单个的门店的管理"锁住"，但是还是连不起来，所谓连锁企业，在管理上却仅仅是"锁而不连"。系统的连接仅仅通过FTP形式导致效率低，而且FTP过多的手动操作对于不熟悉IT系统的餐饮行业人员来说也并不方便，这就需要一个先进的IT架构来解决这个问题。

这个时候，IBM先进的基于Web Sphere产品和SOA平台的商业流通行业的解决架构（RIF架构）打动了"天子星"。2006年初，"天子星"在IBM RIF架构上开发了一套更加完整、更加先进的整体连锁餐饮系统的解决方案。这套基于IBM RIF系统的方案解决了"小肥羊"管理上的问题。这套系统上线之后，"小肥羊"集团能够通过系统及时了解到所有门店当天的营销信息，有效杜绝餐饮企业最头疼的"跑、冒、滴、漏"现象，降低了加盟店的开店风险。通过统一的IT平台，"小肥羊"的总部还可以灵活地根据需要，进行菜品的增加、变价、原材料调配等操作，总部相关业务部门只需要在系统中更改某菜品的价格，全国各家门店的系统内的相关数据就会自动变更。在IT的支撑下，"小肥羊"在价格上的统一与标准化轻而易举得到了实现。

实际上，IT系统实施以前，在定额加盟费的合作方式下，"小肥羊"很多店的管理者为了赚取更多的利润，经常少算成本、多算利润，总部如果不到店面去检查，根本无法发现问题。现在，通过供应链管理系统与门店管理系统的集成，系统会自动对配送中心的每一笔出货和门店每一笔进货与门店销售信息做比对，哪些材料用了多少、应该剩多少，清晰可查。

此外，让加盟商头疼的收银员与后厨的"搞鬼"现象也得以避免。过去，"小肥羊"的门店都是用手工点菜、靠纸制单据结账，有些收银员会在顾客结完账之后，私下将账单中的一两种菜划掉，这样每单自己就能多收入 10 多元，一天下来就有 100 多元。后厨也有类似的事情，员工们随便取用或偷盗油盐酱醋或锅碗瓢勺，店老板根本无据可查。现在，信息系统内的数据一旦录入便不可更改，每一笔销售、每一样物品都在电脑中清晰可查。在信息系统的支撑下，"小肥羊"的成本核算可以做到单个菜品。每月他们会统计每种菜品的毛利率，有针对性地对那些点击率高、毛利率也高的产品进行特别宣传，并且淘汰掉低利润又不太受欢迎的菜品。

国内餐饮业人士常说，在餐饮企业进行信息化管理很难，在连锁餐饮企业搞信息化更难。这是因为国内餐饮业标准化水平低，餐饮行业员工的计算机水平很低，等等。而"小肥羊"的信息化建设却做得有声有色，刚入选国家信息化评测中心的 2008 年中国企业信息化 500 强榜单，成为唯一一家连续 3 年上榜的中餐企业。

现在"小肥羊"上至总裁，下到财务、运营等各业务部门的负责人，大家每天早晨上班的第一件事就是打开电脑，看公司前一天的财务报表和每日经营统计结果。如此及时地看到财务报表，在别的中餐餐饮企业几乎难以想象，因为国内大多数餐饮企业如今仍然是每周乃至每月才盘点一次。"小肥羊"所有应用了餐饮管理系统的门店已经可以做到日盘点。不仅如此，这些门店每天的进销存信息总部可实时查看。信息的及时和透明，大大提高了总部对众多店面异常情况的监控。

"小肥羊"内蒙古总裁卢文兵曾经在一次采访中谈到："IT 系统可以突破中餐难以标准化、规范化的痼疾，可以把我们的商业模式进行固化，使得'小肥羊'更好地通过复制完成做强、做大的发展目标。"通过三年多的信息化和管理强化，"小肥羊"对加盟店的管理力度越来越强。虽然目前"小肥羊"连锁店数与高峰期相比减少了一半以上，但是它的精品店却越来越多。卢文兵对"小肥羊"未来的发展充满信心，一方面是有充足的资金支持，另一方面是他找到了将中餐进行标准化复制的载体——信息化管理平台，并健全了"全流程体系管理"。

资料来源：马红静，中国信息主管网，http://www.cio360.net/h/1812/289462-4324.html，2008-12-18.

案例思考题：

1. "小肥羊"餐饮连锁公司为什么实施信息化？

2. "小肥羊"餐饮连锁公司实施信息化后带来了哪些变化?

本章复习思考题

1. 餐饮业在发展过程中遇到"瓶颈"时,信息化管理能为餐饮企业带来什么?

2. 一般餐饮管理信息系统的主要功能模块有哪些?

3. 分析业务流程重组对餐饮企业的实施信息系统管理的意义。

4. 简述餐饮企业业务流程重组的过程。

5. 餐饮电子商务的模式有哪些?

6. 随着电子商务的不断发展,餐饮企业如何灵活运用电子商务?

第十章　餐饮企业文化建设与管理

☞ **本章内容简介**

　　文化在餐饮企业中具有不可忽视的力量。餐饮企业通过文化建设可以为产品和服务增加文化内涵，提升产品和服务品质。企业文化也可以帮助餐饮企业形成独特的精神风貌、信念、制度和措施，增加企业凝聚力，提升企业形象和品牌。本章从餐饮企业的企业文化和餐饮文化两个方面阐述了餐饮企业文化建设的概念、内容及意义，并重点探讨了餐饮企业该如何具体实践文化建设。

☞ **本章学习目标**

　　通过本章学习，掌握餐饮企业管理中文化建设的概念、类型和意义；了解餐饮企业文化建设的现状；能灵活运用餐饮文化建设步骤解决餐饮企业文化管理中的实际问题。

在餐饮业中提到文化概念时，会涉及两个不同的文化层面，一是餐饮企业中的饮食文化，二是餐饮企业的企业文化。饮食文化包括：观念文化、制度文化、环境文化、伦理文化，以及烹饪文化、面食文化、小吃文化、药膳文化、烹具文化、器皿文化、食俗文化、服务文化。这里的观念文化、制度文化、环境文化和伦理文化与企业文化相关，而其他文化则可看做是饮食文化在餐饮企业中的运用和体现。本章涵盖了餐饮企业中的企业文化和饮食文化两部分内容，其中第一节将着重阐述餐饮企业的企业文化，包括企业文化的定义、理念以及餐饮企业如何塑造自己的企业文化；第二节则探讨餐饮企业中的饮食文化及其在餐饮企业经营中的实际运用。

第一节　餐饮企业文化概述

文化对餐饮企业具有双重意义的，一是餐饮企业运用饮食文化来提升对客服务水平；二是餐饮企业的企业文化打造。企业文化是企业在长期的经营过程中形成的具有独特个性的精神风貌、信念、制度和措施。它包括企业的价值观、行为准则、企业的经营管理哲学、经营理念、企业精神等核心内容，也包括制度、规范等表层形式。

一、企业文化在餐饮企业中的重要意义

对于餐饮企业来说，企业文化是不可或缺的，对企业发展起着持久深远的影响。它对企业的内部和外部公众都有一定的影响。

1. 餐饮业是劳动密集型产业，它的本质更多的是向顾客提供一种服务

企业员工服务的质量高低直接影响企业的发展，因此，餐饮企业中建立起良好的工作环境、氛围尤为重要。通过企业文化在企业内部创造一种相互尊重、平等、民主的气氛。企业文化中的精神层面可以为员工提供统一的价值观，形成具有战斗力的团队精神，增强企业的凝聚力；行为层面为员工的服务提供了标准，员工能自觉意识到应该做什么事、应该提倡什么，从而对产品和服务的质量精益求精，对顾客高度负责，为企业创造美誉度和知名度；通过企业英雄人物、典礼仪式及文化网络等因素的强化，激励员工追求出色工作的愿望和在出色的企业中工作的要求。

2. 企业文化是餐饮企业的标识

餐饮企业存在以下几点特性：顾客与企业之间的关系较分散，使得顾客有很多的消费选择空间；餐饮企业受时间、空间等一些不可控因素的影响，其产品的

供应与需求波动性大；企业本身的产品具有不可储存性。这些特性决定了餐饮企业要把产品销售放在首位。如何吸引更多的顾客，并积极有效地与顾客建立起长久的关系成为了餐饮企业的目标之一。企业文化中的表层文化能直接为产品增加特色，对顾客形成视觉冲击，提高产品的识别度。更深层地，企业通过将企业的精神文化传递给顾客及其他外部公众，让他们接受企业的价值观和理念，甚至被同化。例如，城市中打着"文化"旗号售卖咖啡的咖啡厅不少，但都无法与"星巴克"比拟。有人说看着城市中"星巴克"的英文标识，有一种如同归家的亲切感。忠诚顾客的培养，很大程度上应归结于"星巴克"所打造的企业文化，让顾客认同"星巴克"的生活方式。"星巴克"标识之中所传达的文化成分要多过咖啡本身。

二、国内餐饮企业文化的现状

在实际应用方面，餐饮企业的企业文化建设目前还存在着许多误区。

1. 部分餐饮企业管理者企业文化建设意识还比较差，行动迟缓

当今社会各行各业已经开始重视文化营销的重要性，企业管理者都开始打造具有独特文化内涵的产品，来提升自身企业的市场竞争力。而有些管理者特别是小规模的餐饮企业，没有看到企业文化的重要性，仍然忽视建设企业文化，或者在建设企业文化的过程中流于表面，最终难免被市场淘汰。

2. 全盘接受国外的经验

有些餐饮企业在制定自己的企业文化的时候，生搬硬套国外某些企业的成功经验。事实上，国外众多知名的餐饮企业都是经历了长时间的发展才逐渐形成具备自身特性的企业文化。"抄袭"并不是建立企业文化的有效途径。餐饮企业应该挖掘企业传统，制定出适合自己的企业文化。

3. 企业文化建设缺乏整体性、系统性

由企业文化的定义可以看出，它包括精神、行为、物质文化三方面，具备整体性、系统性，涉及企业的各个方面，并非只是虚无缥缈的口号。许多餐饮企业在确定其企业文化时，只注重物质上和行为上的，忽视了企业重要的精神文化，在制定的时候也没有考虑到它应该具有可执行性和可操作性，企业文化往往成为虚设，没有起到应有的作用。

4. 企业文化僵化不变

现代餐饮企业需要的是与现代社会文化相结合的企业文化。餐饮企业文化应该随着企业的发展和市场的变化而相应调整，企业经营者要有与时代同步发展的意识，让餐饮企业时刻具备新鲜的活力是吸引顾客的必要条件。一成不变的企业文化难免会被模仿和超越，失去独有性和生命力。

三、餐饮企业文化内容

餐饮企业文化是一个复杂的概念，涉及企业的方方面面，因此要想系统性地对企业文化进行归类有一定的难度。不同的专家学者从不同的角度提出了不同的分类方法，如内外化结构说、三层次结构说、四层次结构说、显性隐性结构说等。本书中将采用企业文化同心圆模型来阐述餐饮企业文化所涉及的内容。

1. 餐饮企业文化的同心圆模型

企业文化同心圆模型由加拿大学者佩格·纽豪热（Pegg Neuhavser）、佩·本德（Ray Bender）和科可·斯特姆斯伯格（Krik Stromsberg）提出，包括三个同心圆：内层圆、中层圆、外层圆，如图 10 - 1 所示。

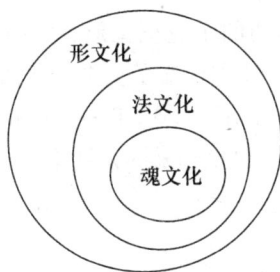

图 10 - 1　企业文化同心圆模型

（1）餐饮企业文化核心部分——魂文化。餐饮企业"魂文化"是企业文化的最核心部分，是企业文化的源泉。企业"魂文化"是企业文化的决定因素，有什么样的结构基础，就会有什么样的结构主体和结构的外在部分。企业"魂文化"由企业哲学、企业价值观、企业道德、企业精神等企业的意识活动组成。

（2）餐饮企业文化主体部分——法文化。圆圈的中间层是"法文化"，它构造企业制度体系。企业文化以理念为先导，但还须有"法文化"做保证。作为同心圆模式的关键环节，它是以国际惯例、行业法律法规和企业规章规范为内容的承上启下的制度文化层面，对上体现着企业理念，对下制约着员工行为。法文化的主体是企业制度，是企业组织或群体为了维护其生产、工作和生活秩序而制定、颁布执行的书面的规划、程序、条例及法度的总和。餐饮企业的制度既是企业的价值观、道德规范、经营哲学的反映，也是企业管理民主化、科学化程度的体现。

（3）餐饮企业文化表层部分——形文化。圆圈的最外层则是"形文化"，代表的是企业形象。"形文化"是企业哲学、价值观、精神、道德等的外在表现，是把精神变成物质、把制度变成行为，直接创造效益和财富的文化层面。作为企业文化最表层的部分，是人们可直接感受到的。无论"魂文化"、"法文化"内涵多么丰富，客户总是通过"形文化"评价企业的优劣，因此餐饮企业要注重系统化的企业形象。

2. 餐饮企业 CIS

"CIS"即企业识别系统（Corporate Identity System），常常被用来系统性营造企业形象。CIS 由三部分组成，即企业理念识别（Mind Identity，MI）、企业行为识别（Behavior Identity，BI）、企业视觉识别（Visual Identity，VI）。在"CIS"系统中，VI 是最外在、最直观的部分，它以企业标志、标准字、标准色和象征图案、吉祥物等为基础设计企业的各种外观，如餐饮企业标识、餐具与餐厅装饰、员工制服、企业办公用品（文具、名片、信笺、信封）等，组成企业独特的视觉识别手段，从而立竿见影地树立起一个鲜明的企业视觉形象。CIS 的深层是 MI 和 BI。尤其以MI 为核心，它是 CIS 的灵魂。BI 则覆盖了整个企业的经营管理活动，将 MI 通过对内对外的活动渗透到企业日常工作中。这里的 MI 和 BI 分别对应着企业的"魂文化"和"法文化"，是基于两者建立起来的识别系统。

案例

麦当劳 CIS 系统

麦当劳（Mc Donald）公司是世界上最大的快餐集团。它的成功很大程度上归功于它的 CIS 战略。

MI：麦当劳树立了明确的企业理念——"Q、S、C、V"（质量、服务、清洁、价值），即向顾客提供高质量的产品；快速、准确、友善的优良服务；清洁优雅的环境及做到物有所值。麦当劳几十年遵守这个理念，始终如一地落实到每项工作和员工的行动中去。正是这种企业理念使麦当劳在激烈的竞争中始终立于不败之地，跻身于世界强手之林。

BI：为了使企业理念能够在连锁店贯彻执行，保持企业稳定，每项工作都做到标准化、规范化，即"小到洗手有程序，大到管理有手册"。运营手册被加盟者奉为神明，逐条加以遵循。例如，手册中规定：玻璃每天要擦；垃圾桶每天刷洗；其他诸如食品的品质、烹煮时间与温度、顾客的等候时间等都有详细规定。除了运营手册，麦当劳还有岗位工作检查表，袖珍品质参考手册和管理发展手册等指导员工与加盟商的行为。

VI：麦当劳的企业标志可谓是深入人心。1952 年 7 月，麦当劳兄弟在凤凰城开设了一间汽车餐厅标准模型店，请霓虹灯公司做了一个金黄色的双拱门，很是夺目，顾客在一条街外都可以看得见。这个马戏团般的设计诞生后，成为 20 世纪 50 年代的代表作之一，代表着年轻的、实验的以及蓬勃发展的速食事业。从此，这个金黄色双拱门"M"，向世人展示着麦当劳速食业的灿烂辉煌。

资料来源：东麒至远．麦当劳超值服务 CIS［EB/OL］．2009.4.2，http：//dongqizhiyuan. blog. sohu. com/113549516. html.

四、餐饮企业文化的实施

为打造餐饮企业的企业文化，餐饮企业可以遵循以下的步骤来建立起系统的企业文化。餐饮企业文化涉及企业的方方面面，是一个复杂的系统工程，一般说来，餐饮企业文化的塑造步骤可划分为以下七个阶段。

1. 提出问题，统一思想

主要由餐饮企业领导和决策层根据企业内外部实际情况和主客观因素提出塑造企业文化模式的意向，明确塑造企业文化模式的目的、意义，通过各种形式教育、发动企业员工，使员工充分认识到塑造企业文化的重要性和紧迫性，统一思想和行为。

2. 组织力量，调查研究

餐饮企业要组织有关人员对现有企业文化进行调查研究，使企业能够准确了解现有文化基础，了解企业人员的舆论和心态，为塑造企业文化模式提供科学依据，提高塑造企业文化模式的成功率。

3. 设计规划，论证实验

设计规划是根据餐饮企业文化现实和未来文化发展设想，在调查分析的基础上制定的塑造企业文化模式的方案。设计规划要做到全面与重点相结合，主观与客观相结合，独创性与连续性相结合，计划性与灵活性相结合。规划制定之后，要进行论证，并在经过选择的区域内进行推行，从经验和实践两方面充分论证规划的可行性。

4. 严密组织, 传播执行

这一阶段是最复杂、最多变, 也最漫长、最关键的一个阶段。在这阶段要利用企业全部的传播媒介筹划宣传攻势; 及时收集反馈信息, 进行整理; 要用各种方式统一企业员工对规划的认识; 保证领导与员工之间的信息畅通; 解决好实施过程中可能产生的冲突和矛盾。

5. 注重实效, 评估调整

根据设计规划要求, 对规划的实施效果要进行衡量、检查、评价和估计, 以判断其优劣, 调整目标偏差, 使塑造的企业文化模式健康、稳定, 向正确的方向发展。

6. 确立模式, 巩固发展

经过前面五个阶段, 餐饮企业文化的模式已初步确立, 至此大规模的文化改造已经完成。至此企业文化模式的功能已经显示出来, 企业和员工开始从文化中获益, 人们对企业文化的态度由强制被迫向自觉性转变。

7. 对外传播, 树立影响

一旦餐饮企业的文化确立, 就可以考虑如何进一步将企业文化向外部公众进行传播。通过各类传播方式, 如人员传播、大众媒介传播等将企业文化告知外部公众, 让企业的外部利益相关者认可企业的文化, 并借此与企业外部公众建立起良好的关系。

第二节　饮食文化的特性与功能

餐饮企业不仅要打造企业文化, 更要善于运用中国饮食文化, 对企业进行包装, 形成企业的特色文化主题。本节首先简要介绍饮食文化的内涵、特点和功能及其对餐饮企业的意义; 其次着重阐述饮食文化如何与餐饮企业经营相结合, 餐饮企业如何运用饮食文化打造餐厅主题。

一、饮食文化的定义

饮食文化的定义可谓是不胜枚举, 总结了若干国内关于饮食文化的定义后, 我们认为可以从狭义和广义两方面来理解饮食文化。狭义的饮食文化专注于饮食的精神方面, 即饮食文化指的就是通过食物、烹饪以及餐具、就餐的形式等体现出来的价值观念、习惯方式和被人们普遍接受、沿袭相传的各种习俗。而广义的饮食文化则同时关注饮食的物质和精神两方面, 是指食物原料的利用、食品制作和饮食消费过程中的技术、科学、艺术, 以及以饮食为基础的习俗、传统、思想和哲学，即由人们食生产和食生活的方式、过程、功能等结构组合而成的全部食事的总和，是关于人类在什么条件下吃、吃什么、怎么吃、吃了以后怎么样的学问。又如《中华膳海》中将饮食文化定义为：饮食、烹饪及食品加工技艺、饮食营养保健，以及以饮食为基础的文化艺术、思想观念与哲学体系之总和。目前大部分的学者大多认同广义的饮食文化，认为饮食文化应该同时包括物质和精神两个层面的文化。本书采用广义的饮食文化概念，将饮食文化视为食物从生产到消费过程中所有相关的技艺及以食物为基础的习俗、思想和哲学的总和。

二、饮食文化的特性

中国饮食文化在长期的发展过程中，形成了自己独特的特性，主要表现为以下四个方面，即历史继承性和发展性、社会阶层性、地域性、民族宗教性。

1. 中国饮食文化的历史继承性和发展性

自原始社会发端以来，中国饮食文化源远流长，经久不衰。朝代的更迭和社会制度的变更都未能阻止它发展的脚步。孙中山先生在《建国方略》中曾言："我中国近代文明进化，事事皆落人之后，惟饮食一道之进步，至今尚为文明各国所不及。中国所发明之食物，固大盛于欧美；而中国烹调法之精良，又非欧美所可并驾。"

中国饮食文化的持续性发展得益于中国人对吃的重视。"食、色，性也"。上至统治阶级，下至黎民百姓，中国人将吃作为头等大事。从周家宰、秦太官、汉尚食、隋祠部、唐膳部、宋光禄寺、元侍文院、明尚食局、清御膳房，历朝历代都设有专门负责统治者饮食的部门。而平民百姓的开门七件事：柴、米、油、盐、酱、醋、茶，也是围绕着饮食展开的。饮食文化在中国的发展，固然其首因是中国人对吃的重视，同时，开放型饮食文化的存在也起到了促进作用。没有交流和兼容并蓄能力的文化，宛若一潭死水，毫无生机。正是开放式的中国饮食使得中国的饮食文化能够持续发展。从三皇五帝一直到清代，中国饮食从未停止对周边和国内民族饮食文化的吸纳和传播活动。例如，清代的粤菜系便是吸收西方饮食文化而产生的。中国饮食文化在面对外来饮食文化冲击时，用一种兼容并蓄的大气将冲击转为发展的动力。

对饮食的重视和开放性饮食文化也是中国餐饮业持续繁荣发展的先决条件。中国人重视吃，无论是家庭聚会、朋友相见、商务会谈，很多场合都离不开宴请。这一饮食传统大大刺激了中国餐饮业的繁荣。早在商末，就已经有了简单的饮食业，姜尚就曾"屠牛之朝歌，卖饮于孟津"。到唐宋时期，饮食业十分繁荣，各类餐饮店林立，既有高档的"正店"，又有小食铺；既有卖北食、南食的食肆，也有卖川食、罗食（山东河北风味）的食肆。明清时期，饮食业进一步发展。明朝开国皇帝朱元璋就曾下令在南京开办 16 座酒楼，由天子倡令开办酒楼，揭开了明代饮食业大规模发展的序幕。清代酒肆的发展，更是超过以往任何时代，酒肆数量激增，风格多样，档次细分。而开放性的饮食文化特性又使得餐饮业能够不断地推陈出新，保持旺盛的生命力，如南宋杭帮菜的崛起就是南北饮食文化融合的结果。再如辣椒这一原产美洲的食物，自明末清初由南洋传入中国后，影响了中国很多地区的饮食风味。现代的餐饮业更是借鉴了不少西方饮食的工艺、习俗和管理，如连锁中式餐饮的出现就是向西方饮食业学习的结果。可以说中国饮食文化的承继性和发展性决定了中国饮食业的持续性发展，两者是不可分割的。

2. 中国饮食文化的社会阶层性

在漫长的历史时期，中国作为宗法制国家，等级森严，不同的社会等级有不同的地位和待遇。具体到饮食活动中，各个等级之间在用料、技艺、条件、排场、风格及总的文化特征诸方面存在着明显的差异。这一差异，通过文字的形式，作为等级礼制被规定了下来。中国封建制历史时代大致有以下五个基本的饮食文化层次：

（1）果腹层。其主体是最广大的底层民众，他们没有或很少有超出小农经济丰年以上的饮食要求，基本水准经常在"果腹线"上下波动。他们的饮食活动多是为了满足生理需要，并不具备文化创造的特征。

（2）小康层。其主体是城市中的一般市民，农村中上、中、下地主及下等绅吏以及与其经济、政治地位相应的其他民众。一般情况下能保持温饱的生活或经济条件还要好些，已具有一定的文化色彩。

（3）富家层。其主体是中等仕宦、富商和其他殷富之家。他们有明显的经济、政治、文化上的优势，有较充足的条件去讲究饮食，而且仕宦的特权和优游、富商大贾的豪侈贪欲、文士的风雅猎奇等赋予他们突出的文化色彩。历史上的许多美食家、饮食理论家，如苏轼、李渔、袁枚等就是出自于这一阶层。

（4）贵族层。其主要成分是贵胄达官及家资丰饶的累世望族。他们筵宴相连，家中僮仆成群，厨作队伍组织健全，分工细密，其中不乏擅绝技的名厨。他们利用经济上和政治上的特权，过着花天酒地的生活，显示着"侯门"的饮食生活水平和气派。这一层次也是中国饮食文化发展的重要力量之一。

（5）宫廷层。宫廷层是指中国最高的统治阶层王或皇帝。宫廷饮膳就是凭借御内最精美珍奇的上乘原料，运用当代最好的烹调条件，在悦目、福口、怡神、示尊、健身、益寿原则指导下，创造无以伦比的精美肴馔，充分显示了中国饮食文化的科技水平和文化色彩，充分体现了帝王饮食的富丽典雅而含蓄凝重，华贵尊荣而精细真实。

这五个层次之间交互影响，但高层次的辐射作用要大于低层次对高层次的影响。由于"果腹层"挣扎在生存线上下，因此对饮食的需求以满足生理需要为主，因此，纷繁丰富的饮食文化主要还是由上层社会所创造和推动。这一饮食文化的特性也揭示了餐饮业的服务对象，主要还是为"有钱"阶层服务。因此在设计和开发产品时，需要了解的是这一阶层人士的饮食偏好和饮食需求。

3. 中国饮食文化的地域性

中国地域广大，食物原料分布地域性强，各地发展程度不一，在文化悠久和封闭程度等综合因素的作用下，中国形成了许多风格不尽相同的饮食文化区。《楚辞》中的"陈吴羹些"、"吴酸蒿蒌"、"和楚沥只"等诗句，表明人们已经意识到饮食具有地域性差异。汉唐以来，出现了"胡食"、"素食"、"北食"、"南食"、"川味"等称呼，用于区分不同区域的饮食。到明清民国时期，区域性经济文化的发展使得区域内饮食文化得到相应发展，地区特性更加的明显。"北食"、"南食"等较笼统的说法也被更细的"京菜"、"徽菜"、"扬菜"等所取代。时至今日，中国到底有多少个菜系，可谓是众说纷纭，莫衷一是。有人认为"菜系说"不能代表中国饮食文化的区域性，而将中国饮食视为一个文化圈，划分东北、京津、黄河下游、东南、中北、黄河中游、长江中游、长江下游、西南、西北、青藏高原及素食圈等子饮食文化圈。不管怎么划分和归总中国纷繁复杂的地域饮食文化，同一菜系或是同一圈层内的饮食文化又可分出许多子系统。各个子系统之间又在相互交融和排斥后形成各自的地方性特点。

因此，从实践的角度来看，中国饮食文化的地域多样性，为餐饮业提供了实施差异化竞争的素材。从川、湘、粤、鲁各地菜式到山西面食、江南小点、烧烤、火锅都可以成为餐厅的主打菜品。这有利于餐饮企业树立起本餐厅的特色，避免同质竞争，也符合现代社会消费者追求多元化产品的消费趋势。

案例

"人在海南，吃遍全球"

海南建设国际旅游岛，在吃方面少不了国际化元素，要想方设法让游客在海南既能吃到家乡的滋味，又能尝到世界的风味，打造"人在海南，吃遍全球"的国际化、多元化餐饮的深度格局。

金龙路被称为海口市的"美食一条街"，这里汇聚了约30家中西各式餐馆：

从体现中国各色菜系如代表湘菜的"毛家饭店"、主做川味的"大嘴鱼乡",到港澳风味的"尖东云吞鱼蛋皇",到海南本地菜"东郊椰林";从适合休闲小憩的"仙迹林",到能一尝海鲜美味的"百盛南海渔港";再从来自亚洲的韩国料理店"汉江婷",日本料理"一番回转寿司"到充欧美浪漫风情的"普洛旺斯餐厅"……可以说,多元化与国际化的餐饮格局在这里已经基本形成。这些分布在海南大街小巷的以不同区域饮食文化为主题的餐厅,撑起了海南多元化与国际化餐饮格局天空的一角。

资料来源: 王秋虹. 向深度开发进军——打造"人在海南,吃遍全球"的餐饮格局[J]. 今日海南. 2010 (7): 16~18.

4. 中国饮食文化的民族宗教性

中国是一个少数民族众多的国家。由于生活、地域、传统文化、发展水平等差异的存在,不同的少数民族在饮食文化上形成了各自的民族文化特色。此外,某些民族或一部分人由于宗教原因,禁忌一些饮食,长期坚持就会在制度化的基础上形成特有的饮食文化特质,如信仰伊斯兰教的民族形成了独特的伊斯兰清真饮食文化;而信仰佛教的群众当中又形成素食饮食文化。同样的,中国饮食文化的民族宗教性亦为中国餐饮业的发展提供了良好的素材。近几年在全国范围内兴起的内蒙古蒙古族饮食热就是民族饮食商业化的成功典范之一。蒙古族饮食作为北方餐饮的重要组成部分,无论是肉食还是奶食都体现了独特的草原文化内涵和蒙古族人民的饮食习惯。蒙古族饮食现在在全国餐饮业已初露锋芒,不仅在北京、上海、广东、浙江、江苏、辽宁等经济相对发达地区广受欢迎,在云南、福建、西藏、青海、新疆、黑龙江、海南等旅游地区也颇具规模。据不完全统计,2008年内蒙古以经营蒙古族饮食为主的餐饮企业的营业收入超过200亿元,占领内蒙古餐饮业年收入的40%以上,预计全国以经营蒙古族饮食为主的餐饮企业的营业收入有300亿元。蒙古族饮食的一些餐饮品牌也逐渐被人们所熟知,如小肥羊、小尾羊、小蒙羊、草原兴发等涮羊肉品牌在全国乃至港澳台和海外地区都有一定的影响力。一些以蒙古族饮食为主要特色的餐饮企业更是将蒙古族饮食文化、蒙古族建筑和歌舞文化相结合,将蒙古包架到了京、沪、穗等地区,载歌载舞招待各方食客。

三、饮食文化的功能

饮食文化的功能具有双向性,根据饮食文化对消费者和饮食经营企业的意义或用途,可将其分为饮食文化的个体功能和饮食文化的企业功能。

1. 饮食文化的个体功能

众所周知,饮食的基本功能是"果腹",提供营养,并在一定程度上发挥食疗的功能。作为文化的一种，饮食文化在提供个体基本功能之外，还具有独特的文化功能，包括饮食成礼、孕和产灵、品饮与陶冶心性结合、饮食合欢以及审美功能。

首先，饮食成礼指的是饮食可作为礼制的起源之一，食礼引出等级人伦之礼。在中国古代，饮食内容、礼仪、规模等方面都有严格的等级礼制，以用来别尊卑、区长幼。其次，孕和产灵指的是饮食文化可以激发文人墨客的创作灵感，"李白斗酒诗百篇"就是最好的注解。再次，饮食文化还可以陶冶人的性情，提升品位。又次，饮食还有亲和剂的作用，除夕、春节、元宵节要吃"团圆饭"，在聚餐和宴饮中，调和了人际关系，敦睦亲友、邻里。例如，清代康熙帝、乾隆帝多次举行"千叟宴"，其目的之一就是要团结人心、树立纲纪。最后，饮食文化还能给食客以美的感受。艺术化是中国饮食文化的一个极为突出的特征。这种艺术化广泛地体现在饮食器具、食品制作、食物的香味名音、饮食环境和饮食行为等方面。中国古代饮食文化经过不断深化和完善，最终发展出独立、系统和严密的"十美风格"饮食审美体系，包括质、香、色、形、器、味、适、序、境和趣。

饮食企业要特别关注饮食文化的基本功能和审美功能。在提供菜品时，一是要足量（满足"果腹"的需求）、食物干净卫生、食材新鲜营养、搭配合理（满足营养和食疗的需求）；二是要考虑饮食的审美功能，注重菜品的色香味形、食器的造型质地、上菜的次序和节奏、就餐的环境和格调。

2. 饮食文化企业功能

饮食文化功能的另一个层面是企业功能。中国的饮食文化对餐饮企业也有如下几个方面的促进作用。

（1）饮食文化是提高餐饮企业整体素质和企业竞争力的主要途径。由于广大人民物质生活和精神生活的全面提高，餐饮活动不再以求生存为唯一目的。无论是出于公务应酬或私人交际，大家都希望餐饮既能提供风味特色的产品，又有温馨雅静的环境，且有良好的服务氛围。而这一切，离不开饮食文化的支撑。如同一只鸭子无法成就一个全聚德，鸭子背后的文化才是全聚德百年长存的秘诀一般。优秀的餐厅吸引客人的，首先是文化上的吸引，拥有丰厚文化底蕴的餐厅能得以沉淀并传承。现代餐饮业的竞争不仅是产品和服务的竞争，餐厅所传递和打造的文化才是区别本餐厅与彼餐厅的关键，才能形成企业独特的竞争力。

有学者在评价成都餐饮业时，用了"无文化，关门店"来形容文化对成都餐饮企业的重要性。借助文化的宣传及其巨大的生命力，成都餐饮走在了全国的前列。川菜、川酒、川剧……各文化相互影响和推动让成都饮食在竞争中立于不败之地，也许顾客会忘记了巴国布衣的川菜，但忘不了这里上演的变脸，也许顾客会忘记了三大炮的味道，但忘不了制作中的那三声"炮响"。将文化的要素注入餐饮正在成为成都餐饮行业的普遍行为，成都餐饮企业已经察觉和认识到文化在饮食中的巨大竞争力。

（2）饮食文化是提高从业人员服务水平的有效途径。中国传统的饮食文化是一个取之不尽、用之不竭的宝库。它能够有效激发厨师的创作灵感，开发出别具一格的菜品。例如，"红楼宴"、"孔府宴"、"随园食宴"等，都是在借鉴了我国优秀的传统饮食文化后开发出来的新品宴饮筵席。对服务人员而言，中国饮食文化也能够提高服务人员的服务水平。过去，餐饮企业认为服务员只要能擦桌扫地、会摆台接待、懂礼貌用语就足够了。而今却不然，餐厅服务员应该具备充分的饮食文化知识。首先应该做个导食员，要懂得菜品基本技法和口味特点，便于向顾客介绍推荐；其次还应是个故事讲解员，在进餐中不时向顾客讲解饭菜的典故趣闻，以增进顾客的食兴和食欲，如素有"不进真不同，未到洛阳城"之称的"真不同"饭店是专营洛阳水席的老字号，其包厢服务员不仅身着传统服饰，能为顾客详细讲解每一道菜的渊源，甚至能唱豫剧为食客助兴。

（3）饮食文化是餐饮行业进行爱国主义教育、加强精神文明建设的内容之一。餐饮企业通过广博的餐饮文化知识来传授、培训员工，不断向员工灌输祖国的传统优秀饮食文化，增强员工的民族自豪感、爱国主义思想和社会主义情操。另外，餐饮业员工通过汲取这些传统文化的营养付诸实施并身体力行，又将对社会公众产生巨大的影响。在日积月累的潜移默化中，也会净化其心灵、陶冶其情操。因此餐饮文化作为中华民族传统文化的一个分支，可以也应该成为进行爱国主义教育、加强社会主义精神文明建设的内容之一。

第三节　餐饮文化建设与管理

现代餐饮产品是由菜品、饮品、服务及文化构成的综合性产品。其中文化可以说是餐饮产品的核心。无论是中餐还是西餐，在漫长的历史发展过程中都负载着丰富的文化内容，往往与一些历史典故、名人传说、宗教信仰和民情风俗相联系。在餐饮企业经营中，运用饮食文化要素可以提升企业的整体水平和竞争力。毕竟菜肴烹饪并没有过高的核心技术，菜式和口味都较容易被模仿，能够让消费者成为回头客的，不只是菜品，更是包括环境、氛围、服务等在内的一次完美的用餐体验，而文化内涵则是增强体验感的有效途径。

餐饮文化建设与管理主要探讨饮食文化在餐饮企业中的运用和管理。

一、饮食文化在餐饮企业中的运用策略

如前所述，中国乃至世界各地多元化的饮食文化为餐饮企业选择餐厅经营主题提供了广阔的空间。餐饮企业可以从中选取一至两个特色区域饮食作为主营产品。一旦选定了餐厅的经营主题，从餐厅命名到菜品设计、环境氛围营造、服务流程设计等，方方面面都应该融入与本餐厅主题相关的饮食文化。

1. 餐厅命名中的饮食文化

餐厅的名称是一个餐厅的品牌，是留给顾客的第一印象。因此必须重视餐厅在命名过程中的文化内涵。一些企业直接将餐厅定名为"中餐厅"、"西餐厅"、"大堂吧"等，千篇一律，毫无特色。又有一些企业在取名时哗众取宠、粗俗不堪，如给餐厅起名"首芳楼"、"涵芳阁"、"聚芳楼"，怎么听都像是旧时的花楼。也有企业模仿或抄袭他人字号，仿照"全聚德"，取名"金聚德"；仿照"肯德基"，改为"麦肯基"；看"小肥羊"火了，就来了一群"小尾羊"、"小绵羊"，完全没有自己的创意。

给餐厅命名是一门艺术，既要简单明了，方便顾客记忆，又要能恰当地体现出本餐厅的主题和风格，可以融入更多的传统文化，如历史典籍、民间传说、古典诗词、民俗风情等，使企业的产品类型和经营风格与文化韵味相协调，传递出餐厅的主题信息。以做传统杭帮菜闻名的"楼外楼"菜馆为例，一提起"楼外楼"马上让人想起歌颂西湖的名句"山外青山楼外楼，西湖歌舞几时休"，不仅增添了餐馆的文化韵味，而且点出了菜馆的经营主题是杭帮菜。

要想创建品位高雅、富有文化内涵的餐馆字号，必须从以下三方面进行考虑，也就是要尊崇自然、高雅呈现，并且要尚意追求。以扬州会议中心为例，11个小餐厅的命名就匠心独具，不仅彰显了餐厅的特色，而且反映了扬州厚重的历史文化。11个餐厅，分别取名为"一路楼台"，取自清代西园曲水中的石舫舱首对联"两岸花柳全依水，一路楼台直到山"；"二分明月"，源自唐代诗人徐凝的"天下三分明月夜，二分无赖是扬州"；"三月烟花"，出自唐李白的"烟花三月下扬州"；"四桥烟雨"，指的是清代建于瘦西湖上的四桥烟雨楼，登楼可观大虹桥、长春桥、五亭桥和春波桥；"五亭云起"，取自瘦西湖标志性建筑五亭桥；"六一宗风"，意指北宋欧阳修因参与"庆历新政"而遭贬扬州，但仍然乐观自适；"七贤斗野"，以纪念北宋年间苏轼、黄庭坚、秦少游等七文人在江都斗野亭聚首论诗之盛事；"八仙琼聚"，代表的是扬州市花琼花，盛开的琼花由八朵五瓣大花簇拥着花蕊，因此又有"聚八仙"的雅誉；"九峰叠翠"，指的是南园的太湖石九峰；"十里春风"，取自唐杜牧的"春风十里扬州路，卷上珠帘总不如"；"数点梅花"，源于扬州城外梅花岭，史可法

衣冠冢前对联"数点梅花亡国泪，二分明月故臣心"。

2. 菜品中的饮食文化

菜品的文化"包装"，应该从命名、选料、加工、切配造型、烹调到器皿的选择、装盘等方面都充分考虑文化渗透，使菜品的文化包装体现出与餐厅主题相符合的文化特色，巧妙地利用文化差异增添产品的魅力。以菜名为例，孔府菜中有一道"乌云托月"的汤菜，做法是把紫菜撕成一片一片，置鸽蛋于紫菜之上，兑入鲜美可口的清汤，使紫菜鸽蛋飘浮其上，犹如乌云托月之状。这菜名让人浮想联翩，意境高雅。

中国菜品还用其独特的烹调工艺、令人赏心悦目的原料色彩搭配与精美的造型摆盘来展现丰富的艺术文化魅力。例如，寿宴上摆放"松鹤延年"、婚宴上摆放的"龙凤呈祥"、贺宴上摆放的"花开富贵"等菜品，不仅吉祥喜气，而且构图精美，做工考究，造型上形神兼备，让人赏心悦目。这些文化艺术内涵丰富的菜品不仅给人以口福，也给人以眼福。

另外，与菜品相关的典故、传说等也能增加菜品的文化内涵。有些菜品，如宫保鸡丁、夫妻肺片、麻婆豆腐，其典故可谓是脍炙人口、耳熟能详。这些传统名菜的成功，从一个侧面体现了典故对菜肴知名度提升的促进作用。因此，一些新创菜肴也可以借鉴这一方法，虚构一些与菜肴相关的历史典故，增加菜肴的文化气息和历史感。比如，杭州有一家"咬不得高祖生煎"，企业虚构了一个汉高祖与生煎的故事，赋予了新产品厚重的历史感，取得了良好的营销效果。

案例

扬州卢氏盐商餐饮——菜品文化包装

卢氏盐商在菜品的文化包装上充分利用历史文献，以凸显淮扬菜厚重的文化内涵。以"扬子西施乳"为例，这款菜品是以初春的河豚为主料而烹制的鲜羹。卢氏盐商用一词、一诗、一典故对此菜品进行了包装。首先，以该菜品为题，填写《喜迁莺》一阕："春江暖，细雨飞，扬子河豚洄。岸上柳色旧相识，可怜情已非。红烛冷，绿酒残，黄月照无眠。溪头浣纱昨日事，今宵吴宫寒。"服务员将此菜端上席后，将这首词的文字卡片送给食者，并为食者朗诵这首词。其次，为这款菜配备了一首体现烹制方法与风味特点的小诗，"初春河豚胶脂丰，烹熬皮肉致汤浓。风送鲜香出朱户，疑是西施乳成羹"。最后，这款菜品还有一出典。相传有一次，清代雍正年间的两淮盐业总商汪应庚的盐船在长江上运输时遇到狂风而沉没，船上的盐也尽沉江底。订购这船盐的扬州盐商周某很担心自己的货款打了水漂，便来到汪府拜访。汪应庚挽留周某用餐。席间，家仆端上两碗河豚鱼羹，周某不解其意。这时汪夫人走过来解释道："周老板，这道菜叫西施乳，这菜，从名到实，皆有深意。先说其实，此菜的主料是河豚，河豚可谓鱼中君子。每年三月，河豚从海上回游到扬子江，即使它的鲜美肉质足可招来杀身之祸，它也如期而至。再说其名，这菜叫西施乳，西施可谓女中君子。为了实现越国灭吴的宏愿，她舍生取义，大丈夫之风啊！"周某听罢，深服汪府诚信，安心离去。一款菜品，竟有诗、词、典故同时包装，使食者在品尝佳味的同时，感受文化内涵，这是卢氏盐商展现给世人的文化大餐。

资料来源：杨朝晖．论区域文化资源在餐饮经济中的有效利用［J］．扬州大学烹饪学报．2010（2）：49～52．

3. 环境中的饮食文化

著名作家陆文夫先生曾这样认为，不少人在吃喝方面都忽视了一个非常重要的问题——境界，或称之为环境、气氛、心情等。此类词并不在酒菜词汇之列，可是对于每一位有文化素养的食客来讲，这种概念往往影响餐饮环境的实在内容，特别影响着对某种菜肴的久远而美好的回忆。

在餐饮环境的设计和气氛的营造上要充分体现出文化的氛围。从建筑造型、功能布局、设计装饰、色彩、环境烘托、灯饰、小品挂件等都应紧扣文化主题，流露出文化气息。在装修中要注意虚实结合、远近结合、大小结合和简繁结合。并且各装饰要素能够相互协调、相互关联。

案例

扬州卢氏盐商餐饮——环境文化包装

卢氏盐商整个建筑体系就是一个大型的文化载体。卢氏盐商坐落于扬州康山文化园旁，豪门气派，设计考究。门楣上的砖雕艺术精美，虽经岁月流变，但仍可看到砖雕上神态各异、活泼灵动、栩栩如生的人物。漫步宅内，从第一进到第四进，天井两侧分布着小型花园、假山、花草，布局风格各异、构思精巧。深入后院，意园里六角亭、石船舫、水池等相映成趣。这是反映扬州盐商文化的重要古迹。在卢氏盐商的就餐环境设计中，诗画相映成趣是表现区域文化的重要手段之一，每个包厢的环境都围绕着一个主题人物及其典型事件进行文化包装。以盐德厅为例，此厅的主题人物是晚清扬州大盐商卢绍绪，他是卢宅的主人。清光绪年间，卢绍绪耗银七万余两建造了这片占地万余平方米的豪宅。老宅的主人腰缠万贯，但犹不忘惠民以德。光绪十三年，卢绍绪在其故乡东台县富安镇捐银修造西仓桥，当地百姓感其恩德，备酒治馔，表达感恩之情。盐德厅就是取材于这一史料，进行设计。厅中壁上悬挂着一幅画，生动地再现了富安镇百姓感谢卢绍绪捐资造桥之恩德的情形。此画相配的是一首诗，"残阳晚照西仓桥，百姓感德备酒肴。可怜绍绪食无味，犹念淮扬马鞍桥"。诗画相映成趣，使就餐环境变得文风徐入，食者心海生澜。

资料来源：杨朝晖．论区域文化资源在餐饮经济中的有效利用［J］．扬州大学烹饪学报．2010（2）：49～52．

4. 服务中的饮食文化

在服务过程中，亦可融入饮食文化，设计出富有文化内涵的服务方式。可将民俗利益、风土人情、名人轶事等内容艺术地嫁接到饭店服务环节中来，在服务人员着装、迎宾、沏茶、斟酒、上菜、结账、送客等服务过程中都巧妙地展示文化服务的特色，提高产品的品位，增加餐饮消费价值，使顾客回味无穷！

服务人员的着装要紧扣餐厅的文化主题，仿古餐厅选用仿古服装，西餐厅则穿着西式员工服。服务人员的着装可以成为餐厅文化的重要组成部分，比如发源于日本的"女仆咖啡厅"，其员工就一律身着女仆装，吸引了不少男士光顾。

同样在服务的过程中，也可以融入文化要素。例如，仿古餐厅在沏茶时，不是简单的泡茶，而是展现中国的传统茶道；民族餐厅在斟酒时，可以唱起少数民族的敬酒歌；老字号餐厅在上菜时，讲解一下菜品的历史掌故等。这些都可以增加服务的文化内涵，提升服务的档次。

案例

扬州卢氏盐商餐饮——服务文化包装

卢氏盐商根据扬州盐商文化的特点，对服务员进行了系统而深入的培训，每个服务员不仅要熟知和讲解各个包厢的主题词，还要会说菜，能讲出菜品的诗词典故。每个服务员都是文化餐饮导游。她们身着清代侍女服装，步履轻盈，笑容可掬，当食客进入包厢，入席坐定后，她们就用柔和的语气、优美的语言先向顾客讲解包厢的主题人物与壁面诗画，使食者在就餐之前就感受到了迎面吹来的扬州地方文化的悠悠古风。美味未至，食欲先开。在上菜时，服务员要一一道来与每款大菜相配的诗词典故，让食者在淮扬美味的品尝中沉醉、在服务员娓娓动听的详解中陶醉。

资料来源：杨朝晖．论区域文化资源在餐饮经济中的有效利用［J］．扬州大学烹饪学报．2010（2）：49～52．

二、运用饮食文化时的注意事项

1. 注意与市场定位相结合

餐饮企业在运用饮食文化时要与餐厅本身的市场定位相结合，要符合本企业的目标顾客对文化的需求。餐饮市场的顾客群庞大，一个餐饮企业很难同时满足不同消费者的消费需求的，因此，就必须进行市场细分，为企业锁定目标市场。市场细分的依据有很多，包括地理细分，人口统计细分，消费层次细分等。但无论采用何种细分方式，一旦选定了某一细分市场，在运用饮食文化对企业产品进行包装时，就要符合该细分市场的文化消费习惯。例如，低档的大排档、中档的酒楼、高档的餐厅，乃至另辟蹊径的精致餐饮，不同的餐饮档次需要相符合的文化来进行包装。大排档体现的是市井文化，酒楼体现的是大众文化，高档餐厅则需用奢华文化进行包装，精致餐饮则是"小资"文化的代表。四川有一个称为点杀村的农家乐，因为价位低，乡村风味突出，引来大量食客。四川散打评书艺术家李伯清先生有一次去光顾，发现老板娘新修了三个包间，取名为"金芙蓉"、"红玫瑰"、"迎客松"。但外面坐的人多，包间里却没有人。老板看到李伯清来了，一定要请他进包间去坐。李伯清说，看到这几个名字就不想进去坐。老板娘马上说，请李老师给我们取三个名字。李伯清随口说道：那就取"哥俩好"、"慢慢说"、"不摆了"（即普通话中的好得没法说的意思）。后来果然许多食客喜欢进去坐了。所以文化应该与主题及市场相呼应才能达到好的效果。

2. 注重饮食文化的整体性体现

餐饮企业的产品不仅是菜品、服务、环境的单纯相加，而且要有整体观念。这也是前文中一再强调的，从产品的设计、包装、销售到服务等各个环节都应该紧扣同一饮食文化主题，将该主题融入到产品的每一个环节和细节中去。忌讳在文化包装上的"半吊子工程"。例如，西餐厅的装修欧式，提供正宗西餐和西式服务，偏偏迎宾员穿了中式旗袍，让人觉得很不协调。台湾台东饭店日本餐厅有一次举行"怀石料理美食宴"就全方位地展现了日本饮食文化。在环境上、餐桌上的台布、入口的布景和舞台的背景都变成了日本风格装饰，音乐则是日本传统音乐；在菜品上，邀请日本主厨向顾客简单介绍怀石菜色，茶水也改为樱花茶；在服务上，完全采用日式服务；在促销品方面，则是赠送顾客日本绢人等日本小饰品；在娱乐上，聘请了两名专业日本艺伎进行现场歌舞表演。从全方位营造日式文化氛围。

3. 注重与区域饮食文化相结合

地理环境和自然条件的不同导致地方差异，从而形成了明显与地理位置有关的文化特征，这种文化就是区域文化。一方面，区域饮食文化可成为餐饮企业塑造风格与个性主题的重要题材。首先，餐饮企业运用区域饮食文化打造主题产品的行为是一种文化再创造，它再现了地方历史饮食文化特色，这不仅能产生市场效益，而且也具有对外宣传当地饮食文化，提高当地居民自我认同度的社会效益。其次，对餐饮企业而言，科学合理利用区域饮食文化资源是参与市场竞争的重要手段。对本地消费者而言，餐饮企业以本区域饮食文化为主题能勾起消费者的怀旧情绪，想要回味本地的"老底子"餐饮该是何种味道。而对外地游客而言，以本区域饮食文化为主题的餐厅，更是他们消费过程中的首选。在这样的餐厅用餐是体验当地文化的一条捷径，毕竟要了解一个地方的文化，饮食文化是其中不可或缺的一部分。另一方面，即便是经营异域或异地风味的餐厅，也要考虑区域的饮食文化，如在食物选材和口味上要根据当地的饮食文化进行适当的调适。

4. 注重饮食文化的融合与发展

提倡餐厅以传统饮食文化为养料，创造自己的竞争力，并不是一味要求餐饮企业仿古守旧。时代的发展也影响着饮食文化的发展。要满足现代顾客，就要在吸取传统饮食文化精髓的基础上融入多元饮食文化。可以不拘一格、放眼世界，大胆地吸收与引进世界各国优秀烹饪饮食文化，满足人们对饮食文化求新猎奇的心理需求。近年来，许多饭店将优秀的西餐文化融合到中餐菜品的制作中，无论是在原料、设备方面，还是在烹调技艺和菜品造型装潢方面，既发扬了传统优势，又借鉴了西餐的艺术特长，让人耳目一新。另外，现代餐饮企业不但要继承和发扬传统饮食文化特色，更应把握时代的脉搏，与时俱进，使产品、服务和环境都体现出现代饮食潮流。例如，在菜品上，可以开发符合现代文明时尚的营养保健菜品与绿色天然菜品；在服务上，应用现代化的服务手段，如利用 IPAD 等现代科技实现可视化图文点菜；在环境上，注重绿色、环保装修，适应环保绿色这一新的文化潮流。

5. 注重避免饮食文化的庸俗化

现代餐厅在经营过程中需要进行文化包装，要具有文化特色，但这应该在社会公序良俗可以接受的范围之内。过度地追求另类、新奇，从而走向极端，也许能招揽一部分顾客，但并不会成为主流。昆明曾经有餐厅推出"人体宴"。就是在沐浴干净的美女身体上放置各色漂亮的寿司、生鱼片等日式料理供食客享用。这种风潮源于日本，但在日本也备受争议。虽然经营者声称这是将艺术和餐饮文化相结合，但这违背了国人的审美习惯，与中国的民族传统存在差异。追新求异不能有伤风化，侮辱人格，更不能违法。文化一旦庸俗化只能在哗众取宠后走向湮灭。

案例

腾格里塔拉蒙古文化主题餐厅

腾格里塔拉的剧院酒楼在京城餐饮界可谓是别具一格。酒楼以"天上的草原"命名，蒙古语音译为"腾格里塔拉"，主要经营蒙古族歌舞表演和蒙古王府大餐。三层大厅中的一楼为蒙古式特色休闲餐厅，不需要欣赏演出的顾客可以单点民族特色的饭菜。这里的特色食品和原料全部来自无污染的内蒙古乌拉特大草原和塞外高原地区。二层则是餐饮自助＋演艺剧目。顾客可自由选择200余种改良后的蒙古菜品。另外酒楼的二层大厅拥有一个其他餐厅中罕见的130平方米的大型演出舞台。灯光、音响、声光调节室和多层式拉幕设施等都是专业级。每晚上演的经典剧目《鄂尔多斯婚礼》更是被评为中国非物质文化遗产。三楼则是具有蒙古特色的蒙古包，顾客可在此体验浓郁的民族风情。

民族文化主题餐厅不仅吸引了希望能同时享受特色美食和民族表演的散客，民族韵味和时尚浪漫的契合使新颖别致的蒙古族婚姻受到众多新人追捧。会议、会餐和演出的三位一体使一些希望办一场与众不同的年会的公司将目光锁定于此。腾格里塔拉剧院酒楼可谓取得了空前的成功。

资料来源：靖东．腾格里塔拉：文化主题餐厅也可以很"长寿" [J]．中国商贸．2009(7)：22~23.

案例思考题：

1. 请结合案例谈谈餐饮企业该如何利用区域饮食文化，以及在运用过程中有哪些注意点。

2. 餐饮企业应该从哪些方面入手将饮食文化与企业经营相结合？

肯德基：一个以一线员工为重的公司

在肯德基，经常可以听到这样的话："我们是靠一块一块鸡，一个一个汉堡，一杯一杯饮料销售的零售企业。""我不在公司，就在餐厅里。我不在餐厅，就在去餐厅的路上。"一切围绕第一线餐厅而努力，是肯德基企业文化的重要内容。在这个以餐厅为重的公司中，餐厅经理和接待员是最重要的。上海肯德基有限公司主办的月刊《我爱我家》，刊登的都是第一线餐厅里的人和事；管理人员提拔，必须有餐厅工作的经历；公司15周年庆典，颁奖给一线老员工……

上海肯德基有限公司借助一年一度召开年会的机会，传递文化，激发活力。每次年会，公司的高层都早早来到会场大门口，敲锣打鼓，在会场周围的每一棵树、每一个角落，都挂上欢迎的标语和企业理念。会议上有各类精心设计的活动，紧扣公司以第一线餐厅为重、员工与企业共同发展的文化。

在企业文化建设过程中，提炼企业的理念也许不算太难，难的是真正把理念化为员工的行为。要使企业倡导的理念在员工的行为中显现出来，需要一以贯之地做大量细致的工作。

资料来源：明珠.把企业理念化为员工行为——从一个侧面看肯德基的企业文化建设[J].企业与文化.2006（3）：26～27.

案例思考题：

1. 请结合案例谈谈在塑造企业文化过程中，餐饮企业如何将企业文化融入企业员工的行为。

2. 除了企业理念，餐饮企业的企业文化还包括哪些方面？该如何塑造这几方面的企业文化？

本章复习思考题

1. 对餐饮企业而言，文化建设包括哪些内容，有哪些重要意义？
2. 餐饮企业该如何运用区域餐饮文化提升自己的产品和服务？
3. 餐饮企业应从哪些方面入手建设自己的企业文化？
4. 以当地某一餐饮企业为研究对象，为其策划文化主题餐厅的建设方案。

第十一章　餐饮企业创新管理

☞ **本章内容简介**

创新是餐饮企业不断前进的主要动力之一，也是餐饮企业管理的基本命题之一。本章介绍了餐饮企业创新的概念、意义和原则，并从经营理念、营销方式、服务艺术、菜点设计以及企业制度等方面探讨了餐饮企业如何进行创新以及如何实践餐饮企业创新。

☞ **本章学习目标**

通过本章的学习，学生将了解创新管理的基本理论；掌握如何对餐饮企业进行全面创新；懂得如何实践餐饮企业创新过程和步骤。

创新概念自 20 世纪初诞生以来，已经成为当代最重要的思想之一。无论是发达国家还是发展中国家都纷纷把创新列为国民经济发展和社会进步的基本国策。在一个快速变革的时代，创新成为人类的共识，只有不断的发展，才能持久的生存。对餐饮业而言，在时代变迁、社会革新、产业升级、饮食转型、竞争加剧的历史条件下，创新成为餐饮企业的中心议题。本章将就餐饮企业的创新概念、创新内容和创新过程等加以探讨。

第一节　餐饮企业创新管理理论基础

什么是创新，什么是餐饮企业创新管理？餐饮企业为何要创新，在创新过程中又该遵循哪些原则？要解答上述问题，就需要梳理创新和创新管理的基本概念，以及创新对餐饮企业的重要意义。

一、餐饮企业创新管理的含义

1. 创新理论及发展

创新（Innovation），词义解释为创新（Innovate）行为、发明（Invent）行为或创造（Create）某种新事物的行为。

创新理论由经济学家约瑟夫·阿洛伊斯·熊彼特（Joseph A. Schumpeter）在其 1912 年出版的《经济发展理论》一书中首次提出。到 20 世纪 50 年代以后，熊彼特的拥护者和追随者把创新理论发展成为当代西方经济学的两个重要分支：以技术变革和技术推广为对象的技术创新经济学，以制度变革和制度形成为对象的制度经济学。

最早的企业创新，侧重于产品、技术创新，但现代管理理论认为，企业创新涉及企业的方方面面，不仅有产品和技术创新，也包括组织和管理创新。美国管理学家钱德勒（Alfred D. Chandler）在《看得见的手——美国企业的管理革命》一书中也认为企业组织的创新与发展是管理革命、管理创新的一部分。他指出："美国工业界最早的一批'大公司'，就是那些把大行销商同工厂联合起来的公司，这种组织结构创新降低了交易成本和信息成本。"

20 世纪 80 年代以来，企业创新研究视角从单项创新转到各项创新间关系上，进一步提出了组合创新理论。到 20 世纪末期，创新理论进一步向系统观发展，出现了集成创新观和系统创新观（刘国丹，2010）。进入 21 世纪后，全面创新思想成为创新理论发展的新方向。浙江大学许庆瑞等（2001）首次从理论上系统提出了企业经营管理的全面创新管理（Total Innovation Management，TIM），特别强调了全面创新的两层涵义：一是涉及企业各创新要素的全面创新，二是各创新要素间的有机协同。

2. 餐饮企业创新管理的含义

长期以来，由于创新工作本身的高度复杂性和不确定性，人们对创新管理的内涵并没有达成共识。按照对创新管理过程中计划和控制的重要性可以将创新管理研究粗略地划分为计划和非计划两个派别。计划学派认为企业开发新产品的过程中的技术和手段创新并不是随机的技术创新，是在界限清晰的框架里形成并有序地发生的。而非计划学派则认为创新过程是一个异常复杂，充满混乱的非线性过程，从某种意义上讲是一种随机事件，因此对创新过程管理来说正式的计划程序和控制系统存在严重的局限性。

创新管理是组织中通过搭建支持创新发生的平台，形成协调的创新机制来实现人的价值和社会福利增加的过程。创新管理是一种新型组织的建立和治理，是一种文化氛围。创新是不可以实现传统意义上如计划、组织、指挥、协调、控制等职能式的管理的，企业无法计划和控制创新的发生。但是组织可以创建平台来支持创新的发生，形成创新的协调机制。这个平台包括企业家、制度、资金、组织、文化、人员等。

餐饮企业的创新管理可以看做是餐饮企业通过搭建支持创新发生的平台，形成协调的创新机制，从而来促进企业创新的管理过程。在具体操作中，餐饮企业不仅要努力打造创新的平台，还应该从经营理念、服务、营销、产品、管理以及制度等各方面去实践创新。

二、餐饮企业创新必要性与原则

1. 餐饮企业创新的必要性

（1）知识经济呼唤餐饮企业创新。21世纪是知识经济的时代。一些高新技术将会在餐饮业的采购、储存、加工、销售、管理、市场等各个领域广泛应用，使餐饮企业自觉或不自觉进行各方面的创新。另外，高新技术在社会各个领域的应用必将引起社会价值观念、产业结构、分配理论、资本构成、饮食方式、生活节奏等一系列深刻而全面的变革。为了应对社会的发展，餐饮业也要不断改变传统加以创新。

（2）产业升级敦促餐饮企业创新。在社会生产力高度发展的今天，社会分工也进一步细化。人们的家庭饮食日益依赖社会供给；而企事业单位的员工饮食服务实行社会化外包也已经成为趋势。这样一来，原来小作坊式的餐饮企业将逐步向专业化生产发展，形成饮食产业。实现从原料的生产和初步加工、供销渠道、营养研究、销售供应的"一条龙"服务体系，在此基础上形成大型的集团公司。

餐饮业将实现产业升级，这一重大的变革向餐饮业提出许多新的要求，敦促餐饮业进行系列创新。

（3）饮食转型需要餐饮企业创新。在消费水平或生活水平较低阶段，即解决温饱时期，人们的饮食需求主要是以数量为主；在消费水平或生活水平较高阶段，即小康时期，人们的饮食需求主要体现在质量方面，追求以营养为中心的健康型饮食。这种饮食革命使人们对饮食的作用和价值的认识更加理性化。人们开始关注饮食与健康的关系，饮食与社会、自然的关系，以及饮食的安全性、科学性和经济性。这场饮食理念的革命性转变，对传统中国餐饮业提出了新的、更高的要求。这种要求使得创新变得更具有必要性、重要性和迫切性。

（4）现代化发展要求餐饮企业创新。时至今日，手工操作、单店经营、经验式管理等为主要特征的传统餐饮正在向以机械生产、连锁经营、科学化管理等为主要特征的现代餐饮的转化。这是中国餐饮发展的根本方向和基本形态。传统餐饮保守的经营观念、作坊式的生产、狭小的企业规模、经验式的管理已经不适合现代社会经济。现代餐饮要求生产要素智能化、资产投入无形化、餐饮市场国际化、企业决策知识化、生产组织集团化、经济发展持续化。要实现餐饮企业的现代化，必然要进行企业创新。

2. 餐饮企业的创新原则

餐饮企业在创新时应该遵循一定的原则，具体可概括为科学性、先进性、适用性和独特性四项。

（1）科学性。所谓创新的科学性原则，是指创新应当遵循一定的科学规律，而不能违背科学规律。因为，创新是以人们对事物的正确认识为基础，是人们对自然和社会运动规律的更深入的把握和能动的作用。餐饮企业的创新，无论是餐饮产品创新、餐饮管理创新，还是餐饮市场创新，都必须相应遵循各自学科的基本原理或基本规律，否则，就是违反客观规律的盲目"创新"。

（2）先进性。所谓创新的先进性原则，是指创新不仅要反映时代意识和满足时代要求，而且要具有超前性、先进性。创新的目的，是推进餐饮业的前进、发展。只有先进的东西，才有创新价值。那些简单的新瓶装旧酒，称不上是真正的创新。

（3）适用性。所谓创新的适用性原则，是指餐饮创新的成果必须具备有适用性、可应用性。创新成果要能被消费者和餐饮企业所接受。缺乏适用性的创新，是无用"创新"。如有在烹饪大赛中荣获金奖、银奖的创新菜点，因工序繁杂，工时过长或原料浪费过多，成本增加而被企业拒绝推出，造成获奖产品不上桌，"金奖"不赚钱，银奖"不收银"的现象。这些无谓"创新"应当加以避免。

（4）独特性。所谓创新的独特性原则，是指餐饮创新要有自己的个性。在经济全球化，市场国际化的时代，各种管理方法、经营手段、产品创作的相互渗透、相互借鉴是不可避免的现象。但还是要保持餐饮的个性化创新。因为在差异化消费时代，个性化和独特性是形成企业核心竞争力的关键。许多企业希望创造出的产品和服务能满足各种人的需求，这样做并不明智。创新产品通常只能取悦于一部分人。最坏的情况是，产品让所有人都没兴趣，当你想满足所有人的需求时，往往结果就会这样。

第二节　餐饮企业创新的内容

餐饮企业创新涵盖的内容可以说是多方面的，它包括经营理念、管理机制、营销方式、服务艺术、技术完善和菜点设计等方面的创新。但是，从企业经营与发展的角度来讲，最为重要的是经营理念的创新、营销方式的创新、服务艺术的创新和菜点设计的创新，以及企业制度与管理创新。

一、经营理念创新

经营理念的创新是对原有自身认识的超越，是对传统观念的自我否定，所以是最难实现的一种创新。同时，也是最重要的创新，因为思路决定道路，只有观念创新才有一系列行为创新。一家餐饮企业要想有所发展、有所作为，就必须及时调整经营理念，以适应社会发展的需求。企业要根据餐饮消费市场的变化、消费热点的变化和消费习惯的变化不断进行创新，使企业经营的策略和经营的理念永远紧贴市场。例如，杭州红泥餐饮娱乐有限公司的经营理念是"让价格回归合理，请百姓走进红泥"。这种经营理念的最大特点就是"面向社会、贴近市场、贴近百姓"，让老百姓也能够与大型高品质餐饮亲密接触。正因为有了这一先进的理念，红泥集团取得了成功，发展成为全国餐饮百强企业、江浙沪餐饮企业的"领头羊"，有下属餐厅、咖啡厅、酒吧、加工厂、配送中心等多家企业。由此可见，经营理念的创新能给企业带来丰厚的利润和可持续发展的机遇，甚至还能产生巨大的社会效益和经济效益。

二、营销方式的创新

随着餐饮市场竞争的加剧，如何适应现代餐饮市场的变化，把握好这些变化趋势，将是每个餐饮企业研究的重点。因此，在经营理念确定之后如何运用营销手段，对餐饮企业的发展至关重要。现代营销理论以了解、发掘消费需求为出发点，以满足消费需求为归宿点。各类新型营销理论和手段都可以应用到餐饮企业的营销当中来。例如，顾客关系营销、品牌营销、文化营销、知识营销、网络营销、整合营销、水平协同营销等都可以为餐饮企业所用。例如，酒店操办"婚宴"就是一种很好的整合营销方式。酒店参与对"婚宴"全过程的策划和包装，新人美容美发、婚纱摄影、婚车装饰、婚宴仪式、婚宴菜点设计、婚宴场面布置、摄影摄像等服务项目皆可代办，而不是单一提供婚宴。又如近年推出的水平协同营销，其含义是指不同行业之间通过共同分担营销费用、协同进行营销传播、品牌建设、产品促销等方面的营销活动，以达到一种共享营销资源、巩固营销网络目标的营销方式。中国移动旗下的动感地带（M – Zone）就曾与麦当劳结成合作联盟，联手打造一种族群亚文化（M – Zone 人）来开拓年轻人市场，推出只有动感地带成员才能享受的"动感餐"（原价 28.5 元的麦当劳对 M – Zone 人的价格为 15 元）。两大品牌的联合优势，使"动感餐"深深地吸引着广大青年。无论是何种新型营销手段或是营销理论，都要以消费者的满意度为出发点。通过一系列的营销手段刺激消费者的购买欲望，巩固餐厅与顾客的关系，提高顾客的忠诚度，促使顾客不断地重复购买，最终使企业形成长远性竞争优势。

三、服务方式的创新

餐饮消费就是要为餐饮消费者提供与众不同的、印象深刻的用餐体验。服务是影响顾客整个用餐体验的重要因素。要实现服务创新，首先要树立服务创新意识，才能使餐饮企业由无意识、突发灵感式创新行为向自觉、有意识的创新行为转变，才能为顾客创造新的体验价值，形成自身的竞争优势。餐饮企业要紧扣以下三个方面进行服务创新，即服务快速化、服务超常化和服务超值化。

1. 服务快速化

所谓餐饮服务快速化，就是指利用高科技手段来提升餐饮服务质量。由于是否能快速给就餐的客人提供他们所需要的服务已经成为各餐饮企业竞争的关键，因此可以利用高科技手段来提高餐厅的服务速度。计算机辅助系统可以进行菜单规划和计价等；而手持无线通信装置可以让餐饮工作人员快速轻松地执行一系列工作，如点菜、菜单传递、结账等。

2. 服务超常化

服务超常化则是指餐厅提供一种超过正常范围外的额外服务。它超越了标准化、规范化服务的内涵，提供了更加灵活的、迎合顾客个性化需要的各种服务。例如，"金谷仓"是北京做私房菜的著名餐馆，也是京城最"牛"的餐馆。为什么这样说？它的饭菜是套餐，100 元一位，不是你想吃什么，而是看厨师今天提供什么，你就吃什么。但是顾客却很喜欢"金谷仓"，为什么？因为它提供的是私密的空间。顾客在"金谷仓"吃饭，菜上齐了就看不见服务员了，顾客可以尽情说话，也可以尽情发呆。顾客就是饭店的主人，没有服务员打搅你。但是只要你有需要，轻轻按一下桌子下面的按钮，服务员就会立刻出现在你的面前为你服务。

3. 服务超值化

服务创新的另一境界是餐饮服务超值化，也就是指所提供的服务除了满足顾客的正常需求外，还有部分超出了正常需求以外的服务，从而使服务质量超过了顾客的正常预期水平。提供超值服务可以看做是一种价格战和心理战。价格战，就是指在不提高服务价格的同时多提供一些额外的服务，让顾客感觉物超所值。心理战，就是指餐饮企业主动提供超值服务，可以充分显示诚意，并借此拉近与顾客的距离，满足其心理需求，使顾客获得较好的贵宾身份感。

另外，服务形式的创新应该是与时俱进、迎合时代潮流的。例如，共餐制向分餐制这一新服务形式的转变就是时代和社会进步的选择结果。共餐制礼俗反映了合食的优点和特定要求，有易于烘托中国式的宴饮气氛，程序简单舒适，成本较低，满足就餐者各自需求，能充分表现菜肴的色、香、味、形、质的特点。但是，随着社会的进步，共餐制暴露出了其可能存在的安全、卫生问题。因此，在2002 年中国饭店协会和中国烹饪协会就提出了分餐制。分餐是指在餐桌上由服务员将菜点分配给就餐者食用的一种服务方式。分餐制则是按就餐标准、消费者的需要、人体营养需求、烹调方法的组合和企业经营的需要为消费者设计的一整套特殊的菜品和相应的服务。这种服务形式既保留了传统聚餐共餐制的优点，而且还体现了现代餐饮文明、卫生、健康的要求。

案例

济南静雅餐厅全过程交互式服务

山东济南的静雅餐厅提供的创新型交互式服务得到了顾客的好评。消费者可以感受到从进门到最后离开每一处所体现的服务创新亮点。保安员发现顾客乘车到来，立即跑步上前迎接，拉车门动作专业到位，笑容可掬，问候和表示欢迎得体、适度；迎宾员同时从大厅内快步走出迎接顾客。如果保安员发现顾客乘坐的是出租车，会在订餐卡上写明出租车车牌号，提醒顾客若遗失物品，可按号寻找。进餐厅后，无论是保安员、迎宾员、清洁员，还是服务员，都会主动帮助顾客拎包，并主动表示送顾客到雅间。点菜时，服务员总能给出合理的建议。当菜点到一定程度时，服务员一定会提醒顾客："咱们的菜点得差不多了，可以先这样了。"如果是其他人发问，她马上换成："这位先生……"让每个人均感受到重视，而且所有语言都使用第一人称。如果去洗手间，顾客洗完手后，清洁员能彬彬有礼地提供擦手纸并踩压打开垃圾桶，之后准确地将顾客引领回雅间。因为顾客去洗手间时，迎宾员已经将顾客的雅间房号告知了清洁员。结账时，为顾客提供盛装零钱和发票的特制信封，上面印着精美的酒楼标志。雅间服务员一路为顾客送行，直到顾客上车为止，同时送行的还有门厅服务员、保安员等。当顾客向某位服务员问路时，服务员若不知道答案，会马上跑步去问另一同事，接连问五名，直到找到答案为止。给人的感受是只要顾客问任何问题，服务员都会尽量满足。

资料来源：李韬．餐饮创新之服务创新［J］．中国食品，2005（15）：18～19.

四、菜点创新

菜点创新是指对新菜点的研究、构思、设计、生产和推广，以确保餐饮产品的品种和质量，进一步满足市场的需要或引导市场的需要。

1. 菜点创新类型

菜点创新有三种不同的类型：完全的新菜点、改良的新菜点和仿制的新菜点。

完全的新菜点是指采用新技术、新原料、新设备等开发出来的创新菜点，在市场上还没有可以与之比较的菜点。由于新技术、新原料、新设备的开发使用往往要经历一个较长的时期，这类菜点较为少见。这样的菜点虽然具有极强的竞争优势，但开发成本较高，耗费时间较长，而且由于菜点无专利保护，易于模仿，因此，创新菜点的优势难以长久维持。

改进的新菜点是指在原有菜点的基础上进行改良，部分采用新原理、新技术、新原料、新结构，使菜点的色、香、味、形等有重大突破，如在原料搭配、菜点口味以及色泽、形状和烹制工艺上进行改进。改进的新菜点具有投入少、收效快等特点，且方便制作并能快速生产。这是目前餐饮业所谓创新菜点的主体，如新潮苏菜、现代海派菜、新派鲁菜等。

仿制的新菜点是指根据外来菜点模仿制作的菜点，有时在模仿时也会进行局部的改进或创新，如川菜风行全国，但各地在模仿川菜时也会根据当地口味调整仿制菜点的麻、辣程度。

2. 菜点创新的原则

菜点创新要立足消费者需求的发展趋势，符合现代消费者的口味、习惯和购买能力，最大限度地满足不同层次、不同群体的消费需求。未来菜点创新的方向主要有时尚化、健康化、绿色化和多元化。

（1）时尚化。饮食时尚的风向标一直是餐饮产品创新的导航仪。但是餐饮企业在推出菜点时不能盲目跟风，而是应该根据本企业的经营主题和特色，设计开发新颖的、受消费者欢迎的菜点，从而引领餐饮时尚。例如，有一种号称"中国比萨"的土家族烧饼从武汉火爆到北京、深圳，又急速覆盖全国，制造了一个无声的土家族版的财富神话故事。面对这个财源滚滚的项目，许多人纷纷跟风、效仿。于是产生了同质化的竞争，并且是近乎疯狂的竞争。最终仅有那些最早推出土家族烧饼的店才"喝到了头口水"，而大批跟风的土家族烧饼店尚未盈利就倒闭了。所以在进行菜点创新的时候应该要引领潮流，而非跟风潮流。

（2）健康化。随着生活水平的提高，各种富贵病成了现代人的一大隐患，如何在饮食上做到更科学合理就显得越发重要。这种考虑健康原则的饮食倾向，必然对菜点创新带来新的发展思路。在开发新菜点时应参考《中国居民膳食指南》的要求来设计菜点。一要重视原料的合理配备；二要选用科学合理的烹调方法；三要正确地掌握调味品的使用方法，避免加热时间长、温度高、加热前使用调味品所带来的危害，真正为消费者提供安全、卫生、营养平衡的健康菜点。

案例

真功夫成功秘诀之：以营养健康突围

众所周知，在我国，以肯德基、麦当劳、必胜客为代表的西式快餐是传统中式快餐的直接竞争对手。但洋快餐缺乏营养、热量高、容易上火、长期食用对健康不利，开始为中国消费者所质疑。

为此，真功夫抓住这一有利时机将中国传统烹饪方法——蒸，以快餐的形式推向市场。排骨蒸饭、牛肉蒸饭等多种熟悉而又新颖的菜肴不断地推向市场，受到消费者的欢迎。为了真正推广中式健康烹调方法，提高消费者的健康意识，除了推出各款营养食品外，真功夫宣布"坚决不做油炸"，剔除所有油炸产品，在业内引起不小震动。同时，真功夫把改善国人的健康作为企业的己任，董事长蔡标就曾表示："中式快餐业内的企业，要有行业责任感，让追随者与竞争者共享一些资源，让他们发展，推动行业的健康规范发展，就是对社会负责表现，在这个过程中也让自己企业最终获得成功。"

资料来源：方妙英. 我国餐饮业管理创新之新模式——记真功夫中式快餐的发展之路[J]. 商场现代化. 2006（473）：71～72.

（3）绿色化。由于现代都市生活的紧张、快节奏和喧嚣，加之社会大工业的发展，越来越多的人对都市生活产生了厌烦，渴望回到大自然，追求恬静的田园生活。反映在菜点设计上，也应该更崇尚自然，回归自然，开发一些返璞归真的粗粮系列菜、田园菜、山野菜、森林菜和海洋菜等。

另外，在工业化社会，人们对滥用化肥、农药的农产品对身体健康的危害越来越重视，无污染、安全、优质的食物成为人们的首选。因此，餐厅在开发新菜品时要尽可能地使用新鲜、健康的绿色食物原料。在气候炎热的深圳流行吃羊肉，其原因就在于当地火锅店选用的绿色羊肉。以蒙兴羔羊火锅城为例，该店的羊肉就是选用锡林郭勒草原、蒙兴自家养殖基地生长的 6 个月内的羔羊，不含高脂肪，入口滑嫩，而且无膻味，吃了不易上火。

出于绿色环保的考虑，应拒绝使用国家保护的野生动、植物为食物原材料。为节约能源，在菜点创新时必须根据原料的性状、营养价值、食疗功效等因素综合开发利用，达到物尽其用的目的，如芹菜叶可制作冷菜"芹叶香干"；淡水鱼的鳞片可制作"鱼鳞冻"。从而真正达到绿色餐饮的标准，即为顾客提供的产品与服务符合既充分利用资源，又保护生态环境的要求和有益于顾客身体健康的标准或要求。

（4）多元化。饮食口味既有共同性的一面，又有差异性的一面。这就决定了菜品创新趋向的多元化。这种多元化可以是多方面的。例如，在烹饪原料上，可食性野生植物、藻类植物、人造烹饪原料、在国家法律允许范围内的由人工繁殖饲养的部分优质野生动物以及昆虫等都可以成为烹饪原料。黑龙江省佳木斯市的千里生态园生意兴隆，顾客不惜驱车前往一品佳肴，因为千里生态园有很多顾客不仅没有见过而且没有听说过的新奇蔬菜，如美国速生、孢子甘蓝、芽球菊苣、香炉瓜、球茎茴香等，既健康又美味。

在口味上，可以尝试融合各种酱料、调料和香料，创造出新型的、多变的口味；在烹饪技艺和手段上，可以融合不同菜点间的制作技艺，取长补短。这种多元化的创新，还可以延伸到其他有关方面，如在设备上，可以运用新型储藏设备、新型烹饪设备、餐饮产品包装设备等多样化烹饪设备；在就餐形式上，休闲餐饮、浪漫餐饮、沙龙餐饮、旅游餐饮、娱乐餐饮、网络餐饮、邮递餐饮等将会更多地进入人们的生活。

案例

芭迪熊：神奇童话世界

芭迪熊是上海第一家属于孩子的餐厅。餐厅的主体布景犹如一艘海盗船，船的一边是"海洋"，一边是"沙滩"。"海洋"区有独一无二的水母桌椅和"波涛汹涌"的滑梯，"沙滩"区则布满橙色的向日葵软座，孩子们可以尽情地享受"日光浴"，还有可爱的大蘑菇饮料站、梦幻的花朵餐桌、各种富有小熊生活元素的主题卡座。

餐厅供应专门的儿童套餐。特色餐点有"菠菜面"，创意来自《大力水手》动画片。德克萨斯茄汁牛肉饭有青豆、红腰豆、西芹、胡萝卜和牛肉粒，还在融化了的芝士上用番茄沙司画出小熊的笑脸。

餐厅的电视里放着动画片，服务员也穿着卡通人物的衣服。用餐时间里，还会有专人在小舞台讲故事，然后会召集用餐的小顾客进行互动游戏。工作人员会扎一些特色的造型气球送给小朋友，门口还可以自己做充棉的玩偶。游戏的费用是用餐消费满 150 元，另加 38 元送玩偶穿的靴子。

资料来源：新浪网. 主题餐厅——氛围比口味更抢眼［EB/OL］，2009 - 5 - 18，http：//sh. sina. com. cn/citylink/en/e/2009 - 05 - 08/113029427. html.

五、企业管理与制度创新

上述几个方面的创新，事实上是操作层面的创新。但企业真正要实现创新，更重要的是要有一套健全的制度和管理程序为创新提供一个良好的平台。

加里·哈默和比尔·布林在《管理大未来》一书中提到管理创新能彻底改变组织运营的方式，或者彻底颠覆传统的组织模式，正是这种强烈的变革使得组织能够高效地实现目标。因此，他们认为管理创新就是要从根本上改变管理工作的方式，是一种显著地改变面向顾客的组织形式并最终推进组织目标的手段。这些新型的管理方法或手段可以是面向整个企业的管理，也可以是面向某一部门的管理，如人力资源管理、供应链管理、连锁门店管理等。餐饮企业要从管理的实践出发，以企业的发展战略为导向，重视企业与外部环境所共同构建的"生态环境"，发展出最适合本企业的管理模式、组织架构、企业文化和智能化管理平台。餐饮企业，特别是中小型餐饮企业，要改变原有的家族式管理，引入职业经理人；改变原有的家长制管理方式，引入制度化管理；改变简陋的手工管理方式，引入新型的计算机管理系统。

管理创新的更高层次是餐饮企业制度创新，它是各项创新得以实现的保证。餐饮企业制度创新就是企业为了实现管理目的，将生产方式、经营方式、分配方式、经营观念等进行规范化设计与安排。其目的是要建立一种更优的制度安排，调整企业中所有者、经营者、劳动者的权力和利益关系，使企业具有更高的活动效率。例如，餐饮企业可以尝试建立起现代化的法人治理组织机构，实现股东会、董事会、经理层的各司其职、相互制约。进一步地，围绕制度创新展开基本制度建设，如人事制度、分配制度、财务制度、投资管理制度等，形成一个多层次的新型制度体系。

第三节 餐饮企业创新的过程与对策

既然明确了餐饮企业要从经营理念、产品、服务、营销、管理和制度等方面入手进行创新，那么更实际的问题是该如何创新。这就涉及餐饮企业创新所要经历的过程和具体的创新对策。

一、餐饮企业创新过程

1. 收集素材

本阶段是一个积累的过程。在这个时期需要进行广泛的探索、研究与问题有关的一切事物，以积累和收集各种有用的信息与素材。

2. 深思熟虑

在此阶段要克服各种思想障碍，发挥思维的灵活性，运用演绎、归纳、移植、综合等多种创造原理进行思索，此阶段有时也会出现思想火花，经过详细的思考，也能发展为创新思想。

3. 酝酿储备

当出现某些新思想的时候，也许最初只是初级的、粗糙的，需要进一步进行琢磨、充实与完善，把原始的数据信息和思索时发掘的新资料通过加工整理，进行构思。

4. 领悟发现

这是做出创造性发现的阶段。在进行深思熟虑与酝酿储备的基础上，一旦出现思想的飞跃，就产生了新的认识与见解。

5. 确立完善

对创新思想通过修正、扩充、提炼加以完善。树立持续创新评估体系，对创新战略、创新效果进行评估，巩固创新成果。

二、餐饮企业创新的四要素

一个没有创新对策的行业，是一个软弱滞后的行业。中国餐饮企业应随着历史的脚步，谋划创新对策，提升竞争力，让企业的基业常青。具体地，餐饮企业可以从以下四个方面把握创新的脉搏：

1. 树立创新观念，改变思维方式

思想的进步和观念的更新总是引领着人类社会的每一次重大变革。餐饮企业要发展、变革和升级，也不能离开思想的解放和观念更新。大部分的中国餐饮企业，特别是一些中小型的餐饮企业，缺乏现代的管理理念和经营理念。但随着社会的进步、知识经济的来临，如果不转变一些旧的观念，不打破传统思维模式的束缚，就难以产生餐饮业的创新行动。观念创新的前提是改变企业家和企业员工的思维方式。

一般思维方式可以分为三种。长期做实业的，通常习惯了理性思维，好比做算术题，"2 + 2 = 4"；从事知识密集型行业的，一般很擅长感性思维，对"1 + 1 = 10"不会很惊讶（用的是计算机的二进制算法）；投资创业的，却是一门艺术，具备灵性思维，可以创造"0 + 0 = ∞"（圈内的"0"加上圈外的"0"恰恰就是无穷大"∞"）。

餐饮企业作为较传统的实业型企业，习惯了理性思维。在面对创新的时候，很多企业的口头语是"不可能"、"做不到"和"没有办法"。长此以往，就形成了一双"近视眼"和一个"平庸脑"。因此，无论是餐饮企业家也好，企业员工也好都要摆脱平庸化的思维，尝试从不同的角度去看问题和解决问题。

2. 塑造创新人才，激励员工创新

中国的餐饮业，劳力型和技术型的人力资源相对丰富，而智力型、创新型的人才又极为贫乏。所以，塑造、培训、开发大批的中国餐饮创新人才是中国餐饮业头等重要的战略性的对策和根本任务。所谓的创新人才，是指具有创新能力的人才。具体地说，是具有创新意识、创新知识、创新意志、创新思维的综合素质和综合能力的人才。创新人才不仅是指具有创新意识的企业家和管理者，而且包括具有创新能力的普通员工。现在，越来越多的创意来自员工，而不是管理者。

如何激励员工进行创新？餐饮企业可以从以下几个方面着手：①为员工营造良好的工作环境，营造鼓励创新的氛围和激励创新的机制。②创造一个持续学习的环境，提高员工的创新能力和水平，并且管理层要不惧怕创新失败，鼓励和容忍失败，并让员工在接受失败的必然性中学习。③要为员工提供智力挑战，给员工独立自主工作的权力。在合适的时间，让合适的人员以合适的程度参与创造性工作。员工们不只是执行自上而下的战略，他们必须发挥想象力，提出自己的创想。④管理者还必须建立合理的过滤机制，淘汰没有潜力的创意，同时，妥善处理创新成果转化过程。⑤管理者得扮演"牧羊人"的角色，保护从事创造性工作的员工，不让他们置身于充满敌意的环境中，并为他们扫清障碍，打通前行之路。

3. 构建创新机制，搭建创新平台

按照创新管理的定义，可知创新是不能计划管理的，企业在进行创新的时候更重要的是为创新搭建一个平台，建立起有利于创新的机制。有利于创新的机制，可以包括有利于创新的人才机制、费用机制和企业治理机制等。这些机制又可细分为各项子机制，如创新人才机制又可分为创新人才的培训机制、创新人才的使用机制、激励机制、分配机制、整合机制等。餐饮企业要形成一整套现代的、完备的、科学的创新机制，提供良好的创新氛围，以保障创新的顺利进行。另外，餐饮企业也要在企业中形成一种鼓励创新的企业文化。这种创新文化是将前面所说的创新观念、创新思维（魂文化）与创新制度体系（法文化）相结合共同运行的结果。

4. 加强创新督导，形成创新联盟

随着国际餐饮市场的形成，竞争趋向多元化、激烈化、国际化。餐饮企业的创新，如仅单纯依靠餐饮企业和员工的自身努力，显得力量较为单薄。因此，各餐饮企业可以组织起来，相互交流、相互协作，形成凝聚力，推动中国餐饮创新工作的发展。

要重视行业协会和科研机构的力量。由行业协会牵头，负责创新策划、沟通、组织、协调和督导，形成创新的联盟。用较小的创新代价取得整个行业较大的创新收益。餐饮企业亦可向各类科研机构"借脑"，吸收各科研机构最新的科研技术成果。这种科研技术成果既可以是硬科学的，如新型的烹饪设施设备、新型的食品加工工艺、新型的环保垃圾处理方式等，也可以是软科学的，如新的管理理念、新的营销手段、新的品控理论等。通过"借脑"实现快速创新和有效创新。

三、餐饮新产品开发的四个阶段

餐饮新产品开发的过程一般应包括收集主意、筛选主意、确定方向、可行性研究、投入市场等阶段。有时，新增的某一设施一段时期内未必给餐饮企业带来良好的经济效益，甚至可能造成亏损，但要考虑的是整个餐饮企业的档次和形象。短期的、暂时的亏损也得用餐饮的盈利来弥补。

1. 第一阶段：收集主意

一个好主意可以为餐饮创造令人羡慕的经济效益。餐饮各级管理人员须时时处处注意收集能改进餐饮产品与服务的各种主张和意见，亦即主意。

（1）客人的批评和建议往往可以成为开发新产品的起点。

（2）在第一线服务的工作人员对于一项产品或服务是否受客人欢迎最有发言权，同样，他们对于如何改进产品、改善服务也往往能提出最中肯的意见。

所以，成功的管理者总是千方百计鼓励员工就经营与管理、产品与服务提出合理的建议。

（3）了解竞争者，向竞争者学习。这种学习不应该是机械的抄袭，而应该是创造性的模仿。

（4）从报刊的文章中汲取营养，激发灵感。优秀的书刊常常能给整天埋头业务的人以启发。对于餐饮管理人员来说，也许从一本杂志中读到一篇质量较好的文章便可茅塞顿开，受用多时。

（5）到外地进行实地考察。这样可以增长见闻、扩大视野、认识差距、奋起直追。

2. 第二阶段：筛选主意

在收集主意阶段，多多益善，不应吹毛求疵，横加指责。但是接下来便须对各种主意进行比较和鉴别，分清哪些是可行的，哪些是不可行的，或者是眼下暂时不可行的。

如果是一个较大的新项目，需要投资较大，那么，可行性研究便是必不可少的。

对于餐饮总经理来说，一个新项目是上还是不上，常常是一个难题。优秀的经理善于抓住时机，不让机会从眼前脚下溜过。

3. 第三阶段：提出营销战略和进行销售分析

项目确定之后，一边进行实验或开发，包括基建工程，改造扩建；一边应抓紧研究营销战略，进行销售分析。如果是新的产品，怎么办？如果是部分改进产品，怎么办？如果是仿制产品，又该怎么办？目标市场怎样定位？怎样打入市场？这些都要及早考虑。

4. 第四阶段：投入市场，了解反馈

新产品投入市场之后，应及时了解客人反映。赞扬固然可以增强管理者的信心，批评更能帮助管理者克服缺点。

一般地说，新产品投放市场之初，餐饮经营者应谨慎从事，对客人的批评也能认真对待。一旦市场需求旺盛，利润源源而来的时候，管理者也不应等客上门，而应密切注意顾客对新产品的反映。如果新产品不受客人欢迎，销售量长期上不去，管理者则应及早调整战略。

案例

真功夫的成功秘诀之：以标准化技术取胜

真功夫在发展过程中，竞争对手除了麦当劳和肯德基，还有其他的中式快餐品牌。调查显示，中国快餐市场的经营主体仍是中式快餐，78.9%为中式快餐店，而21.1%是西式快餐店。但是中式快餐的品牌集中度非常低，没有真正的"领导者"，中式快餐市场内存在着巨大机遇。

2006 年，真功夫能在众多中式快餐中鹤立鸡群，凭借的就是采用"蒸"的方式解决标准化的瓶颈。真功夫采用国际现代化的管理模式，从传统的前店后厨模式中脱离出来。所有真功夫餐厅原料都由后勤统一采购、集中加工，每种材料都要经过检验中心严格检验，并采用真空包装以保证绝对卫生，最后通过精装冷冻车配送到各个餐厅，这为实现中餐操作标准化提供有力支持。在真功夫餐厅，利用其创新的烹制设备——"电脑程控蒸汽柜"实现中餐标准化生产，实现餐厅无需厨师、80 秒取餐，完全攻克了中式快餐"标准化"的难题。

现代文明赋予快餐的定义是工厂化、规模化、标准化、依托现代化管理的连锁体系。真功夫就是这些要求的产物。真功夫的量化快餐制作的标准使快餐食品规范化，保证了质量的稳定和口味的纯正。而其他众多品牌的中式快餐还远没有达到这种要求。因为其他中式快餐的厨师都是手工化操作，食品没办法根据标准进行批量化生产。正由于没有标准化，食品的质量难以得到保证，就很容易出现不同的分店、不同的厨师制作的快餐口味各异的情况。正是这一关键技术使真功夫成为中国中式快餐的领导品牌、中国快餐业的霸主。

资料来源：方妙英．我国餐饮业管理创新之新模式——记真功夫中式快餐的发展之路[J]．商场现代化．2006（473）：71～72.

案例思考题：

1. 该案例体现了中国餐饮企业发展的哪些趋势？
2. 如果你是一位餐饮企业经营者，请谈谈该案例对你有何启发？

重庆火锅历经四代发展向人性化服务转变

火锅是中国的传统饮食方式，起源于民间，历史悠久。重庆火锅菜品多样，调料独特，吃法豪爽，除了具有美食特色以外，还富含文化特色。重庆火锅历史悠久，经历长时间的发展和演变，是火锅界的老招牌。目前，重庆火锅业界便把重庆火锅发展历程划分为四个发展阶段。

一些发展较好的创新型企业打出了"第四代火锅"的概念，这一说法的提出给重庆火锅业界再次引入了一种新的发展理念。据了解，所谓的"第四代火锅"概念的支撑核心是以人为本，凸显个性化服务，打破传统火锅的锅底制作工艺，营造更为人性化的用餐环境，凸显绿色、健康、时尚、品位等光鲜特色，将火锅品质晋升到了一个全新的高度。至此，重庆火锅已走过了四个发展阶段，即从码头、街边小卖到民国时期的餐桌火锅，再到今天连锁加盟的现代火锅。每一次变革，重庆火锅都产生了一次飞跃，经历了一次脱胎换骨的浸礼与涅槃。

重庆火锅第1代：码头雏形火锅

时间：明末清初

特点：街边小卖，经济实惠

地位：火锅雏形

代表：挑夫商贩沿街叫卖

据专家们考察，重庆火锅的起源是从朝天门码头开始的。相传当年的嘉陵江畔、朝天门前，舟楫如梭，樯帆如林，船工纤夫众多。一些精明的小贩把他们以菜一锅烹制而食的吃法稍加创意，挑担叫卖，一边是红泥小火炉，上置一只小铁盆，里面装有翻腾的卤汁，另一边则熬煮动物头蹄内脏及佐料，走街串巷。因为价格低廉，经济实惠，利便热络，受到当地群众的欢迎。重庆火锅是本土独特的民俗风情与"码头文化"的产物。

重庆火锅第2代：世俗餐桌火锅

时间：20世纪20年代中期

特点：火锅由码头走向了餐桌，成为绅士餐桌上的佳肴，还未大面积普及

地位：火锅进入发展阶段

代表：桥头、云龙园、述园、川道拐等

20世纪20年代中期，有精明的商贩把火锅从码头引到了餐桌上，重庆火锅得以"登堂入室"。抗战时期，重庆的火锅特别兴盛，有些外埠人也特别喜欢吃重庆的火锅，并吃上了瘾，军政要人多以火锅为席上珍肴。因为市场的变化，火锅从沿街摆摊，改为开店营业。这些店开始创新，选料考究，名扬山城。之后，因各种原因，重庆火锅曾一度处于发展低谷。

重庆火锅第3代：品牌连锁火锅

时间：重庆成为直辖市后

特点：连锁加盟使重庆火锅工业不断壮大，形成工业化发展态势

地位：步入灿烂期

代表：小天鹅、苏大姐、德庄、秦妈、刘一手、南方花园鸭肠王、龙湖鸭肠王等。

随着重庆直辖和西部大开发等一系列机遇的来临，重庆火锅以其连锁加盟模式的导入得以迅猛的发展，迅速向海内乃至国外扩张。重庆火锅走上了规范化、规模化、工业化发展之路。其以麻辣鲜香的个性、兼收并容同煮同享的烹食特征、从味型菜品到经营之道的立异精神，终于发展到了今天文化品位的全面晋升。

重庆火锅第4代：人性化火锅

时间：2007年

特点：人性化、个性化、主题化

地位：重庆火锅向人性化发展的出发点

代表：刘一手、喜缘四季火锅、大队长知青火锅、过江龙、巴倒烫、巴将军等。

刘一手火锅创新引领第4代火锅人性化发展。火锅也有主题，喜缘的四季火锅是四个季节都有不同内容、大队长的知青文化、过江龙的明星噱头、巴将军的养生概念等都是在火锅的基础上提炼出的主题文化。把不能登大雅之堂的码头火锅逐渐演变成具有小资情调的时尚火锅。

资料来源：中国吃网：http://www.6eat.com/Info/2011/05/12/247346.html.

案例思考题：

1. 请结合案例分析，餐饮企业该从哪些方面着手进行创新？

2. 结合重庆火锅发展历程的四个发展阶段，谈谈餐饮企业要实现创新，需要把握哪些要素。

本章复习思考题

1. 什么是餐饮企业管理创新？创新对餐饮企业有哪些重要意义？

2. 餐饮企业要从哪些方面进行创新？请就某一创新方面向餐饮企业建议具体策略。

3. 餐饮企业创新过程包括哪些步骤及需注意哪些方面？

4. 以当地某一餐饮企业为研究对象，为其管理创新提出目标和对策。

参 考 文 献

1. 谢民，何喜刚．餐厅服务与管理［M］．北京：北京交通大学出版社，2006 年．

2. 蔡万坤．餐饮管理（第三版）［M］．北京：高等教育出版社，2008 年．

3. 冯子丹．都说餐馆赚大钱［M］．北京：企业管理出版社，2006 年．

4. 程丽贤．创办快餐店［M］．郑州：中原农民出版社，2005 年．

5. 陈丹苗，常芳．后餐饮时代餐饮业经营指南［M］．广州：中山大学出版社，2005 年．

6. 刘学治．餐饮取胜之道［M］．成都：四川人民出版社，2005 年．

7. 张然，朱永松，严峻．开一家火爆酒楼［M］．北京：中国轻工业出版社，2003 年．

8. 匡家庆，刘跃．现代餐饮业经营管理［M］．北京：经济日报出版社，2007 年．

9. 盛涛．新编餐饮企业管理工具箱［M］．北京：企业管理出版社，2008 年．

10. 蔡万坤，郝四平．餐饮企业市场准入管理——筹划开一家赚钱的餐馆［M］．北京：北京大学出版社，2007 年．

11. 樊丽丽．酒吧与咖啡馆经营全攻略［M］．北京：中国经济出版社，2007 年．

12. 刘文献，王春辰．如何开一家成功的酒吧［M］．北京：机械工业出版社，2005 年．

13. 方志华，张梅．餐厅开业须知［M］．广州：中山大学出版社，2005 年．

14. 老汤．菜单设计制作［M］．北京：中国宇航出版社，2006 年．

15. 王瑛，王向东．餐饮管理［M］．成都：西南财经大学出版社，2009 年．

16. 黄浏英，李菊霞，林翔．餐饮品牌［M］．沈阳：辽宁科学技术出版社，2003 年．

17. 张鸣鸣．巴国布衣中餐操作手册——后勤管理［M］．成都：四川大学出版社，2002 年．

　18．王天佑．饭店餐饮管理［M］．北京：清华大学出版社，北京交通大学出版社，2007 年．

　19．［美］德弗兰克，［美］阿博特．酒宴管理［M］，王向宁译．北京：清华大学出版社，2006 年．

　20．肖晓．主题酒店创意与管理［M］．成都：西南财经大学出版社，2010 年．

　21．刘卓甫．企业定价策略与方法［M］．北京：中国财政经济出版社，1989 年．

　22．陈黎明．经理人必备市场战术［M］．北京：石油工业出版社，2000 年．

　23．屈云波．饭店业营销［M］．北京：企业管理出版社，1999 年．

　24．屈云波．市场开拓［M］．北京：企业管理出版社，1999 年．

　25．饶勇．现代饭店经营智慧与成功案例［M］．北京：北京旅游出版社，1999 年．

　26．王卫党．揭开火爆酒楼赚钱的秘密［M］．沈阳：辽宁大学出版社，2000 年．

　27．赵承金，赵倩．现代饭店餐饮管理［M］．大连：东北财经大学出版社，1999 年．

　28．肖晓．餐饮经营与管理［M］．成都：四川大学出版社，2003 年．

　29．赵建民．餐饮质量控制［M］．沈阳：辽宁科学技术出版社，2001 年．

　30．渴庆刚，狄保荣．现代饭店与饭店经营［M］．济南：济南出版社，2001 年．

　31．赵建民，沈建龙．餐饮定价策略［M］．沈阳：辽宁科学技术出版社，2002 年．

　32．伍福生．宴会策划指南［M］．广州：中山大学出版社，2005 年．

　33．布纳德·斯布拉瓦尔［M］．大连：大连理工大学出版社，2002 年．

　34．梭伦．餐饮设计与餐饮经营管理［M］．北京：中国纺织出版社，2009 年．

　35．叶伯平，鞠志中，邸琳琳．宴会设计与管理［M］．北京：清华大学出版社，2007 年．

　36．程国平．质量管理学［M］．武汉：武汉理工出版社，2003 年．

　37．胡铭．质量管理学［M］．武汉：武汉大学出版社，2004 年．

　38．苏秦．现代质量管理学［M］．北京：清华大学出版社，2005 年．

39. 马勇．饭店管理概论［M］．北京：清华大学出版社，2006 年．

40. 郑向敏．饭店质量管理［M］．北京：旅游教育出版社，2006 年．

41. 陈运涛．质量管理［M］．北京：清华大学出版社，北京交通大学出版社，2008 年．

42. 章牧．旅游电子商务［M］．北京：中国水利水电出版社，2008 年．

43. 蔡琴．餐饮管理信息系统的开发与设计［D］．成都：电子科技大学，2007 年．

44. 张红．中餐企业业务流程再造［D］．成都：四川大学出版社，2006 年．

45. 甘仞初．管理信息系统［M］．北京：机械工业出版社，2008 年．

46. 陈劲松．网络营销在餐饮业的应用［D］．南宁：广西大学出版社，2007 年．

47. 赵荣光，谢定源．饮食文化概论［M］．北京：中国轻工业出版社，2000 年．

48. 辞海编辑委员会．辞海［Z］．上海：上海辞书出版社，1979 年．

49. 华锐．企业文化教程［M］．北京：企业管理出版社，2003 年．

50. 加里·哈默，比尔·加林．管理大未来［M］．陈劲译，北京：中信出版社，2008 年．

51. 刘长明．开餐馆的滋味——我的 48 条实战理念［M］．成都：四川科技出版社，2010 年．

52. 李天元．市场定位还是形象定位——旅游企业市场营销中的定位问题［J］．旅游学刊，2001（2）：57～59.

53. 何志文．中国餐饮的创新与品牌［J］．封面专题，2009，7（3）：30～31.

54. 叶茂中．中国餐饮品牌的"十重门"［J］．实战培训，2009，10（1）：68～69.

55. 唐金稳．浅析我国餐饮业的品牌营销［J］．现代经济，2008（3）.

56. 孙彤．论新世纪我国餐饮企业的品牌塑造［J］．商业经济，2009，11（338）：102～103.

57. 杨先红．餐饮企业品牌经营策略分析［J］．大众商务，2010，3（111）：89～90.

58. 何宏．餐饮信息化刍议［J］．商业研究，2006（16）：197～199.

59. 李廷森．信息化管理餐饮业突破发展瓶颈的利器［J］．连锁特许，2008（8）：92～93.

60. 黄己酉．基于互联网环境下酒店餐饮服务现状的研究［J］．佳木斯教育学院学报，2010（2）：221~222.

61. 郭巍杰．浅谈电子商务在我国餐饮业的应用与发展［J］．商丘师范学院学报，2008（1）：102~103.

62. 谭飞燕，姜明．我国餐饮业开展电子商务所面临的障碍及其对策探讨［J］．商场现代化，2007（10）：163~165.

63. 曾德彬，卢海霞．全国商情理论研究［J］，2010（10）：11~13.

64. 贾岷江，王鑫．近三十年国内饮食文化研究述评［J］．扬州大学烹饪学报，2009（3）：19~23.

65. 毛丽蓉．餐饮文化建设中的扬弃［J］．金华职业技术学院学报，2003（2）：62~64.

66. 周全霞．略论中国饮食文化的特点与功能［J］．科教文汇，2007（3）：159~160.

67. 巢夫．餐饮文化的范围及内容（上）［J］．烹调知识，2004（9）：8~10.

68. 巢夫．餐饮文化的范围及内容（中）［J］．烹调知识，2004（10）：8~9.

69. 巢夫．餐饮文化的范围及内容（下）［J］．烹调知识，2004（11）：8~9.

70. 单浩杰．内蒙古中西部特色餐饮业研究［J］．北方经济，2010（4）：82~83.

71. 王秋虹．向深度开放进军——打造"人在海南，吃遍全球"的餐饮格局［J］．今日海南，2010（7）：16~18.

72. 金炳镐．中国饮食文化的发展和特点［J］．黑龙江民族丛刊，1999（3）：87~93.

73. 曹玲泉．简论饮食文化中的艺术创作［J］．旅游科学，2000（1）：35~38.

74. 徐万邦．中国饮食文化中的审美情趣［J］．内蒙古大学艺术学院学报，2005，2（3）：37~44.

75. 潘宝明，陈月娜，姚静，李建君．餐馆、餐厅名称文化［J］．扬州大学烹饪学报，2009（4）：8~11.

76. 杨朝辉．论区域文化资源在餐饮经济中的有效利用［J］．扬州大学烹饪学报，2010（2）：49~52.

77. 李韬．餐饮创新之——文化营销［J］．中国食品，2005（15）：16~17.

78. 张汉．中国区域饮食文化的社会影响与区域自我认同功能［J］．科教文汇，2007（1）：150~151.

79. 靖东. 腾格里塔拉：文化主题餐厅也可以很"长寿"［J］. 中国商贸, 2009 (7)：22~23.

80. 明珠. 把企业理念化为员工行为——从一个侧面看肯德基的企业文化建设［J］. 企业与文化, 2006 (3)：26~27.

81. 祁颖. 论我国餐饮企业的品牌塑造［J］. 中国市场, 2010 (44)：36~37.

82. 李韬. 餐饮创新之服务创新［J］. 中国食品, 2005 (15)：18~19.

83. 李韬. 餐饮创新之菜品创新［J］. 中国食物, 2005 (16)：36~37.

84. 邹晓慧. 关注营养健康　打造绿色餐饮——餐饮业发展新方向初探［J］. 中国城市经济, 2010 (8)：302~303.

85. 朱水根. 以体验经济理论引导餐饮业发展［J］. 旅游科学, 2003 (3)：17~19.

86. 贺玲玲. 餐饮业标准化问题研究［J］. 商场现代化, 2008 (30)：42.

87. 王征. 北京烤鸭与麦当劳——中国传统餐饮业管理模式的文化特色与发展方向［J］. 中外企业文化, 1999 (5)：42~43.

88. 张蕾, 张建新. 我国餐饮业发展现状与趋势［J］. 市场研究, 2009 (7)：27~29.

89. 宋晓媛. 后危机时代我国餐饮业的国际化发展策略［J］. 经济师, 2010 (11)：36~37.

90. 王林峰. 餐饮业发展趋势分析［J］. 鞍山科技大学学报, 2005 (5)：398~340.

91. 方妙英. 我国餐饮业管理创新之新模式——记真功夫中式快餐的发展之路［J］. 商场现代化, 2006 (473)：71~72.

92. 白俊红, 陈玉和, 江可申. 创新管理概念、特征与实现问题的探讨［J］. 科技进步与对策, 2009 (8)：9~12.

93. 刘国丹. 论企业创新管理的最新发展［J］. 当代经济, 2009 (9)：8~9.

94. 许庆瑞, 郑刚, 陈劲. 全面创新管理——创新管理新范式初探［J］. 管理学报, 2006 (2)：135~142.

95. 彭灿. 创新过程的机制特性与管理［J］. 科学与科学技术管理, 2002 (8)：52~54.

96. 王圣果. 创新——餐饮业发展的永恒主题［J］. 商业经济与管理, 2004 (11)：62~64.

97. 刘戈衡. 创新——餐饮企业成功的秘密［J］. 商业研究, 2003 (1)：

135～136.

98. 杨铭铎. 餐饮产品创新系统构建［J］. 扬州大学烹饪学报，2007（4）：39～42.

99. 曾凡琪，薛兵旺. 关于武汉市酒店餐饮业发展的十大趋势分析［J］. 知识经济，2010（21）：132～133.

100. 冼锋. 论中国餐饮业的创新［J］. 烹饪知识，2003（3）：26～27.

101. 冼锋. 论中国餐饮业的创新［J］. 烹饪知识，2003（4）：18～19.

102. Bernard, Davis, Andrew, Lockwood, Peter, Alcott, Ioannis Pantelidis. Food and Beverage Management（4th）［M］. Elsevier B. V. , 2008.

103. Paul R. Dittmer, J. Desmond Keefe Ⅲ. Principles of Food, Beverage, And Labor Cost Controls［M］. John Wiley & Sons, Inc, 2009.

104. Neuhavser. P, Bender. R, Stromsberg. K. , Culture. com：Building Corporate culture in the connected workplace［M］, Canada：John Wiley & Sons Ltd. 2000.

105. Nancy, Loman Scanlon. Catering Management, 3rd Edition. John Wiley & Sons［J］. Inc. 2007.

106. 主题餐厅氛围比口味更抢眼. http：//sh. sina. com. cn/citylink/en/e/2009－05－08/113029427. html.

107. 中华取名网. http：//www. chinaname. cn.

108. 深圳标志设计. http：//www. 008gc. com/aboutus/logo. asp.

109. 功成创意食品品牌设计专家. http：//www. 08gc. net/brand_Register. aspx? brandregisterid = 21.

110. 太原美食网. http：//www. tyeat. com/news. asp? id = 457.

111. 晓窗听雨. 菜单计划［EB/OL］. http：//blog. sina. com. cn/s/blog_446393670100aukn. html.

112. 马大厨烹饪精粹. 菜单的种类［EB/OL］. http：//blog. sina. com. cn/madachu.

113. 一大把网站. http：//www. yidaba. com.

114. 豆丁网. http：//www. docin. com/p－55958552. html.

115. 中国餐饮经营网站. http：//blog. sina. com. cn/stewyhw.

116. 职业餐饮网. http：//www. canyin168. com/.

117. 中国餐饮连锁经营网. http：//www. cylsjy. com. cn/.

118. 张志君. 走向成熟的成都餐饮文化. http：//blog. sina. com. cn/s/blog_493cfb53010004t3. html.

119. 东麒至远. 麦当劳超值服务. http：//dongqizhiyuan. blog. sohu. com/

113549516. html.

120. 经理人网 . 管理创新思维：你也出剪刀 . http：//www. sino – manager. com/20091113_ 9733. html.

121. 迈点网 . 本土餐饮企业发展现状与趋势分析 . http：//res. meadin. com/IndustryAnalysis/2009 – 12 – 21/09122192792_ 2. shtml.

122. 中华美食网 . http：//www. zhms. cn/.

123. 中国吃网 . http：//www. 6eat. com/.

124. 饭统网 . http：//beijing. fantong. com/.